财经商贸专业通识课程精品教材

西方经济学

主　编　陈　伟
副主编　李孟军　金　昔　孟珊珊　马国君

北京理工大学出版社
BEIJING INSTITUTE OF TECHNOLOGY PRESS

内 容 简 介

西方经济学是经济管理类专业的基础核心课程之一,本书根据高等职业教育的特点,从学生的实际出发,以理论知识够用为度,深入浅出地介绍了经济学的基本理论、内容和方法,符合学生的学习逻辑,有利于培养学生的经济思维,提升学生分析问题、解决问题的能力。全书共计11个模块,包括认识经济学、均衡价格分析、消费者行为分析、生产者行为分析、市场结构分析、生产要素价格决定分析、市场失灵分析、认识宏观经济学、国民收入核算、国民收入决定模型、宏观经济问题分析。本书体例新颖,案例丰富,应用性强,理论联系实际,贴近实际生活。可作为应用本科、高职本科和高职高专及成人院校的经济管理类教材,也可供经济管理部门的管理人员及其他读者使用。

版权专有 侵权必究

图书在版编目(CIP)数据

西方经济学/陈伟主编. —北京:北京理工大学出版社,2020.12(2023.2重印)
ISBN 978 - 7 - 5682 - 7372 - 5

Ⅰ. ①西… Ⅱ. ①陈… Ⅲ. ①西方经济学 - 高等学校 - 教材 Ⅳ. ①F0 - 08

中国版本图书馆 CIP 数据核字(2020)第 248285 号

出版发行 / 北京理工大学出版社有限责任公司
社　　址 / 北京市海淀区中关村南大街5号
邮　　编 / 100081
电　　话 / (010)68914775(总编室)
　　　　　(010)82562903(教材售后服务热线)
　　　　　(010)68948351(其他图书服务热线)
网　　址 / http://www.bitpress.com.cn
经　　销 / 全国各地新华书店
印　　刷 / 涿州市新华印刷有限公司
开　　本 / 787毫米×1092毫米 1/16
印　　张 / 16
字　　数 / 380千字
版　　次 / 2020年12月第1版 2023年2月第4次印刷
定　　价 / 49.00元

责任编辑 / 申玉琴
文案编辑 / 申玉琴
责任校对 / 周瑞红
责任印制 / 施胜娟

图书出现印装质量问题,请拨打售后服务热线,本社负责调换

前　言

本书以经济管理类专业的核心课程"西方经济学"的理论框架为基础，分为微观和宏观两部分。微观经济学部分以经济中的个体单位如厂商、家庭和个人为研究对象，以资源的优化配置为核心问题，通过生活中的日常现象，把经济学原理融入生活实例，深入浅出地讲解微观经济学的基本概念、基本构架和分析逻辑，以培养在校学生、社会公众、经济学爱好者对现实世界经济行为与经济现象的观察和分析能力，训练经济学直觉，教授经济学思维方式，使其能够运用经济学的基本原理去观察、分析和解释现实生活中典型的经济现象和问题，并指导其在工作、学习、生活和商业活动中做出最优决策。宏观经济学以整个国民经济作为研究对象，研究经济总量及其变化规律。通过对国民经济总量相互关系的研究，揭示宏观经济运行中的矛盾、宏观经济变化规律以及政府政策对国民经济的影响。中国经过40多年的改革开放，经济结构和社会结构发生了巨大的变化，伴随着这一历史进程，经济学理论也经历了批判、部分吸收、全盘吸收、科学借鉴等曲折的过程。本书融入了思想政治教育，使学生在掌握经济学理论的同时，实现"知识传授"和"价值引领"的统一。

本书由陈伟担任主编，李孟军、金昔、孟珊珊、马国君担任副主编。陈伟负责提纲的拟定、修改和统稿。本书编写人员具体分工如下：模块一、模块二、模块三和模块十由兴安职业技术学院陈伟编写；模块四和模块五由兴安职业技术学院金昔编写；模块六和模块七由兴安职业技术学院李孟军编写；模块八和模块九由兴安职业技术学院孟珊珊编写；模块十一由兴安职业技术学院马国君编写。

在编写的过程中，编者参阅了大量国内外出版的有关著作、报刊、互联网资料，同时也得到了北京理工大学出版社的大力支持，在此深表谢意。

由于编者水平有限，书中错误和疏漏之处在所难免，恳请读者和专家不吝赐教，以利今后改进和提高。

编　者

目 录

上篇　微观经济学

模块一　认识经济学 （3）
　第一节　经济学概述 （3）
　第二节　经济学的研究方法 （13）
　第三节　经济学发展简史 （17）

模块二　均衡价格分析 （23）
　第一节　需求分析 （23）
　第二节　供给分析 （29）
　第三节　均衡价格理论 （33）
　第四节　弹性理论 （40）

模块三　消费者行为分析 （55）
　第一节　效用理论概述 （55）
　第二节　边际效用分析 （59）
　第三节　无差异曲线分析 （64）

模块四　生产者行为分析 （75）
　第一节　生产分析 （75）
　第二节　成本分析 （85）

模块五　市场结构分析 （97）
　第一节　市场结构类型及特征 （97）
　第二节　完全竞争市场 （99）
　第三节　完全垄断市场 （105）

第四节　垄断竞争市场 ……………………………………………………（109）
　　第五节　寡头垄断市场 ……………………………………………………（112）

模块六　生产要素价格决定分析 ……………………………………………（117）
　　第一节　生产要素分析 ……………………………………………………（117）
　　第二节　工资、利息、地租、利润 ………………………………………（121）
　　第三节　社会收入分配 ……………………………………………………（130）

模块七　市场失灵分析 ………………………………………………………（135）
　　第一节　市场失灵及其表现 ………………………………………………（135）
　　第二节　微观经济政策 ……………………………………………………（141）

下篇　宏观经济学

模块八　认识宏观经济学 ……………………………………………………（151）
　　第一节　宏观经济学概述 …………………………………………………（151）
　　第二节　宏观经济学的研究方法 …………………………………………（153）
　　第三节　宏观经济学的产生和发展 ………………………………………（155）

模块九　国民收入核算 ………………………………………………………（160）
　　第一节　国民收入核算 ……………………………………………………（160）
　　第二节　国民收入流量循环模型 …………………………………………（168）

模块十　国民收入决定模型 …………………………………………………（174）
　　第一节　简单的国民收入决定模型 ………………………………………（174）
　　第二节　宏观经济均衡：IS-LM 模型 ……………………………………（193）
　　第三节　短期经济波动模型：AD-AS 模型 ………………………………（217）

模块十一　宏观经济问题分析 ………………………………………………（230）
　　第一节　失业与通货膨胀 …………………………………………………（230）
　　第二节　经济周期与经济增长理论 ………………………………………（239）
　　第三节　国际收支 …………………………………………………………（243）

参考文献 ………………………………………………………………………（249）

上 篇
微观经济学

模块一

认识经济学

> 【学习目标】
>
> **知识目标：**
> - 了解经济学产生的原因及经济学的发展简史
> - 熟悉经济学的内容体系及基本分析方法
> - 掌握经济学的基本概念、基本内容、基本理论框架
>
> **能力目标：**
> - 能够区分微观经济和宏观经济
> - 能够分析生产可能性曲线和市场运行图
>
> **素质目标：**
> - 培养学生经济思维，树立远大理想，增强社会责任感

第一节 经济学概述

一、经济学的概念

"经济"一词来源于希腊语，意思为"管理一个家庭的人"。唯物主义的代表人色诺芬在他的《经济论》中将"家庭"及"管理"两词的结合理解为经济。在中国古汉语中，"经济"一词是"经邦"和"济民"、"经国"和"济世"，以及"经世济民"等词的综合和简化，含有"治国平天下"的意思，其内容不仅包括国家如何理财、如何管理各种经济活动，而且包括国家如何处理政治、法律、教育、军事等方面的问题。经济学作为一门独立的学科，是在资本主义产生和发展的过程中形成的。在资本主义社会出现以前，人们对当时的一些经济现象和经济问题形成了某种经济思想，但并没有形成系统的理论。什么是经济学？经济学要解决什么问题？回答这个问题，首先要从资源的"稀缺性"说起。

经济生活中存在着这样一个基本事实："社会拥有的资源是有限的，因而不能生产人们希望所拥有的所有物品和劳务。"稀缺性是关于经济学研究对象的基础性概念，是人类社会自产生以来就一直困扰人类的一个难题，是人类面临的永恒的问题。我们可以感到身边处处存在着稀缺性，收入有限、上班族的时间不够用、政府财政紧张、住房短缺、交通拥挤、能

源危机等。

经济学上所说的稀缺性是相对的稀缺性,是从相对意义上来谈资源的多寡,它产生于人类欲望的无限性与资源的有限性这一矛盾。也就是说,稀缺性强调的不是资源的绝对数量的多少,而是相对于欲望无限性的有限性。相对于人类社会无穷的欲望而言,经济物品或生产这些物品所需要的资源总是不足的。在经济学中,这种资源的相对有限性被称为稀缺性。人的欲望产生需要,西方经济学家认为欲望是人对生活资料和服务的不间断的需求,欲望和需要具有无限性。人需要空气、食物和水以维持生命并领悟生命的意义,需要适于所处气候的衣着和住所,需要一个属于自己的家和一块属于自己的空间,即使基本欲望满足了,其他更高级的、新的欲望还会自行出现。人们的欲望不断增加,也日趋复杂,因此,人类欲望和需要就长期和总体而言是永无止境、多种多样、不断变化的,而满足这些欲望和需要的资源始终是稀缺的。

这种稀缺性的存在又是绝对的。这就是说,它存在于人类历史的各个时期和一切社会。稀缺性是人类社会永恒的问题,只要有人类社会,就会有稀缺性。

总之,稀缺性表明了欲望无限性与资源有限性的矛盾,正是这种矛盾引起了经济活动。经济学正产生于稀缺性的存在,没有稀缺性,经济学就没有存在的理由和必要。

经济学是一门研究如何将有限资源进行合理配置的社会科学。在社会生产和消费之间,消费是目的,生产则是实现目的的手段。如果在一个社会中,人们的消费欲望及由这种欲望引起的对物品和劳务的需要是有限的,而满足需要的手段是取之不尽、用之不竭的,那就不存在需要由经济学来探索研究的问题。事实上,人的欲望和由此引起的对物品和劳务的需要是无限多样、永不饱和的,而用来满足这些无限需要的手段,也就是用来提供这些物品和劳务的生产资源却是有限的。于是产生了一个问题:怎样使用相对有限的生产资源来满足无限多样化的需要,这就是经济学所要研究并回答的经济问题。

综上所述,经济学的定义可表述为:经济学是研究各种稀缺资源在可供选择的用途中进行有效配置和利用的科学。经济学是关于选择的科学,是研究节约(Savings)的科学。

二、经济学研究的基本问题

1. 资源配置

经济学是为解决稀缺性问题而产生的,因此,经济学所研究的对象就是由稀缺性而引起的选择问题,即资源配置问题。资源配置包括3个相关问题。

(1) 生产什么和生产多少

生产资源是稀缺的,而人的需要是无限的。这种矛盾迫使人们必须在各种需要之间权衡比较、有所取舍,即在可供选择的各种物品和劳务中选择生产什么和生产多少。例如,一吨钢铁用来生产什么,是汽车还是飞机?若生产汽车,生产多少最好?

(2) 如何生产、采用什么方法生产

这一点包括由谁来生产、用什么资源生产、用什么技术生产、用什么样的组织形式生产。每种生产要素一般有多种用途,而任一种产品一般可以采用多种生产方法。例如,同一种产品既可采用多用劳动、少用资本的方法生产,也可采用多用资本、少用劳动的方法生产,这里就有一个生产效率的问题,即如何组织生产,使生产要素能够最有效率地被使用。

（3）为谁生产

生产出来的产品如何在社会成员之间进行分配，即经济学研究的收入分配问题，就是为谁生产的问题。商品的分配取决于收入的分配，收入高的人就比收入低的人可以消费更多、更好的商品。为谁生产的问题实质上就是收入的分配和消费问题。

2. 资源利用

在现实的经济社会中，劳动者失业、生产设备和自然资源闲置是经常存在的状态，这就说明一方面资源是稀缺的，另一方面稀缺的资源还得不到充分的利用。在既定条件下，资源所能达到的并不是最大数量的组合，即资源没有得到充分利用。这就给经济学提出了一个问题，经济学必须要研究造成这种状况的原因是什么、用什么办法来改进这种状况，从而实现充分就业，使实际的国民收入接近或等于潜在的国民收入，即研究稀缺经济资源的充分利用问题。资源利用包括以下3个相关问题。

（1）如何实现充分就业

研究资源为什么得不到充分利用，如何使稀缺的资源得到充分利用，如何使社会既定资源能实现的产量达到最大而没有资源闲置和浪费。

（2）如何实现经济增长

在资源既定的情况下，一个国家的产量不能始终保持最大，产量会有时高有时低，这表现为一个国家经济的周期性波动。研究资源的充分利用，就是要考虑如何用既定的资源生产出更多的产品，即实现经济的持续增长。这就是一般所说的"经济波动与经济增长"问题。

（3）如何保持物价稳定

现代社会是一个以货币为交换媒介的商品社会，物价变动会影响经济运行的稳定性，物价水平过低会导致资源利用不足、失业增加，这就是通货紧缩问题；物价水平过高可能会导致资源利用过度，造成通货膨胀问题。因此，经济学研究资源的充分利用必然涉及货币购买力的问题，即如何实现物价稳定。

当前世界上解决资源配置和资源利用问题的经济体制基本有两种：一种是市场经济体制，即通过市场上价格的调节来决定生产什么、如何生产与为谁生产，资源的优化配置和充分利用依靠价格的调节与刺激来实现；另一种是计划经济体制，即通过中央计划来决定生产什么，如何生产和为谁生产，资源的优化配置和充分利用依靠计划来实现。当然，在现实中，许多国家的经济制度都是市场经济体制与计划经济体制不同程度的结合，但这种结合总是以一种经济制度为主而以另一种为辅的。市场经济从总体上看比计划经济效率高，更有利于经济的发展。

经济学是为解决稀缺性问题而产生的，即研究如何利用有限的资源生产出最多的产品，以最大限度地满足人们的需要。在解决稀缺性问题时，人类社会必须对如何使用资源做出选择。因为稀缺，人们不能得到所有想要的东西，因而不得不在有限的资源下做出选择。稀缺性本身就隐含着选择，选择是稀缺性的必然结果。因此，经济学所研究的对象就是由稀缺性引起的选择问题，即资源配置。

选择是因为资源的稀缺性和需要的多样性。资源虽然是有限的，但同一资源却可以有多种用途；需要虽然是多样的，却可以分出轻重缓急。一定的资源既可以生产军用品，又可以生产民用品，就像钢铁既可以制造飞机、大炮、坦克，又可以生产汽车、轮船、自行车。同一资源也可以满足不同的欲望，例如在有限的时间里，你既要安排工作、学习、吃饭、睡觉，又得考虑郊游、锻炼、聚会。由于资源是稀缺的，它无法满足人们多种多样的、无限的、不间断的需求，人们就不得不权衡取舍，进行成本与收益比较后努力做出选择。

经济学是选择的科学。选择意味着放弃，你选择了这种工作就意味着放弃了其他的工作机会，选择继续攻读研究生学位就要放弃工作、挣钱和积累工作经验的机会。任何选择一方面可以带来某种结果，另一方面也会产生一定的成本，任何选择都是有代价的。在经济学中，这种代价用机会成本来衡量。

所谓机会成本，是指因选择而放弃的其他机会所产生的收益，即为了得到某种东西所必须放弃的东西。如果一项资源有多种用途，那么这项资源被用于一种产品生产时的机会成本就是这一资源在其他用途上可以获得的最高价值。举个例子来说明，假设你有100万元人民币用于投资，可供投资的方向和年收益如下：投资股票可获得收益20万元；投资债券可获得收益10万元；投资房地产可获得收益15万元；投资贸易可获得收益12万元；储蓄可获得收益7万元。假定投资的其他成本都相同，如果你是理性投资者，必然选择股票投资而放弃其他投资方向。在放弃的投资方向中，房地产可能会给你带来的最大收益为15万元，则你投资股票的机会成本就是15万元。

可见，在经济学中，机会成本与所做的选择有着千丝万缕的关系。机会成本并非会计学意义上的成本，而是一个纯粹的经济学概念。从经济学角度来说，人们计算机会成本一般只是为了找到最佳的要素组合，以从总体上得到最大的利益。

◆ 案例分析

姚明上大学

姚明在正式宣布退役后，踏入了上海交通大学的校门，走进了他梦寐以求的大学课堂。姚明在他的自传《我的世界我的梦》中写道，童年的他只想上大学，妈妈最大的愿望也是让他念大学。姚明那么想上大学，可是他却连高考都没有参加，可以说是他主动选择放弃上大学的，这是为什么呢？因为姚明上大学需要付出高昂的成本。

我们上大学需要支付什么样的成本呢？很多人理所当然地想到应该是付出的学费、伙食费和住宿费等，甚至还会认为节约了各种费用就是节约了上大学的成本。然而，这样的答案并不完全正确。因为即使你不上大学，你仍然要为自己的衣食住行支付一定数量的金钱。而事实上，大学里的伙食和住宿都是相对比较便宜的，在这种情况下，伙食费和住宿费上的节省反而成了你上大学的收益了。在这3种费用中，最主要的成本是学费。那么，如果一个学生得到了政策的照顾而免收学费，是不是说他上大学就没有成本了呢？通常我们在考虑做某件事情的成本的时候很容易忽视一个因素——时间。而时间与学费相比才是上大学最大的成本。在这个意义层面上，我们可以把时间称为机会成本，也就是说上大学消耗了你的时间，同时你为了上大学而放弃了工作和获得薪水的机会。

姚明因为具有超常的篮球天赋而放弃了读大学，因为他打篮球获得的收益远远超过上大学获得的收益，姚明上大学的机会成本是1 000多万美元的NBA年薪，从经济学角度来看，他理应选择能够给他带来更多收益的NBA职业篮球运动员而不是上大学。可是对于我们大多数普通人来说，上大学的利益将远远超过我们做其他事情获得的回报，因此对于大多数人来说，上大学是明智的选择。

三、两个经济模型

为了深入理解经济学的含义，我们要了解两个重要的经济模型：生产可能性曲线和市场运行图。

（一）生产可能性曲线

资源的稀缺性决定了在一定社会的一定时期内，可以利用的资源是有限的，从而可以生产的产品数量也是有限的。生产可能性曲线反映了资源稀缺性与选择性的经济学特征。生产可能性曲线主要用来考察一个国家应该怎样分配其相对稀缺的生产资源。我们知道，一国可利用的资源，按用途来说，主要是生产资本品和消费品。由于资源总量是一定的，所以要多生产消费品就必须减少资本品的产量。那么一个国家如何兼顾目前利益和长远利益，把有限的资本分配使用于消费品和资本品的生产呢？这个问题可以用生产可能性曲线来回答。生产可能性曲线用来表示经济社会在既定资源和技术条件下所能生产的各种商品最大数量的组合。

由于整个社会的经济资源是有限的，所以当这些经济资源都被充分利用时，增加一定量的一种产品的生产就必须放弃一定量的另一种产品的生产。整个社会生产的选择过程形成了一系列产品间的不同产量的组合，所有这些不同产量的组合就构成了社会生产的可能性边界。假设一个社会把其全部资源用于 X 和 Y 两种产品的生产，那么生产可能性边界可用图 1-1 表示。

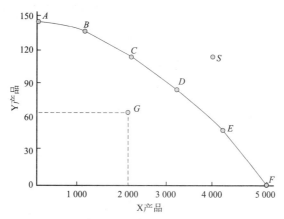

图 1-1 生产可能性边界曲线

图 1-1 中，A、B、C、D、E、F 的连线表示一个社会在资源有限、技术一定的情况下，所能生产的 X 产品和 Y 产品的不同产量的组合，它规定了在既有资源约束下所能达到的产量组合边界。在曲线上的任意一点都表示全部资源被利用时，社会可接受并得到的产量组合；曲线以外的 S 点是产量达不到、不能成立的，因为没有足够的资源；曲线以内的 G 点可以达到但资源没有充分利用。因此生产可能性曲线又叫生产可能性边界，它可以说明不同的资源配置取向。

◆ 案例分析

时间分配的经济学

某人一天用于学习、工作和消遣的时间总共是 16 个小时，周一至周五每天的时间分配组合选择 A 点；周六、周日则选择 B 点。选择 B 点组合时，为新增加 6 个小时消遣时间而放弃6个小时的学习、工作时间就是周末消遣时间增加的机会成本。某人时间分配的生产可能性曲线如图1-2所示。

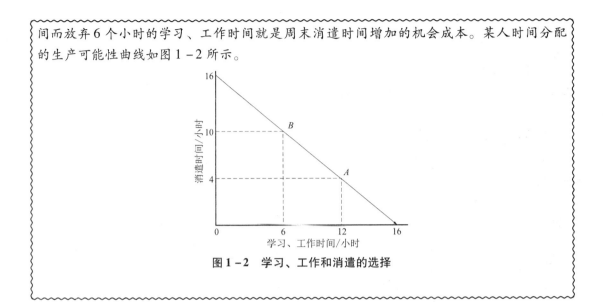

图1-2 学习、工作和消遣的选择

(二)市场运行图(如图1-3所示)

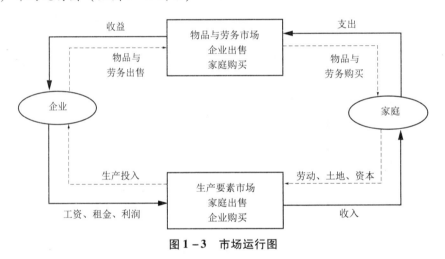

图1-3 市场运行图

在图1-3中,经济由两类决策者——家庭和企业组成。企业用劳动、土地、资本这些投入来生产物品和劳务,这些投入被称为生产要素。家庭则拥有生产要素并消费企业生产的所有物品和劳务。

家庭和企业在两类市场上相互交易。在物品和劳务市场上,家庭是买者,而企业是卖者,家庭购买企业生产的物品和劳务。在生产要素市场上,家庭是卖者,而企业是买者。在这些市场上,家庭向企业提供用于生产的物品与劳务的投入。市场运行图提供了一种把家庭与企业之间发生的所有经济交易组织在一起的简单方法。市场运行图中的虚线代表家庭与企业之间投入和产出的流向,实线代表相应的货币流动,说明货币如何通过市场在家庭和企业之间流动。

四、微观经济学和宏观经济学

经济学研究的基本问题是资源配置与资源利用,当代经济学按研究对象不同,划分为微观经济学和宏观经济学两个部分。

(一) 微观经济学

1. 微观经济学的定义

微观经济学是以单个经济单位为研究对象，通过研究单个经济单位的经济行为和相应的经济变量单项数值的决定，来说明价格机制如何解决社会的资源配置问题的经济理论。在理解微观经济学的定义时，要注意以下几点。

(1) 研究对象是单个经济单位的经济行为

微观经济学以单个经济单位（单个家庭、单个厂商或企业、单个产品市场）的经济行为作为考察对象。单个经济单位的经济行为包括：家庭（居民户）如何支配收入，以及怎样以有限的收入获得最大的效用和满足，即实现效用最大化；单个企业（厂商）如何把有限的资源分配在各种商品的生产上以取得最大利润，即实现利润最大化。

(2) 解决的问题是资源配置

资源配置问题即前面所说的生产什么、如何生产和为谁生产的问题。解决资源配置问题就是要使资源配置达到最优化，即在这种资源配置下能给社会带来最大的经济福利。微观经济学从研究单个经济单位的最大化行为入手，来解决社会资源的最优配置问题。因为如果每个经济单位都实现了最大化，整个社会的资源配置也就实现了最优化。

(3) 中心理论是价格理论

在市场经济中，用户和厂商的行为要受价格的支配，生产什么、如何生产和为谁生产都由价格决定。价格像一只看不见的手，调节着整个社会的经济活动。通过价格的调节，社会资源的配置实现了最优化。微观经济学正是要说明价格如何使资源配置达到最优化。因此，价格理论是微观经济学的中心，其他内容都是围绕这一中心问题展开的。微观经济学的中心理论实际上是解释英国古典经济学家亚当·斯密的"看不见的手"这一理论的。斯密认为，每个人都在追求自己的个人利益，但在这样做时，由于一只"看不见的手"的指引，结果是增大了社会利益。"看不见的手"就是价格。微观经济学的中心就是要解释价格如何实现资源配置最优化。

(4) 研究方法是个量分析

个量分析是研究经济变量的单项数值如何决定。例如，某种商品的价格就是价格这种经济变量的单项数值。微观经济学中涉及的变量，如某种产品的产量、价格等，都属于个量分析。

2. 微观经济学的基本假设

经济学的分析方法总是建立在一定的假设条件下的，微观经济学有 3 个最重要的假设前提。

(1) 理性经济人假设

理性经济人假设是指人们在经济活动中所追求的是个人经济利益的最大化，人总是按能够实现自身经济利益的方式来做出选择。经济生活中每一个人的行为均是利己的，他在做出一项经济决策时，总是深思熟虑地通过成本－收益分析或趋利避害原则来对其所面临的各种可能的机会、目标及实现目标的手段进行比较，力图以最小的经济代价去追求自身利益的最大化，如消费者追求的是满足程度的最大化，生产者追求的是利润最大化，而追求自身利益最大化的过程就是微观主体对自身资源进行有效配置的过程。

（2）信息完全假设

信息完全假设也称为信息充分假设，是指市场上每一个经济主体对有关的经济情况具有完全信息。例如，每一个消费者能够完全了解市场上每一种商品的性能和特点，准确地判断一种商品给自己带来的消费满足程度，掌握商品价格在不同时期的变化等，从而能够确定最优的商品购买量；每一个厂商都能准确地掌握产量和生产要素投入量之间的技术数量关系，了解商品价格和生产要素价格的变化，以及消费者在每一种商品价格水平上对产品的需求量等，从而做出最优的生产决策。

（3）市场出清假设

市场出清假设是坚信价格的自由涨落可以使市场的供求处于均衡状态。它包括产品价格的涨落可以使产品市场上产品供求达到均衡，利率的上升或下降可以使资本市场上资本供求处于均衡状态，工资的升降可以使劳动力市场上劳动力供求处于均衡状态，等等。在这种均衡状态下，社会资源可以得到充分利用，不存在资源浪费或闲置的现象。因此，微观经济学是在假定资源得到充分利用的条件下研究资源的优化配置问题的。

3. 微观经济学的基本内容

① 均衡价格理论。均衡价格理论也称价格理论，研究商品的价格如何决定，以及价格如何调节整个经济的运行。这一部分是微观经济学的中心，其他内容都是围绕这一中心而展开的。

② 消费者行为理论。消费者行为理论研究消费者如何把有限的收入分配于各种物品的消费上，以实现效用最大化。这一部分是对决定价格因素（需求）的进一步解释。

③ 生产理论。生产理论即生产者行为理论，研究生产者如何把有限的资源用于各种物品的生产上而实现利润最大化。它包括研究生产要素与产量之间关系的生产理论，研究成本与收益的成本-收益理论以及研究不同市场条件下厂商行为的厂商理论。这一部分是对决定价格的另一个因素（供给）的进一步解释及对如何生产的论述。

④ 分配理论。分配理论研究产品按什么原则分配给社会各集团与个人，即工资、利息、地租和利润如何决定。这一部分是运用价格理论来说明为谁生产的问题。

⑤ 一般均衡理论与福利经济学。一般均衡理论与福利经济学研究社会资源配置最优化的实现及社会经济福利的实现等问题。

⑥ 市场失灵与微观经济政策。按微观经济学的理论，市场机制能使社会资源得到有效配置。但实际上，市场机制的作用并不是万能的。其原因主要有如下几方面：第一，市场机制发挥作用的前提是完全竞争，但实际上不同程度垄断的存在是一种极为普遍的现象。因此，市场机制往往不能正常发挥作用。第二，市场机制的调节是自发的，其结果不一定符合社会的要求。第三，市场机制不能解决经济中的某些问题，如不能提供公共物品等，这就需要相应的经济政策。

（二）宏观经济学

1. 宏观经济学的定义

宏观经济学以国民经济的总体为研究对象，研究如何充分利用社会资源，研究国民收入总量均衡、就业、通货膨胀和经济增长等问题，通过研究经济中各有关总量的决定及其变化，来说明资源如何才能得到充分利用。在理解宏观经济学的定义时，要注意以下几点。

（1）研究的对象是整体经济

宏观经济学所研究的不是经济中的各个单位，而是由这些单位所组成的整体；不是树木，而是由这些树木所组成的森林。这样，宏观经济学就要研究整个经济的运行方式与规律，从总体上分析经济问题。正如美国著名经济学家萨缪尔森所说，宏观经济学是"根据产量、收入、价格水平和失业来分析整体经济行为"；美国经济学家夏皮罗则强调"宏观经济学考察国民经济作为一个整体的功能"。

（2）解决的问题是资源利用

宏观经济学把资源配置作为既定的前提，研究现有资源未能得到充分利用的原因、达到充分利用的途径及如何增长等问题。

（3）中心理论是国民收入决定理论

宏观经济学把国民收入作为最基本的总量，以国民收入的决定为中心来研究资源利用问题，以分析整个国民经济的运行。国民收入决定理论被认为是宏观经济学的核心，其他理论则是运用这一理论来解释整体经济中的各种问题。宏观经济政策则是对这种理论的运用。

（4）研究方法是总量分析

总量是指能反映整个经济运行情况的经济变量，包括以下两类：一类是个量的总和。例如，国民收入是组成整个经济的各个单位的收入总和，总投资是各个厂商的投资之和，总消费是各个居民户消费的总和，等等。另一类是平均量。例如，价格水平是各种商品与劳务的平均价格。宏观经济学所涉及的总量很多，主要有国民生产总值、总投资、总消费、价格水平、增长率、利率、国际收支、汇率、货币供给量和货币需求量等。总量分析就是分析这些总量的决定、变动及相互关系，并通过这种分析说明经济的运行状况，以决定经济政策。因此，宏观经济学也被称为总量经济学。

2. 宏观经济学的基本假设

宏观经济学作为一门独立的理论经济学的分支学科，是在凯恩斯的著作《就业、利息和货币通论》于1936年出版后正式形成的。其内容基于以下两个基本假设。

（1）市场机制不完善

市场经济产生以来，市场经济国家的资源都是通过价格进行调节和配置的。但在现实经济生活中，价格对经济的调节作用并不像理论所说的那样完美，若干年一次的经济危机一直困扰着市场经济国家。特别是1929—1933年西方资本主义国家爆发的经济危机使各国普遍出现大萧条、生产幅度下降、失业剧增的现象，经济学家们从中认识到，单靠市场机制调节经济运行是远远不够的，解决不了失业与通货膨胀等问题。

（2）政府有能力调节经济，纠正市场机制的缺点

人类并不只是简单地、被动地顺从市场经济机制，而是可以在遵从经济规律的基础上发挥主观能动性，对经济进行调节，并且能进行这种调节的只能是政府。政府可以利用自身的地位，通过对经济运行的认识，采用适当的手段对经济进行调节。宏观经济学就是建立在政府有能力调节经济的基础之上的。

宏观经济学在以上两个基本假设的基础上得出了通过政府调节可实现资源充分利用的理论。

3. 宏观经济学的基本内容

宏观经济学的内容相当广泛，包括宏观经济理论、宏观经济政策及宏观经济计量模型。本书涉及的主要是宏观经济理论与政策。

① 国民收入决定理论。国民收入决定理论是从总需求和总供给的角度出发，分析国民收入决定及变动的规律，是宏观经济学的中心。

② 失业与通货膨胀理论。失业与通货膨胀是各国经济中最主要的问题。宏观经济学把失业与通货膨胀和国民收入联系起来，分析其原因及其相互关系，以便找出解决这两个问题的途径。

③ 经济周期与经济增长理论。经济周期是指国民收入的短期波动；经济增长是指国民收入的长期增长趋势。这一理论要分析国民收入短期波动的原因、长期增长的源泉等问题，以实现经济长期稳定的发展。

④ 开放经济理论。现实的经济都是开放型的经济。开放经济理论要分析一国国民收入的决定与变动如何影响他国，以及如何受到他国的影响，同时也要分析开放经济条件下一国经济的调节问题。

⑤ 宏观经济政策。宏观经济学是为国家干预经济服务的，宏观经济理论要为这种干预提供理论依据，而宏观经济政策则是要为这种干预提供具体的措施。政策问题包括：政策目标，即通过宏观经济政策的调节要达到什么目的；政策工具，即用什么具体办法来达到这些目的；政策效应，即宏观经济政策对经济的作用。

（三）微观经济学与宏观经济学的关系

微观经济学与宏观经济学各有其研究的课题和相应的分析工具，它们在研究对象、解决的问题、研究方法、中心理论和基本内容、基本假设等方面存在差别，但是它们作为一门学科的一套理论体系或知识体系的两大组成部分，又是密切联系的。

① 微观经济学与宏观经济学是互相补充的。经济学的目的是要实现社会福利的最大化，为了达到这一目的，既要实现资源的最优配置，又要实现资源的充分利用。微观经济学是在假定资源已实现充分利用的前提下，分析如何达到资源最优配置的问题；宏观经济学是在假定资源已实现最优配置的前提下，分析如何达到资源充分利用的问题。它们从不同的角度分析社会经济问题。从这一意义上说，微观经济学与宏观经济学不是互相排斥的，而是互相补充的，它们共同组成经济学的基本原理。

② 微观经济学是宏观经济学的基础。由于整体经济是单个经济单位的总和，所以微观经济学是宏观经济学的基础。宏观经济行为的分析总是要以一定的微观分析为理论基础。例如，就业或失业理论及通货膨胀理论等宏观经济理论必然会涉及劳动的供求与工资的决定的工资理论，以及商品价格如何决定的价格理论。

第二节　经济学的研究方法

一、实证分析与规范分析

经济学的基本分析方法有实证分析和规范分析两种，与此相对应，经济学也有实证经济学和规范经济学。

实证经济学是指企图超脱或排斥一切价值判断，只研究经济本身的内在规律，并根据这些规律分析和预测人们经济行为的效果。它要回答"是什么"的问题，而不对事物的好坏做出评价。例如，政府采取什么政策将会降低失业率？什么政策将会防止发生通货膨胀？规范经济学是以一定的价值判断作为出发点，提出行为的标准，并研究如何才能符合这些标准。它回答的是"应该是什么"的问题，即价值判断问题。例如，政府应该更关注通货膨胀还是降低失业率？

阅读与思考

机器人能否进入家庭？这涉及机器人价格、消费者收入等因素之间的关系。这种关系是客观的。通过分析可以得出在收入达到什么水平及价格为多少时，机器人可以进入家庭，这就是实证分析。机器人是否应该进入家庭？这涉及人们的价值判断，即机器人进入家庭是一件好事还是坏事。不同的人看法不同，得出的结论也完全不同。经济学家以某种价值判断为基础分析这一问题，这就是规范分析。

又如，一部分人先富起来是否意味着人与人的不平等，这是一个规范经济学问题；而一部分人先富起来能否促进国民经济的发展，则是一个实证经济学问题。

对这两种方法的理解需要从以下几个方面进行考虑。

① 分析的依据不同。实证经济学企图超脱和排斥一切价值判断，只研究经济本身的内在规律，并根据这些规律分析和预测人们经济行为的效果；规范经济学则以一定的价值判断为基础，以某些标准来分析处理经济问题，树立经济理论的前提，作为制定经济政策的依据，并研究如何才能符合这些标准。所谓价值判断，是指对经济事物社会价值的判断，即对某一经济事物是好还是坏的判断。

② 要解决的问题不同。实证经济学要解决"是什么"的问题，即要确认事实本身，研究经济本身的客观规律与内在逻辑，分析经济变量之间的关系，并用于进行分析与预测；规范经济学要解决"应该是什么"的问题，即要说明事物本身是好还是坏，是否符合某种价值判断或者对社会有什么积极意义。

③ 所得出结论的客观程度不同。实证经济学的内容具有客观性，所得出的结论可以根据事实来检验，也不会以人们的意志为转移；规范经济学本身没有客观性，所得出的结论要受到不同价值观的影响，具有不同价值判断标准的人对同一事物会做出截然不同的评价，谁是谁非没有绝对标准，从而也就无法进行检验。

经济学研究的主要方法是实证分析方法，同时也要进行一些必要的规范分析。规范经济学研究要以实证经济学为基础，而实证经济学研究也离不开规范经济学的指导。对任何一种经济现象进行研究时，不仅要对经济过程本身进行研究，而且要对经济过程做出判断，将实证分析法与规范分析法结合在一起使用，才能说明经济过程的全貌。

二、实证分析的方法

实证分析是一种根据事实加以验证的陈述,而这种实证性的陈述可以简化为某种可以根据经验数据加以证明的形式。在运用实证分析法研究经济问题时,要提出用于解释事实(即经济现象)的理论,并以此为根据做出预测,这也是形成经济理论的过程。

（一）理论的组成

一个完整的理论由定义、假设、假说和预测4个部分组成。

① 定义是对经济学所研究的各种变量所规定的明确的含义。变量是一些可以取不同数值的量。在经济分析中,常用的变量有内生变量与外生变量、存量与流量。

内生变量是"一种理论内所要解释的变量"。外生变量是"一种理论内影响其他变量,但本身由该理论外的因素所决定的变量"。内生变量又称因变量,外生变量又称自变量。

存量是指一定时点上存在的变量的数值,其数值大小与时间维度无关。流量是指一定时期内发生的变量的数值,其数值大小与时间维度相关。

② 假设是某一理论所适用的条件。因为任何理论都是有条件的、相对的,所以在理论的形成中假设非常重要,离开了一定的假设条件,分析与结论就是毫无意义的。例如,需求定理是在假设消费者的收入、嗜好、人口量、社会风尚等既定的前提下来分析需求量与价格之间的关系。消费者收入、嗜好、人口量、社会风尚等不变就是需求定理的假设,离开这些假设,需求定理所说明的需求量与价格反方向变动的真理就没有意义。在形成理论时,所假设的某些条件往往并不现实,但没有这些假设就很难得出正确的结论。

③ 假说是对两个或更多的经济变量之间关系的阐述,也就是未经证明的理论。在理论形成中提出假说是非常重要的,这种假说往往是对某些现象的经验性的概括或总结,但要经过验证才能说明它是否能成为具有普遍意义的理论。因此,假说并不是凭空产生的,它仍然来源于实际。

④ 预测是根据假说对未来进行预期。科学的预测是一种有条件性的说明,其形式一般是"如果……就会……"。预测是否正确,是对假说的验证。正确的假说的作用就在于它能正确地预测未来。

（二）理论的形成

我们可以根据图1-4来说明一种经济理论的形成过程。

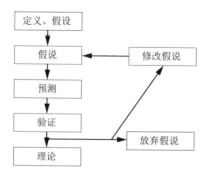

图1-4 经济理论的形成

在形成一种理论时,首先要对所研究的经济变量确定定义,并提出一些假设条件;然后，根据这些定义与假设提出一种假说，并根据这种假说可以提出对未来的预测；最后，用事实来验证这预测是否正确。如果预测是正确的，这一假说就是正确的理论；如果预测是不正确的，这一假说就是错误的，要被放弃或进行修改。

（三）理论的表述方式

用实证分析得出的各种理论可以用不同的方法进行表述，也就是说，同样的理论内容可以用不同的方法表述。一般说来，经济理论有以下 4 种表述方法：

① 口述法或称叙述法，用文字来表述经济理论。
② 算术表示法或称列表法，用表格来表述经济理论。
③ 几何等价法或称图形法，用几何图形来表述经济理论。
④ 代数表达法或称模型法，用函数关系来表述经济理论。

三、实证分析的工具

实证分析要运用一系列的分析工具，如个量分析与总量分析、均衡分析与非均衡分析、静态分析与动态分析、定性分析与定量分析、逻辑演绎与经验归纳、经济模型以及理性经济人的假定等。下面着重介绍在经济学中应用最多的均衡分析、静态分析、比较静态分析和动态分析、经济模型、边际分析。

（一）均衡分析

均衡是从物理学中引进的概念。在物理学中，均衡是表示同一物体同时受到几个方向不同的外力作用而合力为零时，该物体所处的静止或匀速运动的状态。英国经济学家马歇尔把这一概念引入经济学中，主要是指经济中各种对立的、变动着的力量处于一种力量相当、相对静止、不再变动的境界。均衡一旦形成后，如果有另外的力量使它离开原来的均衡位置，则会有其他力量使它恢复到均衡。均衡又分为局部均衡与一般均衡。局部均衡分析是假定在其他条件不变的情况下来分析某一时间、某一市场的某种商品（或生产要素）供给与需求达到均衡时的价格决定。一般均衡分析则是在各种商品和生产要素的供给、需求、价格相互影响的条件下，分析所有商品和生产要素的供给和需求同时达到均衡时，所有商品的价格如何被决定。一般均衡分析是关于整个经济体系的价格和产量结构的一种研究方法，是一种全面的分析方法，但由于一般均衡分析涉及市场或经济活动的方方面面，而这些又是错综复杂和瞬息万变的，实际上使这种分析变得非常复杂和耗费时间，所以西方经济学中大多采用局部均衡分析。

（二）静态分析、比较静态分析和动态分析

宏观经济学和微观经济学所采用的分析方法从另一角度看，又可分为静态分析、比较静态分析和动态分析。

静态分析是分析经济现象的均衡状态及有关的经济变量达到均衡状态所需要具备的条件，它完全抽掉了时间因素和具体变动的过程，是一种静止地、孤立地考察某些经济现象的方法。比较静态分析是分析在已知条件发生变化以后经济现象均衡状态的相应变化，以及有关的经济总量在达到新的均衡状态时的相应的变化，即对经济现象有关经济变量一次变动（而不是连续变动）的前后进行比较，也就是比较一个经济变动过程的起点和终点，而不涉及转变期间和具体变动过程本身的情况，实际上只是对两种既定的自变量和它们各自相应的

因变量的均衡值加以比较。动态分析则对经济变动的实际过程进行分析，其中包括分析有关总量在一定时间过程中的变动，这些经济总量在变动过程中的相互影响和彼此制约的关系，以及它们在每一时点上变动的速率等。这种分析考察时间因素的影响，并把经济现象的变化当作一个连续的过程来看待。

在微观经济学中，无论是个别市场的供求均衡分析还是个别厂商的价格、产量均衡分析，都采用静态和比较静态分析方法。动态分析在微观经济学中进展不大，只在蛛网理论这类研究中，在局部均衡的基础上采用了动态分析方法。宏观经济学中主要采用的是比较静态分析方法和动态分析方法。凯恩斯在《就业、利息和货币通论》一书中采用的主要是比较静态分析方法，而其后继者们在发展凯恩斯经济理论方面的贡献主要是长期化和动态化方面的研究，如经济增长理论和经济周期理论。

（三）经济模型

经济模型是指用来描述所研究的经济现象有关的经济变量之间的依存关系的理论结构。简单地说，把经济理论用变量的函数关系来表示就叫经济模型。一个经济模型是指论述某一经济问题的一个理论，它可用文字说明（叙述法），也可用数学方程式表达（代数法），还可用几何图形式表达（几何法、画图法）。

模型分析是一种抽象分析的方法，所有的模型都是通过去掉一些不必要的部分而使现实经济问题简单化。就是说，模型以简单的方式展示所提出的问题的重要方面。但是，当使用模型这一重要的经济工具时，必须注意到模型由于过于简单而偏离社会经济和政治的实际情况。

（四）边际分析

边际分析法是经济学普遍采用的一种分析方法。所谓边际分析，是指自变量每增加一单位或增加最后一单位的量值会如何影响和决定因变量的量值。边际的概念概括起来有两大类：一是边际收益；二是边际成本。前者指的是稍微增加某种经济活动所带来的利益的增量（如货币收入、满意程度等）；后者则是指稍微增加某种经济活动所带来的成本的增量。在边际分析法下，经济学家在进行选择时总是遵循这样的原则：当某项经济活动（如生产、消费）的边际收益大于边际成本时，人们会扩大这种活动；反之，则会减少这种活动，直到边际收益等于边际成本。

在具体分析中，边际分析给了我们两点启示。一是关注增量收益和增量成本，而不是总收益和总成本。例如，当你决定是否再购买一瓶矿泉水时，考虑的是这一增加的矿泉水给你带来的好处以及为其付出的代价的比较，而不是考虑已购买的全部的矿泉水的好处与全部矿泉水让你花费的总支出的比较，你并非在有水和没水之间进行决策，而是在买或不买最后这瓶水之间进行决策。二是忽略过去的成本，关注可能追加的成本。例如，一位店主考虑今天是晚上10点还是12点关门时，他需要关注的是多开两小时门能给他带来的增量收益与多开两小时门付出的成本比较，并不关心10点之前营业发生的成本。对他而言，过去发生的成本是与选择是否延长关门时间无关的，这在经济学中被称为沉没成本。

边际分析揭示经济活动中的数量变动关系，是对经济数量变化的客观描述。在以后的章节中我们会大量用到边际的概念，如边际效用、边际成本、边际收益和边际产量等。运用这一方法分析经济活动中的客观数量关系，有助于人们认识各种数量变化的趋势和规律。

第三节　经济学发展简史

经济学作为一门独立的学科，是在资本主义产生和发展的过程中形成的。在资本主义社会出现以前，人们对当时的一些经济现象和经济问题形成了某种经济思想，但是并没有形成系统的理论。虽然早在古代许多思想家就研究了经济问题，但这些对经济问题的论述与哲学、政治学、伦理学等混杂在一起，经济学本身在当时并没有成为一门独立的学科。经济学的产生最早可以追溯到重商主义的创立，其发展经历了重商主义、古典经济学、新古典经济学和当代经济学4个重要发展阶段。

一、重商主义——经济学的萌芽时期

重商主义产生于15世纪，终止于17世纪中期，这是资本主义生产方式的形成与确立时期。重商主义原指国家为获取货币财富而采取的政策，16世纪末以后，在英、法两国出现了不少宣扬重商主义思想的著作。

重商主义的主要代表人物有英国经济学家威廉·配第、约翰·海尔斯、威廉·斯塔福德、托马斯·曼，法国经济学家安·德·孟克莱田等人。主要的代表作是配第的《赋税论》和曼的《英国得自对外贸易的财富》。孟克莱田在1615年发表的《献给国王和王后的政治经济学概论》中最早使用了政治经济学这一概念。重商主义者并没有什么系统的理论，基本观点是：金银形态的货币是财富的唯一形态，一国的财富来自对外贸易，增加财富的唯一方法就是扩大出口、限制进口，这样就必须实行国家对经济的干预，即用国家的力量来扩大出口、限制进口。

重商主义的这些观点反映了原始积累时期资本主义经济发展的要求。但重商主义仅限于对流通领域的研究，其内容也只是一些政策主张，并没有形成一个完整的经济学体系，只能说是经济学的萌芽阶段。

二、古典经济学——经济学的形成时期

古典经济学从17世纪中期开始，到19世纪70年代为止，主要代表人物有英国经济学家亚当·斯密、大卫·李嘉图、马尔萨斯，法国经济学家让·巴蒂斯特·萨伊、布阿吉尔贝尔、西斯蒙第等。最重要、最杰出的代表人物是斯密，其代表作是1776年出版的《国民财富的性质和原因的研究》（简称《国富论》）。

《国富论》的发表被视为经济学史上的第一次革命，即对重商主义的革命，它标志着现代经济学的产生。以斯密为代表的古典经济学家的贡献是建立了以自由放任为中心的经济学体系。古典经济学家研究的中心是国民财富如何增长，他们强调财富是物质产品，增加国民财富的途径是通过增加资本积累和分工来发展生产。围绕这一点，他们研究了经济增长、价值、价格、收入分配等经济问题。斯密从"人是利己的经济人"这一假设出发，论述了由价格这只"看不见的手"来调节经济运行的问题。因此，由价格调节经济就是一种正常的自然秩序，并由此得出了自由放任的政策结论。

古典经济学的政策主张是自由放任，主张通过价格这只"看不见的手"来调节经济的运行，使人们在追逐自己利益的过程中实现社会资源合理而有效的配置。古典经济学自由放

任的思想反映了自由竞争时期经济发展的要求。古典经济学家把经济研究从流通领域转到生产领域,使经济学成为一门真正独立的学科。

> ◆拓展阅读
>
> ### 《国富论》
>
> 《国民财富的性质和原因的研究》,作者为亚当·斯密,1776 年出版,简称《国富论》。斯密的经济学产生于 18 世纪中叶,当时在经过资产阶级革命后的英国,工场手工业已成为工业生产的主要形式,农业和对外贸易发展很快,资本主义生产迅速发展。但封建统治的残余——地主和金融贵族的经济政策和经济思想阻碍着资本主义生产的进一步发展。为扫除发展资本主义的障碍,以论证资本主义自由经济为主题的《国富论》顺势而生。
>
> 《国富论》的主要内容可归纳为 3 点:第一,批判了重商主义的错误观点,纠正了重农主义者的偏见,提出了生产部门劳动是国民财富的源泉,从而明确提出了劳动价值和利润来自剩余劳动的观点。第二,强调经济自由思想,认为个人追求私利的结果,正好有效地促进了整个社会的利益,提出资本主义经济发展受"一只看不见的手的指导",主张自由放任和充分发挥市场自由竞争的调节作用。第三,提出国家有三项职能:保卫本国安全,免受外国侵犯;维护社会治安,保护居民不受欺侮和压迫;建设和维持公共工程和公共事业。据此,作者强调国家不干预经济、少过问经济,当好一个"看门犬"或"守夜人"就行了,只须保卫国防、守住大门和维持社会治安,但同时也强调建立司法行政机构、重视公共工程和公共事业以及管好财政收入和支出问题。
>
> 《国富论》继承和发展了以前许多经济学家的研究成果,驳斥了重商主义的经济思想和政策,第一次创立了比较完备的古典政治经济学的理论体系。它是一部划时代的经济学著作,是经济学说史上的第一次革命。

三、新古典经济学——微观经济学的形成与发展时期

新古典经济学从 19 世纪 70 年代的"边际革命"开始,到 20 世纪 30 年代结束。这一时期经济学的中心仍然是自由放任,它是古典经济学的延伸。但是它用新的方法论述了自由放任思想,并建立了说明价格如何调节经济的微观经济学体系,因而被称为新古典经济学。

19 世纪 70 年代初,奥地利经济学家门格尔、英国经济学家杰文斯、瑞士经济学家瓦尔拉斯几乎同时但又各自独立地提出了边际效用价值论,揭开了"边际革命"的序幕。边际效用分析是增量分析,即分析自变量变动所引起的因变量的变动。这种分析方法使经济学进入了一个新的时期,标志着新古典经济学的开始。1890 年,英国经济学家阿弗里德·马歇尔综合了当时的各种经济理论,出版了《经济学原理》一书。他继承了 19 世纪以来英国庸俗经济学的传统,兼收并蓄,以折中主义手法把供求论、生产费用论、边际效用论、边际生产力论等融合在一起,建立了一个以完全竞争为前提、以"均衡价格论"为核心的相当完整的经济学体系。这是继穆勒之后经济学史上的第二次综合,奠定了现代微观经济学的理论基础。该书被奉为新古典经济学理论的代表作,马歇尔则被认为是新古典经济学理论的主要代表和创始人。

虽然新古典经济学派的政策主张仍然是自由放任,但他们明确地把资源配置作为经济学

研究的中心，论述了价格如何使社会资源配置达到最优化，从而在理论上证明了市场机制的完善性。他们把需求分析与供给分析结合在一起，建立了现代微观经济学的框架体系。

新古典经济学家已不像古典经济学家那样只重视对生产的研究，而是转向了消费和需求，他们把消费和需求分析与生产和供给分析结合在一起，建立了现代微观经济学体系及基本内容。由于该体系是以完全竞争为前提的，所以在20世纪初出现垄断后，英国经济学家罗宾逊和美国经济学家张伯伦在20世纪30年代提出了垄断竞争或不完全竞争条件下的资源配置问题。这是对微观经济学体系的重要发展。

四、当代经济学——宏观经济学的形成与发展时期

当代经济学是以20世纪30年代凯恩斯主义的出现为标志的。这一时期的中心是宏观经济学的形成与发展，可以分为以下3个阶段。

1. 凯恩斯革命时期

这一时期是从20世纪30年代到50年代之前。1929—1933年，资本主义国家爆发的空前的经济大危机使得新古典经济学论述的市场调节的完善性的神话被打破。传统的经济理论与经济现实发生了尖锐的冲突，经济学面临着有史以来的第一次危机。在此形势下，1936年，英国经济学家凯恩斯出版了《就业、利息和货币通论》（以下简称《通论》）一书。这本书从总需求的角度分析国民收入，并用有效需求不足来解释失业存在的原因，在政策上则提出了国家干预经济的主张，并提出了一整套国家干预经济进行需求管理的办法。凯恩斯的这些观点被绝大部分西方经济学家所接受，他的政策主张也被西方发达国家的政府采纳，史称"凯恩斯革命"。这次"革命"所产生的以国民收入决定理论为中心、以国家干预为基调的理论和政策主张形成了当代宏观经济学体系。因此，凯恩斯被称为"宏观经济学之父"。

◆ **拓展阅读**

凯恩斯革命

西方支持凯恩斯学说的经济学家对凯恩斯经济学说的评价。凯恩斯在1936年发表的《就业、利息和货币通论》一书中，提出了一套在理论、政策和研究分析方法上都不同于传统经济学的经济学说，代表西方经济学发展的一个新阶段。凯恩斯主义的支持者把它与哥白尼在天文学上、达尔文在生物学上、爱因斯坦在物理学上的革命相类比，称之为西方经济学说上的一场"革命"。美国经济学家克莱因在他1950年出版的《凯恩斯的革命》一书中，首先提出"凯恩斯革命"的说法，后被西方经济学界广泛接受。所谓凯恩斯革命，主要是指：在理论上以有效需求原理否定萨伊定律；在政策主张上反对自由放任，主张国家干预经济；在分析方法上采用总量分析（宏观分析）代替个量分析（微观分析），从而创立了现代宏观经济学。

2. 凯恩斯主义发展时期

这一时期是从20世纪50年代到60年代末。第二次世界大战后，西方各国都加强了对经济生活的全面干预，凯恩斯主义得到了广泛的传播与发展。美国经济学家萨缪尔森等人把凯恩斯主义的宏观经济学与新古典经济学的微观经济学结合起来，建立了一个适合于当代资本主义需要的、既有微观经济理论又有宏观经济理论的新体系，形成了新古典综合派。

3. 自由放任思想复兴时期

这一时期始于20世纪70年代。凯恩斯主义的经济理论和政策在西方各国推行之后，引

起了许多问题,出现了经济停滞与失业和通货膨胀并存的"滞胀"局面,导致了资本主义经济恶化。凯恩斯主义陷入困境,而以美国经济学家弗里德曼为首的货币主义学派所主张的自由放任思想却得以复兴。他们从不同的角度论述了市场机制的完善性,提出了减少国家干预、充分发挥市场机制作用的主张。20 世纪 80 年代中期以后,新经济自由主义的理论和政策又受到人们的普遍怀疑和非难,国家干预主义重新抬头。美国一些有主见的中青年学者——新一代凯恩斯主义者,如哈佛大学的曼昆、萨墨斯等,他们在继承凯恩斯主义传统和基本学说的基础上,从理论和分析技术上改进了原凯恩斯主义,对宏观经济学的微观基础进行了重新构建,提出了许多新的研究成果和实证结论,从而形成了标明"新凯恩斯主义经济学"的一个新学派,在西方经济学界崭露头角并迅速成为影响最大的学派。

从经济学发展的历史脉络中可以清楚地看出,经济学是为现实服务的,经济学的形成、确立与发展是与资本主义市场经济的建立与发展相适应的。

本章知识结构

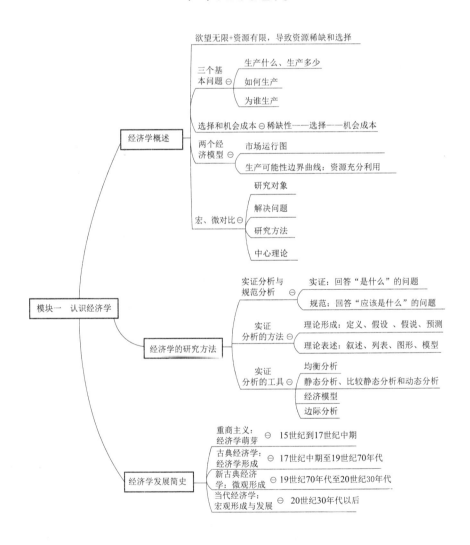

思考与练习

一、单项选择题

1. 资源的稀缺性是指（　　）。
   A. 世界上的资源最终会因为人们生产更多的物品而消耗光
   B. 相对人们无穷的欲望而言，资源总是不足的
   C. 生产某种物品所需要的资源的绝对数量较少
   D. 所有的资源都是有限的

2. 微观经济学的核心理论是（　　）。
   A. 价格理论　　　　B. 效用理论　　　　C. 市场理论　　　　D. 生产理论

3. 宏观经济学的核心理论是（　　）理论。
   A. 经济增长　　　　B. 国民收入决定　　C. 失业　　　　　　D. 国民收入核算

4. 微观经济学解决的问题是（　　）。
   A. 资源配置　　　　　　　　　　　　　B. 资源利用
   C. 单个经济如何实现最大化　　　　　　D. 整体经济如何实现最大化

5. 经济学研究的基本问题包括（　　）。
   A. 生产什么，生产多少　　　　　　　　B. 怎样生产
   C. 为谁生产　　　　　　　　　　　　　D. 以上均正确

6. "富人的所得税税率比穷人高"是（　　）。
   A. 规范的表述　　　B. 实证的表述　　　C. 否定的表述　　　D. 理论的表述

7. 当经济学家说人们是理性的时候，是指（　　）。
   A. 人们不会做出错误的判断
   B. 人们总会从自己的角度做出最好的决策
   C. 人们根据完全的信息而行事
   D. 人们不会为自己所做出的任何决策而后悔

8. 研究个别居民户与厂商决策的经济学称为（　　）。
   A. 宏观经济学　　　B. 微观经济学　　　C. 实证经济学　　　D. 规范经济学

二、判断题

1. 如果社会不存在资源的稀缺性，也就不会产生经济学。（　　）
2. 资源的稀缺性决定了资源可以得到充分利用，不会出现资源浪费现象。（　　）
3. 微观经济学的基本假设是市场失灵。（　　）
4. 是否以一定的价值判断为依据是实证经济学与规范经济学的重要区别之一。（　　）
5. "人们的收入差距大一点好还是小一点好"的命题属于实证经济学问题。（　　）
6. 因为资源是稀缺的，所以产量是既定的，永远无法增加。（　　）
7. 微观经济学要解决的问题是资源利用，宏观经济学要解决的问题是资源配置。（　　）
8. 实证经济学要解决"应该是什么"的问题，规范经济学要解决"是什么"的问题。（　　）
9. 2018年12月31日的外汇储备量是流量。（　　）
10. 2018年的国内生产总值是存量。（　　）

三、问答题

1. 如何理解资源的稀缺性？

2. 什么是选择？它包括哪些内容？
3. 举例说明经济生活中的微观经济和宏观经济。
4. 举例说明规范经济学为什么要以实证经济学为基础，实证经济学为什么离不开规范经济学的指导。

四、实训题

通过生产可能性边界曲线分析讨论现实生活中资源为什么存在稀缺性。结合生活实际，举出人们面临权衡取舍和机会成本的例子。

模块二

均衡价格分析

【学习目标】

知识目标：
➢ 了解影响需求或供给的不同因素
➢ 区分需求量的变动与需求的变动、供给量的变动与供给的变动
➢ 理解弹性理论
➢ 掌握供求变动如何决定均衡价格和均衡数量

能力目标：
➢ 能够运用供求分析的三个步骤，对市场进行供求分析
➢ 能够根据商品需求价格弹性分析价格与总收益之间的关系

素质目标：
➢ 正确理解和解释政府的价格政策
➢ 通过比较中国恩格尔系数的变化，领会居民生活的显著变化，增强爱国情怀

第一节 需求分析

一、需求与需求的表达

（一）需求的含义

需求（Demand）是指消费者在某一特定的时期内，在一定市场上，在各种可能的价格水平下愿意而且能够购买的该商品的数量。它反映了商品不同价格与其相应的需求量之间的对应关系。需求分为个人需求和市场需求。个人需求是指单个消费者对某种商品的需求，个人需求的总和就是该商品的市场需求。

在理解需求这个概念时应该注意的是，需求必须具备两个不可缺少的条件：一是购买欲望；二是购买能力。它是二者的统一，缺少任何一个条件都不能成为需求。消费者面对某种商品时，如果只有购买意愿而没有购买能力，或者虽有购买能力却无购买愿望，就都不能构成需求。需求是购买能力与购买欲望的统一。例如，有的人喜欢高档的消费品，但受到收入的限制没有能力去购买，因此就构不成对高档消费品的需求；有的人不喜欢开车，他的收入

很高也不会买车，因此也构不成对汽车的需求。

（二）需求的表达

价格是消费者在购买某种商品数量时所支付的货币量。需求量与价格的关系可以分别用需求表、需求曲线和需求函数来表达。

1. 需求表

需求表是描述在某一特定时间内，在其他条件不变的情况下，消费者对某商品在不同价格水平下所形成的需求数量的一个表列，既可反映个人需求也可反映市场需求。需求表实际上是用算术表格的形式来表述需求这个概念的，可以直观地表明价格与需求量之间的对应关系，如表2-1所示。

表2-1 某商品的需求

价格与数量组合	A	B	C	D	E
价格/元	1	2	3	4	5
需求量/单位数	50	40	30	20	10

2. 需求曲线

需求曲线是表明商品价格与需求量之间关系的一条曲线。根据表2-1可以做出图2-1。在图2-1中，横轴Q代表需求量，纵轴P代表价格，D即为需求曲线，是一条向右下方倾斜的曲线，表明需求量与价格呈反方向变化。

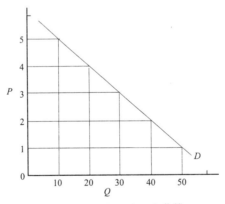

图2-1 某商品的需求曲线

3. 需求函数

需求函数是用模型法（或称代数表达法）来表示需求这个概念的。根据前面的例子，假定其他影响需求的因素不变，只考虑需求量与价格之间的关系，把商品的价格作为影响需求的唯一因素，以P代表价格，以D代表需求，可以得出需求函数为：

$$D = f(P) \tag{2.1}$$

事实上，影响需求的因素不只是价格，还有各种各样的因素，例如收入、分配、政策等因素，它们的变动都会引起需求不同程度的变动。如果把影响需求量的各种因素作为自变量，把需求量作为因变量，则可以用函数关系来表示影响需求的因素与需求量之间的关系，

这种函数称为需求函数,用公式表示为:
$$D = f(a, b, c, \cdots, n) \tag{2.2}$$

二、影响需求的因素

一种商品的需求数量是由许多因素影响和共同决定的,概括起来有以下几种情况。

1. 商品自身的价格

一般说来,在其他条件不变时,商品的价格越高,人们对该商品的购买数量就越少;价格越低,人们购买的数量就越多。在简单需求函数中,在其他因素不变的情况下,价格作为需求函数的自变量,其变动只会影响需求量的大小,而对整个需求不产生影响。

2. 相关商品的价格

各种商品之间存在着不同的关系,因此其他商品价格的变动也会影响某种商品的需求。商品之间的关系有两种:一种是互补关系;另一种是替代关系。

互补关系是指两种商品共同满足一种欲望,它们之间是相互补充的。例如,汽车和汽油的关系,当其他因素不变时,汽油价格上升,则汽车的需求会减少。反之,两种互补商品之间,当一种商品价格下降时,另一种商品的需求会上升。因此两种互补商品之间,价格与需求呈反向变动关系。

替代关系是指两种商品可以互相替代来满足同一种欲望。例如,大米和面粉就是这种关系。当其他条件不变时,一种商品价格上升时,对另一种商品的需求就会增加,因为大米价格上升,消费者会购买更多的面粉来代替对大米的消费,导致即使面粉价格不变,需求量也会增加;反之,当一种商品的价格下降时,另一种商品的需求会减少。两种替代商品之间价格与需求呈同方向变动。

3. 收入水平和分配平等程度

通常情况下,随着收入水平的增加,收入分配趋向平等,消费者对大多数商品(正常品)的需求都会增加;反之,消费者对大多数商品的需求会减少。

4. 消费者的偏好

消费者偏好的变化受许多因素的影响,包括历史、心理、文化和风俗等因素。社会消费习惯的变化将促进消费者在商品价格未发生任何变化的情况下增加或减少对某商品的需求。例如,广告宣传可以在一定程度上影响偏好的形成,这就是许多厂商不惜资金大做广告宣传的原因。成功的案例很多,许多厂商都是通过影响消费者的偏好来迅速占领市场的。

5. 人口的数量与结构

人口数量的增加会使需求增加,人口数量减少会使商品需求减少。例如,世界各大汽车公司纷纷按中国政府的要求和本土企业合作,成立合资公司生产汽车,它们除了看中中国低廉的劳动力之外,还看中了中国 14 亿人口所蕴藏的巨大市场。另外,人口结构的变动也会影响对某些商品的需求。例如,人口老龄化会导致碳酸饮料、儿童用品的需求减少,同时会导致保健用品、药品等的需求增加。

6. 政府的经济政策

政府采取不同的经济政策会强烈影响商品的需求。当经济发展过热、通货膨胀较高时,政府往往会采取从紧的财政政策和货币政策,即提高利率、压缩政府开支、增加税收等,这些政策会让大部分商品的需求减少,从而达到抑制经济过速发展的作用;反之,当经济发展处于低潮期时，政府往往会采取宽松的财政和货币政策，即降低利率、增加政府开支、减少税收等，这些政策会刺激消费，导致大部分商品的需求增加，从而达到加速经济发展的目的。

7. 消费者对未来的预期

消费者对自己的收入水平、商品价格水平的预期会直接影响其消费欲望。当人们预料未来自己的收入水平会上升时，就会增加消费，从而导致需求增加；反之，则会减少消费，导致需求减少。当人们预料某商品的价格今后会上涨时，会增加对它现时的购买量；而预料价格下跌时，就会减少对它的现时购买量。

总之，影响需求的因素多种多样，这些因素共同决定了需求，而且它们都是需求函数中的自变量。

三、需求定理

需求定理是说明商品本身的价格与需求量之间关系的理论。从需求表和需求曲线可以看出，商品的价格越低，市场对该商品的需求量越多；反之需求量越少。即商品的需求量与其价格是反方向变动的。这是一种普遍存在的现象。

我们可以把商品的价格与需求量之间的关系概括为如下需求定理：在其他条件不变时，某商品的需求量与价格之间呈反方向变动，即需求量随着商品本身价格的上升而减少，随着商品本身价格的下降而增加。

在理解需求定理时需要注意其他条件不变这一点，其他条件不变是指影响需求的其他因素不变。也就是说，需求定理是在假定影响需求的其他因素不变的前提下，研究商品本身的价格与需求量之间的关系，离开了这一前提，需求定理就无法成立。例如，价格上升的同时收入大幅度提高，商品的需求量就有可能增加。

◆ **拓展阅读**

需求定理的例外

需求定理给出了消费者对商品需求的基本特征，但这一定理也有例外。下面3种情况可以作为需求定理的特例。

① 炫耀性商品。炫耀性商品是指用来显示人们社会地位的商品。例如，首饰、豪华轿车就是炫耀性商品，这种商品只有在价高时才能显示出人们的社会地位，因此，价格下降反而会使需求减少。

② 吉芬商品。吉芬商品是针对在某些特定条件下一些生活必需品所表现出来的特殊特征而言。吉芬物品的由来是在19世纪，吉芬爵士观察到爱尔兰贫民因为缺乏支付能力，多以比较便宜的马铃薯充饥，却很少吃他们视为佳肴的面包，但是当马铃薯涨价时，他们因为更没有钱买面包反而被迫买更多马铃薯。这种价格上升而需求增加的情况被称为"吉芬现象"，具有这种特点的商品被称为吉芬商品。战争时期的粮食、药品等就具有这种特征，吉芬商品往往是由于人们的心理预期造成的，只有特殊时期才存在。

③ 投机性商品。投机性商品是指购买者购买的目的不是消费而是投机性囤积，以在价高的时候进行销售。投机性商品受消费者预期影响较大，往往存在价格上涨时反而抢购，

价格下跌反而抛出的现象，如股票、债券、黄金、邮票等。这里要注意的是，只有消费者进行投机性消费时，商品才存在这样的特征。

四、需求量与需求的变动

在现实生活中，影响需求的各种因素既影响需求量，也影响需求。但在经济分析中，要求严格区别需求量的变动和需求的变动。

（一）需求量的变动

需求量是指在某一特定的价格水平下，消费者计划购买的商品量。需求量的变动是假定除商品自身价格以外的因素（相关商品价格、收入水平、消费者偏好、人口数量与结构、政府的政策、消费者预期）保持不变，由于价格的变动而引起的变动。从需求函数上来看，需求量的变动函数不变，仅仅是随着自变量的变动引起因变量的变动；从需求表上来看，需求量的变动表现为随着价格的变动，同一需求表中价格-需求量组合的移动；从需求曲线上看，需求量的变动表现为同一条需求曲线上的点的移动。如图2-2（a）所示，当价格为P_1时，需求量为Q_1；当价格下降到P_2时，需求量增加到Q_2；价格与需求量的变化在需求曲线上表现为从A点移动到B点。

（二）需求的变动

需求的变动是指在商品本身价格不变的情况下，由于其他非价格因素的变化所引起的需求的变动。从需求表上看，需求的变动不是同一需求表中价格-需求量组合的移动，而是整个需求表的对应关系的变动，是在同一价格水平下由于其他因素导致所对应的需求量发生改变；从需求曲线上看，需求的变动表现为整条需求曲线的平行移动，需求减少导致需求曲线向左平行移动，需求增加导致需求曲线向右平行移动。如图2-2（b）所示，价格P_0并未发生变化，但由于收入、偏好、预期等一系列因素的变化，引起需求曲线向左或向右移动。例如，新闻播出牛奶事件导致消费者对牛奶的偏好发生变化，可以肯定在任何一种既定的价格P_0时，买者现在想买的牛奶数量在减少，从而使需求减少，这样就使牛奶的需求向左平移。相反，新闻如果大力宣传牛奶对健康的好处，人们的偏好就会受到影响，从而使在所有价格下人们对牛奶的需求都会增加，使牛奶的需求曲线向右平移。

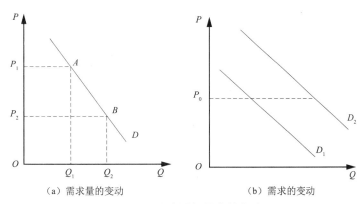

图2-2　需求量与需求的变动

对于需求与需求量之间的关系，从影响因素方面可做如下对比，如表2-2所示。

表 2-2 需求的决定因素与需求曲线变动的关系

影响需求量的变量	这些变量变动的表现
价格	沿着需求曲线的变动
收入	需求曲线移动
相关物品价格	需求曲线移动
嗜好	需求曲线移动
预期	需求曲线移动

◆案例分析

减少吸烟量的两种方法

公共政策制定者经常想减少人们吸烟的数量。通过制定政策可以达到这一目标的方法有两种。

减少吸烟的一种方法是使香烟和其他烟草产品的需求曲线移动。公益广告、香烟盒上有害健康的警示以及禁止在电视上做香烟广告，都是旨在减少任何一种既定价格水平时香烟需求量的政策。如果成功了，这些政策就使香烟的需求曲线向左移动。

此外，政策制定者可以试着提高香烟的价格。例如，如果政府对香烟制造商征税，烟草公司就会以高价的形式把这种税的大部分转嫁给消费者。较高的价格鼓励吸烟者减少他们吸的香烟量。在这种情况下，吸烟量的减少就不表现为需求曲线的移动。相反，它表示为沿着同一条需求曲线移动到价格更高而数量较少的一点上。

第二节 供给分析

一、供给与供给的表达

(一) 供给的含义

供给（Supply）是指生产者在某一时期内，在不同的价格水平上愿意并且能够提供出售的该种商品的数量。它反映了商品不同价格与其供给量之间的对应关系。

理解该概念应该注意，供给是供给欲望与供给能力的统一。若生产者对某种商品只有出售的愿望而没有出售的能力，则不能形成有效供给。供给能力中包括新生产的产品与过去的存货。供给量是指在某一特定价格水平时，厂商愿意或计划供给的商品量，即每个供给量都是和特定的价格水平相对应的。

(二) 供给的表达

在其他条件不变的情况下，商品的供给量与商品本身的价格之间存在一一对应的关系，这种对应关系可以分别用供给表、供给曲线和供给函数来表达。

1. 供给表

供给表是用数字和图表表示某种商品的价格和供给量之间的关系。它提供了价格－数量的各种组合，说明了在各种价格下可能有的供给量。通过对个别供给在一些价格水平的加总，我们得到对某种商品的市场供给表，如表 2-3 所示。

表 2-3 某商品的供给表

价格与数量组合	A	B	C	D	E
价格/元	2	3	4	5	6
供给量/单位数	10	20	30	40	50

2. 供给曲线

供给曲线是用曲线表示的关于商品供给量与价格的一种关系。将表 2-3 的数据在图中描点并将这些点连接起来，就可得到一条供给曲线。如图 2-3 所示，横轴 Q 代表供给量，纵轴 P 代表价格，S 为供给曲线，是一条向右上方倾斜的曲线，表明供给量与价格呈同方向变化。

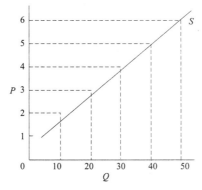

图 2-3 某商品供给曲线

3. 供给函数

供给函数是用模型法（或称代数表达法）来表示供给这个概念的。根据前面的例子，假定其他影响供给的因素不变，只考虑供给量与价格之间的关系，把商品的价格作为影响供给的唯一因素，以 P 代表价格、S 代表供给，就可以写出供给函数为：

$$S = f(P) \tag{2.3}$$

事实上，影响供给的因素不只是价格，还有各种各样的因素。例如，商品本身的价格、相关商品价格、技术水平等因素，它们的变动都会引起供给不同程度的变动。如果把影响供给量的各种因素作为自变量、把供给量作为因变量，则可以用函数关系来表示影响供给的因素与供给量之间的关系，这种函数称为供给函数，用公式表示为：

$$S = f(a, b, c, \cdots, n) \tag{2.4}$$

二、影响供给的因素

在一种商品市场上，影响厂商对商品供给的因素有很多，有经济因素也有非经济因素，概括起来主要有以下几种。

1. 商品自身的价格

一般来说，在其他条件不变时，商品的价格越高，生产者愿意提供该种商品的数量越多，反之则越少。也就是说在影响某种商品供给的其他因素既定不变的条件下，供给量与商品本身的价格水平呈同方向变化，即价格上升供给量增加，价格下降供给量减少。商品的市场交易价格影响的是生产者的供给量，而对整个供给函数不产生影响。

2. 相关商品的价格

两种互补商品之间，一种商品的价格上升，对另一种商品的需求减少，从而这种商品的供给减少；反之，一种商品的价格下降，对另一种商品的需求增加，从而这种商品的供给增加。两种替代商品之间，一种商品的价格上升，使另一种商品的需求增加，从而这种商品的供给增加；反之，一种商品的价格下降，使另一种商品的需求减少，从而这种商品的供给减少。另外，对于两种依赖于同一资源的商品，如一块土地既可以种小麦也可以种棉花，当小麦的价格不变而棉花的价格提高时，生产者将减少小麦的种植而扩大棉花的种植，这表明棉花价格的提高会引起小麦供给的减少，反之亦然。

3. 生产技术水平

技术进步可以大大提高生产效率，使企业有可能在给定的资源条件下更有效率地生产商品，或者说同样的资源生产出更多的商品。例如，杂交水稻的出现大大提高了水稻的产量，因此，生产技术水平的提高可以增加供给。

4. 生产要素的价格

生产要素价格的下降将会降低生产商品的成本，从而使厂商在任一价格水平下都愿意增加供给；反之，厂商就会减少供给。

5. 政府政策

如果政府采取鼓励投资或生产的政策，如降低利率、减少税收、对某些行业进行补贴等，就可以降低生产者的成本，刺激生产者增加供给；反之，如果政府采取限制投资政策，如提高利率与税收、对某些行业征收投资方向调节税等，就会增加生产者的成本，使得生产者减少供给。

6. 厂商对未来的预期

乐观的预期会使厂商扩大生产,从而使未来供给增加;反之,厂商对投资前景持悲观态度,则会尽力在当前清货、压缩生产,从而使未来供给减少。

三、供给定理

供给定理是表示商品本身的价格与其供给量之间关系的理论。从供给表和供给曲线中可以看出,某商品的供给量与其价格是呈同方向变动的。其内容是:在其他条件不变的情况下,商品的供给量与其价格之间呈同方向变动,即供给量随商品本身价格的上升而增加,随商品本身价格的下降而减少。

供给定理是假定价格以外的因素不变的前提下,商品本身价格与供给量之间的关系。商品的供给量与价格同方向变动的主要原因:一是因为某种商品价格上升后,现有的厂商愿意生产和出售更多的该商品;二是这种商品价格上升后,会吸引新的厂商进入该商品的生产行列,这样必然会使商品的供给增加。在理解这一定理时需要注意,其他条件不变指的是除价格外影响供给的其他条件,如技术水平等不变。与需求定理相同,离开了这一假设条件,供给定理也无法成立。

◆ **拓展阅读**

供给定理的例外

供给定理指的是一般商品规律,但也有例外。例如,在工资较低时,劳动满足供给定理,随着工资的提高,供给也会增加,但工资高到一定程度后,劳动的供给反而会随工资的提高而降低,这将在分配理论中进一步讨论。另外,土地、古董、古画、古玩、已故画家的作品等则因为供给量一定,不随价格变动而变动;股票、证券等投机性商品的供给曲线则可能呈现不规则的变化。

◆ **案例分析**

技术进步与电脑供给

20世纪80年代,个人电脑的价格按运算次数、速度和存储能力计算,每台为100万美元。尽管价格如此昂贵,供给量却极少。当同样能力的个人电脑降至1 000美元左右时,价格只是当初价格的千分之一,但供给量却增加了不止1万倍。这种现象显然违反了供给定理。其原因在于电脑供给的增加不是由于价格变动引起的,而是由于技术进步引起的。从20世纪80年代末开始,电脑行业的生产技术发生了根本性的变化,集成电路技术的发展、硬件与软件技术标准的统一、规模经济的实现与高度专业化分工使电脑的生产成本迅速下降,而且质量日益提高,这种技术变化引起了电脑供给曲线向右大幅度移动。因此,尽管电脑价格大幅度下降,供给还是大大增加。

四、供给量与供给的变动

在经济分析中要求严格区分供给量的变动和供给的变动。

(一)供给量的变动

供给量是指在某一特定价格水平时,厂商提供某种商品的数量,在图上表现为一个点。

供给量的变动是指在其他条件不变的情况下，价格变动所引起的供给量的变动，在图上表现为点在曲线上的移动。如图 2-4（a）所示，当商品的价格从 P_1 下降到 P_2 时，供给量从 Q_1 减少到 Q_2，但整条曲线并未发生位移，函数关系并未发生改变。

（二）供给的变动

供给是指在某一特定时期内，在每一价格水平时厂商愿意而且能够提供的商品量，在图上表现为一条曲线。供给的变动是指除价格之外的其他因素的变动所引起的变动，在图上表现为供给曲线的平移。供给的变动表现在同样的价格情况下，由于非价格因素导致供给量发生改变，因此在图形中将表现为供给曲线的整体位移，如图 2-4（b）所示。供给曲线右移表明，企业在任一相同的价格水平上所愿意提供的产品数量增加；反之，则减少。

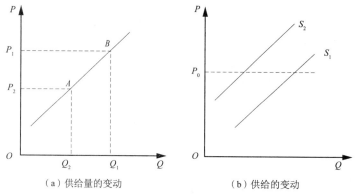

（a）供给量的变动　　　　（b）供给的变动

图 2-4　供给量和供给的变动

第三节 均衡价格理论

一、均衡与均衡价格的形成

均衡（Equilibrium）是指各种力量处于平衡状态。在经济学中，均衡一般是指经济体系中变动着的各种力量处于平衡，因而变动的净趋向为零的状态。在西方经济学中，均衡是一个被广泛运用的概念。均衡的最一般意义是指经济事物中有关的变量在一定条件的相互作用下所达到的相对静止的状态。

在微观经济分析中，市场均衡可以分为局部均衡和一般均衡。局部均衡是对单个市场或部分市场的供求和价格之间的关系和均衡状态进行分析；一般均衡是对一个经济社会中所有市场的供求和价格之间的关系和均衡状态进行分析。

供求均衡是指一种商品的需求和供给相等时的状态。供求均衡时，需求价格等于供给价格，需求数量等于供给数量，此时，市场出清。如图 2-5 所示，横轴 Q 表示数量（需求量和供给量），纵轴 P 表示价格（需求价格和供给价格），D 为需求曲线，S 为供给曲线；D 与 S 相交于均衡点 E，由 E 点决定的价格 P_0 就是均衡价格，对应的数量 Q_0 就是均衡数量。

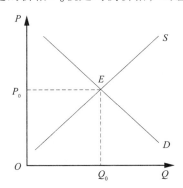

图 2-5　均衡价格与均衡数量

对供求均衡的理解应该注意以下几点。①供求均衡是由于需求和供给这两种相反力量的作用处于一种相对静止的状态，这时的价格和数量是暂时确定的，即均衡价格和均衡数量。当影响需求和供给的因素发生变动时，可能会导致需求曲线或供给曲线的移动，则这种相对静止的状态被打破，新的均衡就会形成。由此可见，均衡价格是由于需求和供给两种力量的作用使价格处于相对静止的状态。②决定供求均衡的力量是需求和供给。在完全竞争市场中，需求和供给对供求均衡的决定作用不分主次，同等重要，需求或供给的变动都会影响均衡价格和均衡数量的变动。③市场上各种商品的均衡价格是最后的结果，其形成过程是在市场背后进行的。但要注意的是，均衡价格不等同于市场价格，它只是市场价格运行的趋势。

供求均衡是在市场上供求双方的竞争过程中自发形成的。在市场上，需求和供给对市场价格变化做出的反应是相反的。由于均衡是暂时的、相对的，而不均衡是经常的，所以供不应求或供过于求的情况经常发生。如图 2-6 所示，当价格为 P_2 时出现供不应求，市场价格会上升，从而导致供给量增加而需求量减少；当价格为 P_1 时出现供过于求，市场价格下降，从而导致供给量减少而需求量增加。供给和需求的相互作用最终会使商品的需求量和供给量

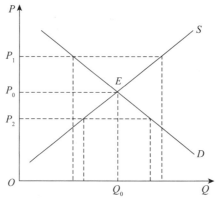

图 2-6 均衡价格的形成

在价格为 P_0 时正好相等,这时既没有过剩(供过于求)也没有短缺(供不应求),供求正好均衡。这时的价格就是供求双方都可以接受的均衡价格,也就是使市场出清的价格。

◆案例分析

口罩供大于求 价格出现下降

自新冠肺炎疫情暴发以来,国内口罩市场曾一度出现供需失衡、价格急剧上涨的情况。现在,随着国内疫情逐步得到控制,口罩的产能也出现了供大于求的局面。以 50 只装的医用护理口罩为例,其在天猫平台上卖 89 元,"6·18"促销立减 16.5 元之后,每个口罩到手价只需要 1.45 元。天猫平台的工作人员告诉记者,目前口罩需求出现了下滑,虽然同比仍处于一个高位,但销量出现了环比递减的趋势,5 月份口罩的销量相比 4 月份就下降 10%~20%。

天猫商城口罩销售条线负责人说:"卖得比较好的是儿童类口罩,因为现在学生已经开学了。还有一些年轻人比较喜欢、比较时尚又兼具防护功能的多元化口罩,可能会卖得好一点。"业内人士告诉记者,对于那些疫情发生后才匆匆忙忙投资兴建生产线、生产水平无法达到标准的口罩厂来说,可能会面临大量关停。而对于那些本身生产质量达标,只是因为资质申请排队时间过长导致短暂出现经营困难的企业,仍然有活下来的希望。国内的口罩供应充足,口罩行业也面临新的调整。而处于产业链上游的口罩机和熔喷布需求也随之出现了变化,价格大幅下调。

(资料来源:人民网 2020 年 6 月 8 日)

二、供求定理

供求均衡是由供给和需求共同决定的,因此供给和需求的变动都会引起均衡点发生改变。分析均衡变动分为三个步骤:确定该事件是移动供给曲线还是需求曲线(或者两者都移动);确定曲线移动的方向(向左还是向右);说明移动如何影响均衡价格和数量。

(一)需求的变动对均衡价格的影响

在供给曲线一定的条件下,需求增加会使需求曲线右移,从而使均衡价格提高,均衡数量增加;需求减少会使需求曲线左移,从而使均衡价格下降,均衡数量减少。如图 2-7 所示,供给曲线为 S,当需求曲线为 D_0 时,均衡价格为 P_0,均衡数量为 Q_0。如果由于消费者收入的增加使需求曲线右移到 D_1，这时均衡价格上升到 P_1，均衡数量增加到 Q_1；相反，如果由于消费者收入的减少导致需求减少而使需求曲线左移到 D_2，这时均衡价格下降到 P_2，均衡数量就减少到 Q_2。

（二）供给的变动对均衡价格的影响

在需求曲线一定的情况下，供给增加会使供给曲线右移，从而使均衡价格下降，均衡数量增加；供给减少会使供给曲线左移，从而使均衡价格上升，均衡数量减少。如图2-8所示，需求曲线为 D，当供给曲线为 S_0 时，均衡价格为 P_0，均衡数量为 Q_0。如果由于生产要素的价格下降导致供给增加而使供给曲线右移到 S_1，这时均衡价格下降为 P_1，而均衡数量则增加到 Q_1；相反，如果由于生产要素价格上升导致供给减少使供给曲线左移到 S_2，这时均衡价格上升到 P_2，而均衡数量则减少到 Q_2。

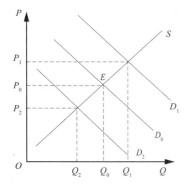

图2-7 需求的变动对均衡价格的影响

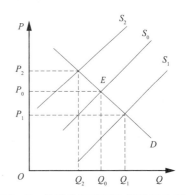

图2-8 供给的变动对均衡价格的影响

（三）供求定理

需求和供给的变动对均衡价格和均衡数量的影响就是供求定理。当供给不变时，需求的增加会引起均衡价格上升，均衡数量增加；需求的减少会引起均衡价格下降，均衡数量减少。当需求不变时，供给的增加会引起均衡价格下降，均衡数量增加；供给的减少会引起均衡价格上升，均衡数量减少。或者说，需求的变动会引起均衡价格和均衡数量同方向变动；供给的变动会引起均衡价格反方向变动，均衡数量同方向变动。

◆案例分析

税收不能用于禁毒

现在全世界毒品泛滥，已成为21世纪人类最大的威胁。许多国家花费巨大的人力与物力投入禁毒中，但收效并不明显。因此，有的经济学家提出，通过税收手段、借助价格机制禁毒。这就是说让毒品交易合法化，但征收极高的税收。这样，由于税收极高，毒品价格大幅度上升，吸毒者就会减少。同时，政府收入增加，又可以帮助吸毒者戒毒。这种做法看起来简单，但行得通吗？首先这种做法在伦理道德上是难以让人接受的。吸毒对人类危害极大，贩毒是一种犯罪行为。任何一个有良知的政府都不会用税收让一项犯罪行为合法化。这正如任何政府都不允许交钱就可以杀人放火一样。即使这样能增加政府收入，政府也不会用这种方法来收取不义之财。所以，至今还没有哪一个政府考虑接受这种"简单易行"的禁毒方法。即使抛开这种伦理与政治上的考虑，仅仅从经济学的角度看，这种做法也未必有效。征收高税意味着提高毒品的价格，我们就从价格对毒品的需求与供给的影响入手，来分析这一问题。

先来看需求。我们知道，吸毒者都有强烈的毒品依赖性，即一旦吸上毒就无法摆脱，而且依赖性会越来越大。此外，没有其他合适的替代品来代替毒品满足吸毒者的欲望，即毒品没有相近的替代品。这就是说，毒品这种东西极其缺乏需求弹性，甚至可以说，毒品的需求弹性几乎等于零。在这种情况下，尽管高税收可以引起毒品价格大幅上升，但吸毒者对毒品的需求量不会有多大减少，甚至不会减少。对毒品的需求在很大程度上并不取决于毒品的价格，而取决于吸毒者的嗜好，即对毒品的依赖性。对毒品征收的高税收主要由吸毒者承担。我们知道，需求缺乏弹性的商品价格上升时，卖者的总收益增加。卖者总收益增加也就是买者总支出增加。吸毒者以社会下层低收入者为主。这些人无法戒毒，又无法增加自己的收入。当高税收引起的高价格使他们吸毒的支出大幅增加时，他们唯一获得收入的来源就是犯罪，铤而走险，进行偷盗、抢劫等暴力犯罪活动。所以，有识之士指出，对毒品征收高税收引起的高价格会加剧社会犯罪，使暴力犯罪迅速增加。

再来看供给。价格上升会刺激供给增加。毒品价格上升对减少需求几乎没有作用，但对增加供给却是有效的。而且，对毒品征收的高税收尽管是向贩毒者征收的，但贩毒者可以通过高价格将税转嫁给吸毒者，所以，贩毒者的总收益和利润所受影响很小。如果把高税收作为生产成本的一部分，面对高税收，贩毒者可以采用各种抗税或逃税手段，如继续走私、贿赂税收征管人员甚至暴力抗税。即使政府让毒品交易纳税而合法化，贩毒者也会使贩毒成为地下经济，以逃避税收。这是因为，把抗税的支出作为成本、税收的减少作为收益，在高税收时，抗税的成本远远小于收益，抗税就成为一种理性行为。所以，即使政府宣布毒品交易为合法并征收高额税，也只是提高了毒品价格（起码要加上抗税的成本），而不能减少毒品的供给。当然，在毒品交易为地下经济时，政府税收也不会有很大增加。

总之，从经济学的角度看，对毒品征收高税额，既不能减少需求，又不能减少供给，既不能增加财政收入，又不能有效禁毒。因此，目前没有哪个政府用这种方法来禁毒。禁毒的正确方法不是利用价格机制，而是把毒品交易作为一种犯罪行为来严厉打击，同时广泛宣传毒品的危害性，让人们远离毒品。高税收不能用于禁毒说明，价格不是万能的。我们强调，在市场经济中价格是重要的，价格是能调节的，应该尽量利用价格机制。但价格的调节作用并不是万能的，无限扩大价格机制的作用与否定价格机制的作用都是片面的。我们不能从一个极端跳到另一个极端。当价格机制调节有效时，我们应该首先利用价格机制，但在价格机制调节无效时，我们就要求助于法律与行政手段或社会道德调节和社会教育。千万不要学了经济学就把价格调节用于任何一个问题。

（资料来源：摘自梁小民《经济学就这么有趣》，北京联合出版公司，2014年）

三、供求定理的应用

根据价格理论，市场价格应该是供求平衡时的均衡价格，它是完全自由市场上的供求关系自发调节形成的。由于市场调节具有一定程度的盲目性，所以在现实中，由价格机制进行调节得出的结果并不一定符合整个社会的长远利益。

基于以上认识，国家制定一些价格政策来适当地控制市场价格就成为必要。价格政策的形式有很多，下面主要介绍两种。

(一) 支持价格

支持价格也称最低限价，是指政府为了扶持某一行业而规定的该行业产品的最低价格。最低价格总是高于市场的均衡价格，如图 2-9 所示。

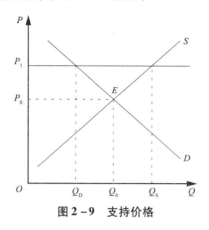

图 2-9 支持价格

在图 2-9 中，开始时，该商品市场的均衡价格为 P_0，均衡数量为 Q_0。若政府实行支持价格的政策，规定该商品的最低价格为 P_1，则 $P_1 > P_0$，而且在最低价格 P_1 的水平上，市场供给量 Q_S 大于需求量 Q_D，此时市场会出现产品过剩的情况。农产品的支持价格是一些西方国家普遍采取的政策，在实行这一政策时，政府通常会收购市场上的过剩农产品。

政府实行支持价格政策的目的往往是扶持某些行业的发展。支持价格的运用对经济持续稳定发展有积极的意义。以对农产品实行的支持价格为例，从长远来看，支持价格确实有利于农业的发展。这是因为，首先，稳定了农业生产，减缓了经济危机对农业的冲击；其次，通过对不同农产品的不同支持价格，可以调整农业结构，使之适应市场需求的变动；最后，扩大了农业投资，促进了农业现代化的发展和农业劳动生产率的提高。但是支持价格也有副作用，主要是会使财政支出增加，让政府背上沉重的包袱。

◆案例分析

农产品保护价的利弊

支持价格的一个典型例子是许多国家出于保护农业的需要，对农产品实行保护价格或出口价格补贴。

各国对农产品实行保护价格通常有两种做法：一种是缓冲库存法，即政府或代理人按照某种平价（保护价）收购农产品，在供大于求时政府按这一价格增加对农产品的收购，在供小于求时政府抛出农产品，以保护价进行买卖，从而使农产品价格由于政府的支持而维持在某一水平上；另一种是稳定基金法，也由政府或代理人按某种保护价收购全部农产品，但并不是按保护价出售，而是在供大于求时低价出售，供小于求时高价出售。这两种情况下，农产品收购价格都稳定在政府确定的价格水平上。

应该说，支持价格稳定了农业生产、保证了农民的收入、促进了农业投资，也有利于调整农业结构，从整体上对农业发展起到了促进作用。但支持价格也引起了一些问题。首先，使政府背上了沉重的财政包袱。政府为收购过剩农产品而支付的费用、出口补贴以及为限产而向农户支付的财政补贴等，都是政府必须为支持价格政策付出的代价。许多国家用于支持价格的财政支出每年都有几百亿美元。其次,形成农产品的长期过剩。过剩的农产品主要由政府收购,政府解决农产品过剩的重要方法之一就是扩大出口,这就会引起这些国家为争夺世界农产品市场而进行贸易战。最后,受保护的农业竞争力会受到削弱。在世贸组织的前身关贸总协定乌拉圭回合谈判中,欧美各国为了解决自己的农产品过剩问题,都力图保护本国的国内市场而打入他国市场。因此,农产品自由贸易问题成为争论的中心。乌拉圭回合谈判通过的农业协议的总目标是实现农产品自由贸易和平等竞争,其中重要的内容有两点:一是减少各国对农产品的价格支持,包括农产品保护价、营销贷款、投入补贴等,要求各国支持总量减让幅度为农业总产值的5%,同时降低对农产品的出口补贴;二是"绿箱政策",即各国政府应实行不引起贸易扭曲的政府农业支持措施,包括加强农业基础设施、实现农业结构调整、保护环境等政府支出。这表明,实行支持价格的老办法将难以为继,政府以提高农业竞争力的方式支持农业将成为趋势。

我国实行的"保护价敞开收购议购粮"也是一种支持价格。支持价格治标不治本,要从根本上改变我国农业落后状况和农民收入低的现状,并使我国农业能进入世界市场与发达国家农业竞争,必须提高农业自身的竞争力。例如,政府可增加对水利、科研、环保等的支出;注重发展蔬菜、花卉、渔业、畜牧业,发展农产品加工业,以提高农产品的附加值。国外农业也并不仅仅是靠支持价格发展起来的,农业发达国家的政府在加强农业竞争力方面也进行了大量的投入。中国农业只有走出对保护价的迷信,才能有良好的发展前景。

(二) 限制价格

限制价格也称最高限价,是指政府为了限制某些生活必需品的价格上涨而规定的这些产品的最高价格。最高价格总是低于市场的均衡价格,如图 2-10 所示。

在图 2-10 中,开始时,该商品市场的均衡价格为 P_0,均衡数量为 Q_0。若政府实行限制价格的政策,规定该商品的最高价格为 P_1,则 $P_1 < P_0$,且在最高价格 P_1 的水平上,市场需求量 Q_D 大于供给量 Q_S,此时市场会出现供不应求的情况。政府实行限制价格政策的目的往往是抑制某种商品的价格上涨,尤其是为了应对通货膨胀。但是政府实行限制价格政策也会带来不良影响,如排队抢购和黑市交易盛行等。限制价格政策一般是在战争或自然灾害等特殊时期使用,但也有许多国家对某些生活必需品或劳务长期实行限制价格政策。

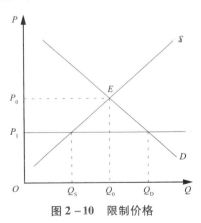

图 2-10 限制价格

◆ **案例分析**

票贩子屡禁不止的原因

看过病的人都知道，在一些名牌医院挂专家门诊号有多难。专家号价钱倒不贵，北京协和医院治疗门诊的最高价格为50元，这是政府规定的专家门诊的最高价格。这种政策的目的是保证穷人也能找专家看病，但它却引起了什么后果呢？由于价格低，无论大病、小病，人人都想看专家门诊，但专家看病的积极性并不高。这样供给量小于需求量，存在短缺。在存在短缺但价格又不能上升的情况下，解决供给小于需求的方法有3种：配给（由医院决定给谁）、排队和黑市。黑市交易是票贩子和病人之间的交易。票贩子是一批以倒号为业的人，他们或拉帮结伙装作病人挂号，或者与医院有关人员勾结把号弄到手，然后以黑市的均衡价格（如1 000元）卖给病人。尽管公安部门屡次打击票贩子，但由于丰厚的利润，票贩子仍屡禁不止。医院为了对付票贩子，实行了持身份证的挂号实名制看病，但仍没有解决问题，其变化只是票贩子由卖号变为卖排队的位置，可见只要存在限制价格，短缺就无法消除，票贩子也决不会消失。

票贩子的存在既损害了病人的利益，又损害了专家的利益。病人不得不付出高价，这种高价又不由专家所得。在我们的例子中，限制价格50元是医院得到的价格，病人却付出了1 000元，其间的差额950元就归票贩子及提供号的人所得。政府有关部门制定限制价格的意图本来是为了维护消费者的利益，但实际上却损害了消费者的利益。

从经济学的角度看，消除票贩子的办法不是"加大打击力度"等，而是取消对专家挂号费的限制价格政策。一旦价格放开、挂号费上升，想看专家门诊的人就会减少（小病不找专家，大病、疑难病症才找专家），愿意看病的专家也会增加，从而最终实现供求相等。这时，票贩子无利可图，自然也就消失了。

当然，放开专家门诊涉及医疗制度的改革问题，如医院分级收费、医药分开、完善社会保障体系等。但要解决专家门诊的供求矛盾，从根本上铲除票贩子，还是要放开价格，这是医疗市场化改革的重要内容。

（资料来源：摘自梁小民《微观经济学纵横谈》，三联书店，2000年）

第四节 弹性理论

在物理学上,弹性是指物体在外力作用下发生形变,当外力撤销后能恢复到原来大小和形状的性质。经济学上的弹性概念是由阿弗里德·马歇尔提出的,是指一个变量相对于另一个变量发生一定比例的改变的属性。弹性的概念可以应用于所有具有因果关系的变量之间。在西方经济学中,弹性指的是当经济变量之间存在函数关系时,因变量变动对自变量变动的反应程度,其大小通常用因变量变动的百分率与自变量变动的百分率之比,即弹性系数来表示。弹性系数的一般公式是:

$$弹性系数 = 因变量的变动比率 \div 自变量的变动比率$$

经济学中的弹性以需求价格弹性为基础,用于描述需求曲线的特性,即用于描述价格变动对需求量的影响——价格变动时需求量扩张的范围,并在此基础上学习需求的其他弹性(如需求价格弹性、需求收入弹性和需求交叉弹性),以及供给弹性。

一、需求弹性

需求量的变化受诸多因素的影响,其中最主要的因素是商品自身的价格、消费者的收入以及相关商品的价格。相应地,可以用需求价格弹性、需求收入弹性、需求交叉弹性来分别描述需求量的变化对每一主要因素变化的反应程度,其中最主要的是需求价格弹性,下面分别予以介绍。

(一) 需求价格弹性

1. 需求价格弹性的含义

需求价格弹性简称需求弹性,是指价格变动比率所引起的需求量变动的比率,即需求量变动对价格变动的反应程度。需求价格弹性在经济学中一般用来衡量需求数量随商品价格变动而变动的情况。但不同商品在不同的价格水平上,需求量对价格的反应程度是不一样的。经济学用不同商品需求价格弹性来表示这种区别,一般用需求弹性的弹性系数来表示弹性的大小。弹性系数用需求量变动的百分比除以价格变动的百分比来计算。其公式为:

$$E_D = \frac{\Delta Q_D / Q_D}{\Delta P / P} \tag{2.5}$$

式中,E_D 为需求弹性系数,ΔQ_D 为需求量的变动量,Q_D 为需求量,ΔP 为价格的变动额,P 为商品的价格。

例如,某商品的价格下降了10%,消费者的需求量增加了15%,可以计算出需求价格弹性系数为:

$$E_D = \frac{\Delta Q_D / Q_D}{\Delta P / P} = \frac{15\%}{10\%} = 1.5 \tag{2.6}$$

在理解需求价格弹性的含义时要注意以下几点:

① 需求量和价格这两个经济变量中,价格是自变量,需求量是因变量,所以,需求弹性是指价格变动所引起的需求量变动的程度。

② 需求弹性系数是需求量变动的比率与价格变动的比率的比率,而不是需求量变动的绝对量与价格变动的绝对量的比率。

③ 需求弹性系数的数值可以为正,也可以为负。如果两个变量为同方向变化,则为正;反之,如果两个变量为反方向变化,则为负。但在实际运用时,为方便起见,一般都取其绝对值。

④ 同一条需求曲线上不同点的弹性系数大小并不相同。

2. 需求价格弹性的计算

(1) 点弹性

需求点弹性是用来测定需求曲线上某一个点的弹性大小,是需求量对价格微小变化的反应程度。其计算公式为:

$$E_D = \lim_{\Delta P \to 0} \frac{-\Delta Q}{\Delta P} \times \frac{P}{Q} = -\frac{dQ}{dP} \times \frac{P}{Q} \tag{2.7}$$

点弹性是当两点无限接近时弧弹性的极限。根据点弹性公式可知,同一种商品在不同价格水平下其价格弹性是不同的。同一种商品往往在其价格越高时,需求价格弹性越大;价格越低时,需求价格弹性越小。

例如,某商品的需求函数为 $Q_D = 20 - 2P$,当价格 $P = 4$ 时,$Q_D = 12$,则在 (12, 4) 组合点的弹性系数为:

$$E_D = \lim_{\Delta P \to 0} \frac{-\Delta Q}{\Delta P} \times \frac{P}{Q} = -\frac{dQ}{dP} \times \frac{P}{Q} = -(-2) \times \frac{4}{12} = \frac{2}{3} \tag{2.8}$$

(2) 弧弹性

上面介绍的点弹性的计算方法适用于价格和需求量变化极为微小的条件,如果商品价格与需求量的变化都相当大,就要计算需求曲线上两点之间一段弧的弹性,即弧弹性。实际上,弧弹性是需求曲线上两点之间的平均弹性,计算公式为:

$$E_D = -\frac{Q_2 - Q_1}{P_2 - P_1} \times \frac{P_1 + P_2}{Q_1 + Q_2} = -\frac{\Delta Q}{\Delta P} \times \frac{P_1 + P_2}{Q_1 + Q_2} \tag{2.9}$$

例如,某商品的需求函数为 $Q_D = 2400 - 400P$,当价格 $P = 5$ 时,$Q = 400$,如果该商品的价格下降到 $P = 4$,则需求量上升到 $Q_D = 800$,则组合点从 (400, 5) 到 (800, 4) 的弧弹性为:

$$E_D = -\frac{Q_2 - Q_1}{P_2 - P_1} \times \frac{P_1 + P_2}{Q_1 + Q_2} = -\frac{400}{-1} \times \frac{5 + 4}{400 + 800} = 3 \tag{2.10}$$

3. 需求价格弹性的分类

根据弹性系数的绝对值的大小,需求的价格弹性可以分为 5 类,如图 2-11 所示。

① 需求无限弹性,$E_D = \infty$。即在指定的价格水平下,需求量无限大,此时的需求曲线是一条与横轴平行的线,如图 2-11 (a) 所示。

② 需求完全无弹性,$E_D = 0$。即无论价格如何变化,需求量都固定不变,被称为需求完全无弹性。这时的需求曲线是一条与横轴垂直的线,如图 2-11 (b) 所示。

③ 需求单位弹性,$E_D = 1$。即价格变动的百分比与需求量变动的百分比相同,此时的需求曲线是一条正双曲线,如图 2-11 (c) 所示。

④ 需求缺乏弹性,$0 < E_D < 1$。即需求量变动的百分比小于价格变动的百分比,此时的需求曲线比较陡直,如图 2-11 (d) 所示。

⑤ 需求富有弹性,$\infty > E_D > 1$。即需求量变动的百分比大于价格变动的百分比,此时的需求曲线比较平缓,如图 2-11 (e) 所示。

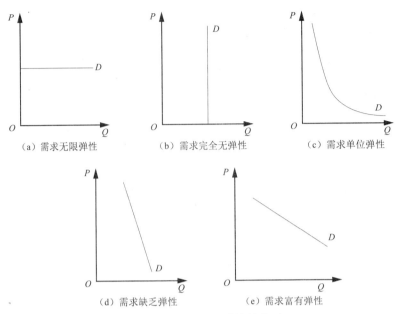

图 2-11 需求价格弹性的类型

◆ 案例分析

春运票价问题的价格分析

《2017年"春运"大数据报告》（以下简称《报告》）对2017年春运期间民航、铁路、公路客票预订情况及居民春节出行意愿进行了系统分析。《报告》提供的调查数据显示，2017年春节期间居民的跨市出行需求旺盛，其中回家探亲是最大的需求类型，占比高达56.6%。同程旅游交通票务大数据预测显示，民航国内航线和公路客运将在农历腊月二十五迎来节前客流峰值，铁路将在元旦前后迎来节前首个客流高峰，一年一度的火车票"抢票大战"将于12月28日前后全面启动。腊月二十五民航将迎来节前客流峰值，腊月二十八机票价格最高。按照供求理论，春运期间旅客对运输服务需求猛增，在短期内呈现出运力严重不足而无法满足需求的状况。在这种情况下，为了缓解矛盾抑制需求，交通运输部门根据运力与运量的供求关系，试图通过价格上浮的方法改变这一矛盾，以减轻客流量骤增带来的运输压力。然而事实上，票价上浮的收效甚微，客流量不降反增，换句话说，票价上浮之后交通运输部门的压力并未因此而减轻。何以至此呢？这是因为交通运输部门在调价时，忽略了春节期间旅客对交通的需求弹性会较平时大大下降这一因素。春运期间的客流量主要由民工流、学生流、探亲流和旅游流四大板块构成。第一，对民工们而言，很多人为了多挣钱，常常是一年只回一次家，由于思家心切，对票价也变得更有承受力。第二，对学生们而言，按照规定春运期间学生票不上浮。因而学生流对交通运输的需求是完全缺乏弹性的。第三，对探亲流而言，其中有相当一部分是收入较高的群体构成，因而对票价上浮有相当的承受能力。第四，对旅游流而言，他们选择春节期间旅游是具有较强的经济承受能力，是决不会被票价上浮20%~40%所轻易吓倒的。

（资料来源：http:/mt.sohu.com/20161208/n475327980.shtml，2016-12-08）

【启示】春运期间旅客对交通的需求缺乏弹性，导致价格杠杆难以发挥作用。诚然，按照经济学原理，当需求缺乏弹性时，价格下降，则总收益下降；价格上升，则总收益上升。价格上浮这项措施无疑将大大提高客运单位的运输经济效益，但是，这些经济效益的取得却是以牺牲社会效益为代价的。

4. 影响需求价格弹性的因素

同一种商品在不同价格水平下其价格弹性不同，不同商品的需求弹性也存在差异，特别是在消费品的需求弹性方面。通常情况下很难定量地测定某商品在某价格下的需求弹性，常常只能定性地判断其弹性的大小，这就需要知道影响需求价格弹性的因素有哪些、会对需求的价格弹性产生什么样的影响。

① 消费商品项目支出在消费者的收入中所占的比例。如果该项目支出在家庭收入中占的比例小，消费者对价格变化反应小，其需求弹性也小；如果所占比例大，消费者对价格变化的反应就大，其需求弹性就大。假如报纸以前的价格是 0.5 元每份，现在翻了一番，每份的价格是 1 元，需求量却不会有明显的变化；而如果汽车价格下降 30%，则需求量则会呈现明显的上升趋势。

② 替代商品的数目。如果一种商品的替代品的数目越多，则其需求弹性越大。因为价格上升时，消费者会转而购买其他替代品；价格下降时，消费者会购买这种商品来取代其替代品。例如，据估算，美国消费者航空旅行的需求弹性为 2.4，主要是因为航空旅行有汽车旅行、火车旅行等可替代。如果一种商品的替代产品很少，则其需求弹性就很小。

③ 消费者对商品的依赖程度。一般来说，消费者对商品的依赖程度越高，该商品对消费者而言，其弹性越小；反之，越大。例如，消费者对生活必需品的依赖程度较高，如一些基本生活用品即使在战争年代价格飞涨，需求依然不会大幅度减少；反之，即使在丰收年，价格下跌，粮食需求也不会有明显增加。而奢侈品往往是富有弹性的，如高档衣物打折的时候需求量会迅速增加。当然，消费者对商品的依赖程度不仅仅取决于商品本身固有的性质，在一定程度上还取决于购买者的偏好，对于疯狂的车迷而言，汽车可能是缺乏弹性的必需品。

④ 商品本身用途的多寡。一种商品的用途越广泛，其需求弹性越大，因为价格上升（或下跌）会有多种途径导致对它的需求量的减少（或增加）。例如，在美国，电力的需求弹性是 1.2，这与其用途广泛有关（作为民用电而言，电力则是缺乏弹性的，消费者对它的依赖程度较高）；而小麦的需求弹性仅为 0.08，这与其用途少有关。

⑤ 商品使用时间的长短。一般来说，使用时间长的耐用消费品需求弹性大，而使用时间短的非耐用消费品需求弹性小。例如，使用期限为 10 年的冰箱在使用 5 年以上时，消费者就会有考虑更换冰箱的可能，这时如果有促销活动，消费者就会考虑购买，如果没有促销活动则不会购买。

某种商品的需求弹性到底有多大，是由上述各种因素综合决定的，而且某种商品的需求弹性也因时期、消费者收入水平和地区的不同而有差异。

阅读与思考

为什么石油输出国组织不能保持石油的高价格

在 20 世纪 70 年代，石油输出国组织（OPEC）的成员决定提高世界石油价格，以增加他们的收入。他们采取减少石油产量而实现了这个目标。1973—1974 年，石油价格根据总体通货膨胀率进行了调整，上升了 50%，1979 年上升了 4%，1980 年上升了 34%，1981 年也上升了34%。

但OPEC国家发现要维持高价格是困难的。1982—1985年，石油价格一直每年下降10%左右。1986年OPEC成员国之间的合作完全破裂了，石油价格猛跌了45%。1990年石油价格又回到了1970年的水平，而且20世纪90年代的大部分年份中保持在这个低水平上。

这个事件表明，供给与需求在短期和长期的弹性是不一样的。在短期，供给与需求较为缺乏弹性，供给缺乏弹性是因为已知的石油储藏量开采能力不能改变，需求缺乏弹性是因为购买习惯不会立即对价格变动做出反应。例如，许多老式的耗油车不会立即换掉，司机只好支付高价格的油钱。在长期，OPEC以外的石油生产者对高价格的反应是增加石油的勘探并建立新的开采能力；消费者的反应是更为节俭，如用节油车代替耗油车。

这种分析表明了为什么OPEC只有在短期中成功地保持了石油的高价格。在长期中，当供给和需求较为富有弹性时，OPEC共同减少供给并无利可图。OPEC国家之间的合作现在很少，主要是由于该组织过去在保持石油高价格上的失败。

（二）需求收入弹性

1. 需求收入弹性的含义

价格是影响需求最重要的因素，除价格因素外，人们对商品的需求和收入水平的关系也很大。当然，不同商品的需求量对收入变化反应的程度是不同的。需求收入弹性反映了某种商品的需求量变动对消费者收入变动反应的敏感程度，是某商品需求量变化的百分比与消费者收入变化的百分比的比值。

如果用 E_m 表示需求的收入弹性，Q 表示需求量，ΔQ 为需求量的变动量，I 表示消费者收入，ΔI 为收入的变动量，则收入弹性的弹性系数的计算公式为：

$$E_m = \frac{\Delta Q/Q}{\Delta I/I} = \frac{\Delta Q}{\Delta I} \times \frac{I}{Q} \tag{2.11}$$

2. 需求收入弹性的分类

不同的商品，其需求量对收入变化的反应程度是不同的。根据这种反应程度的不同，可以把收入弹性分为5种类型，如图2-12所示。

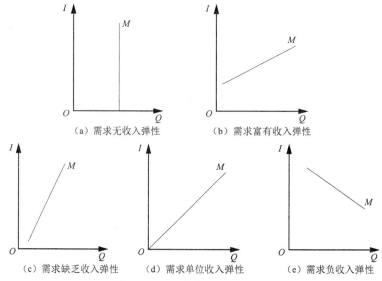

图2-12　需求收入弹性的类型

① 需求无收入弹性，$E_m = 0$。即无论收入如何变化，需求量都固定不变，被称为需求无收入弹性。这时的收入－需求曲线是一条与横轴垂直的线，如图 2－12（a）所示，如食盐等这类生活必需品。

② 需求富有收入弹性，$E_m > 1$。即随着收入上升，对某商品的需求量也上升，且需求量上升幅度会大于收入上升幅度。奢侈品往往具有这样的特性，如汽车、高档服装、化妆品等，如图 2－12（b）所示。

③ 需求缺乏收入弹性，$0 < E_m < 1$。即需求量变动的幅度小于收入变动的幅度，此时的收入－需求曲线比较陡直，如图 2－12（c）所示。这类商品如粮食等。

④ 需求单位收入弹性，$E_m = 1$。即需求量变动的幅度等于收入变动的幅度，如图 2－12（d）所示。这是一个特例，现实生活中很少有这种情况。

⑤ 需求负收入弹性，$E_m < 0$。即需求量的变动与收入变动呈反方向变化，这时的收入—需求曲线是一条向右下方倾斜的线，如图 2－12（e）所示。

一般来讲，消费者的收入与需求量是同方向变动的，但各种商品的需求收入弹性大小并不相同，依据需求收入弹性数值，可将商品分为正常品和劣等品两种。正常品的需求收入弹性系数为正值，这种商品的需求量将随着收入的增加（减少）而增加（减少）。其中 $0 < E_m < 1$，即需求收入弹性系数介于 0 和 1 之间的商品，需求量变动的幅度小于收入变动的幅度，称为生活必需品，如粮食、服装等；$E_m > 1$，即需求收入弹性系数大于 1 的商品，需求量变动的幅度大于收入变动的幅度，称为奢侈品，如珠宝、高档服装等。劣等品的需求收入弹性系数为负值，这类商品的需求量将随着收入的增加（减少）而减少（增加），如低质的廉价商品等。

当然，人们对低档品、奢侈品、生活必需品的划分是相对的。同一种商品，对高收入的人群来说可能是低档品，但对一般人来说可能是必需品，对低收入者来说可能是奢侈品。

3. 需求收入弹性的运用

恩格尔系数，通常是指居民家庭中食物支出占消费总支出的比重。19 世纪德国统计学家恩格尔根据统计资料，对消费结构的变化总结出一个规律：一个家庭的收入越少，家庭收入中（或总支出中）用来购买食物的支出所占比例就越大。随着家庭收入的增加，家庭收入中（或总支出中）用来购买食物的支出比例则会下降。在国际上，这一指标常常用来衡量一个国家和地区人民生活水平的状况：一个国家生活越贫困，恩格尔系数就越大；生活越富裕，恩格尔系数就越小。比较通行的国际标准认为，当一个国家平均家庭恩格尔系数大于 60% 为贫穷；50%～60% 为温饱；40%～50% 为小康；30%～40% 属于相对富裕；20%～30% 为富足；20% 以下为极其富裕。

$$恩格尔系数 = \frac{食物支出}{全部支出}$$

> **阅读与思考**
>
> ### 恩格尔系数再创新低对中国意味着什么
>
> 2018 年，中国人赚得越来越多——全国人均可支配收入实际增长 6.5%；吃得却越来越"少"——恩格尔系数降至 28.4%，再创新低。
>
> 多位专家表示，恩格尔系数的下降表明我国经济发展水平和居民生活水平在不断提高，这与我国经济从高速发展迈向高质量发展相匹配。与此同时，对恩格尔系数背后隐含的变化

也要全面辩证地看待。

收入在增长，消费结构在升级，消费观念在转变。恩格尔系数的下降提示着生活中哪些变化？

首先是人们赚得更多了。

国家统计局发布的数据显示，2018 年全国人均可支配收入实际增长 6.5%，快于人均 GDP6.1% 的增速。

1978 年，我国城镇居民人均可支配收入为 343 元，农村仅为 134 元；到 2000 年，分别增长至 6 256 元和 2 282 元。进入新世纪以来，政府推进收入分配改革、取消农业税，百姓的"钱袋子"一天天鼓起来，到 2017 年城镇和农村居民人均可支配收入分别达到 36 396 元和 13 432 元。据测算，2018 年我国中等收入群体已经超过 4 亿人。

改革开放以来我国居民收入出现了许多新变化，具体表现为收入来源多元化、工资收入增长较快、工资外收入数额大增长快、资产性收入所占的比重明显上升等。"收入是分配的基础，恩格尔系数的下降明显反映出我国居民收入增加，腰包鼓起来了。总体可分配的'蛋糕'大了，食品支出所占的比例自然会越来越小。"

恩格尔系数的下降见证了消费升级的步伐，说明居民消费中非食物性支出在总体上升。这在消费的统计数据中有明显体现。2018 年服务消费持续提升，国内旅游人数和旅游收入都增长 10% 以上，电影总票房突破 600 亿元，增长将近 10%。文化消费、信息消费、教育培训消费、健康卫生消费都在迅速增长。"就'社会消费品零售总额'这个指标而言，旅游、文化、卫生等服务性消费还没有纳入进来。尽管这样，2018 年仍然增长 9%，这个速度不低。"

恩格尔系数的下降也反映出当今居民消费观的转变。当前消费一个很重要的趋势是商品消费向高品质方向发展。物美价廉的商品好销售，同时质量高、价格不菲的商品也开始更多地进入中高收入家庭。

单一指标不能代表总体水平，应当全面看待恩格尔系数。

恩格尔系数降至 30% 以内，这是否标志着中国已迈入发达国家或者富足国家的行列？对此，多位专家表示，要辩证看待。

衡量一个国家是否为发达国家，除了恩格尔系数以外还有很多指标。只有结合人均国民收入水平、国民收入分配情况、人均受教育程度等多种指标，才能得出中肯的结论。

其一，中国的恩格尔系数比较复杂，背后还受中国经济发展不平衡不充分的影响。在整体恩格尔系数下降的同时，东部地区和中西部地区、发达地区和"老少边穷"贫困地区的恩格尔系数差异整体较大。

其二，对于农村地区的恩格尔系数下降，要考虑其特殊性。统计数据常常只能解释表象，而数据产生的原因和事实仍需细细推敲。

其三，恩格尔系数也与消费习惯、收入预期有关。考察区域数据也会发现，广东等沿海地区在经济总量、发展程度上领先东北、西北等地，但恩格尔系数并不相对更低。有专家指出，这与各地生活习惯有关。比如，广东省的恩格尔系数一直相对较高，据推测与当地民众爱好美食、愿意在食品消费上投入有一定关系。而一些西部省份居民可能在"吃"上精打细算，反映在数据上，恩格尔系数就比较低。

当前中国恩格尔系数的变化并不能直观、单一地解释成积极的社会现实。专家表示，虽然恩格尔系数显示中国在某些方面已取得长足进步，也应客观、理性、科学看待，不因单一指标的突破而沾沾自喜。恩格尔系数的变化及其背后的消费新趋势,提示今后要顺应消费升级来改善生产结构、投资结构以及消费的基础设施,使消费红利充分释放,让消费更好地发挥对经济发展的基础性作用。

(资料来源:摘自《人民日报》海外版)

(三) 需求交叉弹性

在生活中,人们常常发现一种商品的价格变动会影响到另一种商品的需求。需求的交叉弹性反映了某一种商品的需求量变动对其他商品价格变动反应的敏感程度。例如,商品 X 的需求量 Q_X 的变化百分比与商品 Y 的价格 P_Y 的变化百分比的比值,叫作商品 X 对商品 Y 的交叉弹性。需求交叉弹性的计算公式为:

$$E_{XY} = \frac{X\text{ 商品需求量变动的百分比}}{Y\text{ 商品价格变动的百分比}} = \frac{\Delta Q_X / Q_X}{\Delta P_Y / P_Y} = \frac{\Delta Q_X}{\Delta P_Y} \times \frac{P_Y}{Q_X} \tag{2.12}$$

当 $E_{XY} > 0$ 时,商品 X 需求量的变动和商品 Y 价格变动的方向相同,即当商品 Y 价格上升时,商品 X 需求量上升,商品 Y 价格下降时,商品 X 的需求量下降,两种商品是相互替代关系,而且 E_{XY} 的数值越大,两种商品的替代程度越强。

当 $E_{XY} < 0$ 时,商品 X 需求量的变动和商品 Y 价格变动的方向相反,即当商品 Y 价格上升时,商品 X 需求量下降,商品 Y 价格下降时,商品 X 的需求量上升,两种商品是互补关系,而且 E_{XY} 的数值绝对值越大,两种商品的互补关系越强。

当两种商品互不相关时,其需求交叉弹性系数为零。

二、供给弹性

(一) 供给价格弹性的含义

影响商品供给量的因素有许多,这些因素对供给量的影响程度各不相同。在这方面人们经常要做的是分析价格变化对供给的影响。供给的价格弹性反映了某一商品供给量的变动对价格变动的敏感程度。它是商品供给量变化的百分比与价格变化的百分比的比值。其公式为:

$$E_S = \frac{\Delta Q / Q}{\Delta P / P} = \frac{\Delta Q \times P}{\Delta P \times Q} \tag{2.13}$$

式中,E_S 为供给弹性系数,ΔQ 为供给量的变动量,Q 为供给量,ΔP 为价格的变动额,P 为商品的价格。

与需求曲线不同,供给曲线通常是向右上方倾斜的,供给量与价格同方向变动,因此供给价格弹性一般是正数。

(二) 供给价格弹性的分类

根据供给弹性的特点,我们把供给弹性分成 5 类,如图 2-13 所示。

① 供给无限弹性,$E_S = \infty$。即在指定的价格水平下,供给量可以任意变动,被称为供给无限弹性。此时的供给曲线是一条与横轴平行的线,如图 2-13 (a) 所示。

② 供给完全无弹性,$E_S = 0$。在这种情况下,不管价格如何变化,供给量都不会发生变化,这时的供给曲线是一条垂直于横轴的直线,如图 2-13 (b) 所示。

③ 供给单位弹性,$E_S = 1$。价格变动的百分比与供给量变动的百分比相同,被称为供给的单位弹性。这时的供给曲线是一条从原点出发,斜率为 1 的直线,如图 2-13 (c) 所示。

④ 供给缺乏弹性，$E_s<1$。即供给量变动的百分比小于价格变动的百分比，此时的供给曲线比较陡直，如图2-13（d）所示。

⑤ 供给富有弹性，即$E_s>1$。即供给量变动的百分比大于价格变动的百分比，此时的供给曲线比较平缓，如图2-13（e）所示。

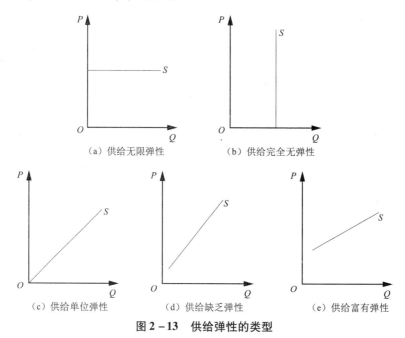

图2-13 供给弹性的类型

（三）影响供给弹性的因素

影响供给弹性的因素比影响需求弹性的因素要复杂得多，主要有以下几种。

1. 生产时间的长短

在短期内，生产设备、劳动等生产要素无法大幅度增加，从而供给无法大量增加，供给弹性也就小。尤其在超短期内，供给只能由存货来调节，供给弹性几乎是零。在长期中，生产能力可以提高，因此供给弹性也就大。这是影响供给弹性大小的最重要因素。

2. 生产的难易程度

一般而言，容易生产而且生产周期短的产品对价格变动的反应快，其供给弹性大；反之，不易生产且生产周期长的产品对价格变动的反应慢，其供给弹性也就小。

3. 生产要素的供给弹性

供给取决于生产。因此，生产要素的供给弹性大，产品供给弹性也大；反之，生产要素的供给弹性小，产品供给弹性也小。

4. 生产所采用的技术类型

有些产品采用资本密集型技术，这些产品的生产规模一旦固定，数量变动就较难，从而其供给弹性也小；有些产品采用劳动密集型技术，这些产品的生产规模变动较容易，从而供给弹性也就大。

在分析某种产品的供给弹性时要把以上因素综合起来。一般而言，重工业产品一般采用资本密集型技术，生产较为困难，并且生产周期长，所以供给弹性较小；轻工业产品尤其是食品、服装这类产品，一般采用劳动密集型技术，生产较为容易，并且生产周期短，所以供给弹性大。农产品的生产尽管也多采用劳动密集型技术,但由于生产周期长,因此供给缺乏弹性。

三、需求弹性理论的应用

价格弹性概念作为分析经济理论的方法和工具,可作为企业分析需求、价格决策、预测市场、推销产品等的重要依据。经济部门和企业在价格决策、预测市场以及研究价格变化对销售收入的影响时,都应当研究需求的价格弹性。

需求价格弹性与总收益有密切的关系,可以从下面的公式得到说明:

$$TR = P \times Q \tag{2.14}$$

式中,TR 代表总收益,Q 代表与需求量相一致的销售量,P 代表商品的价格。从公式看,总收益取决于商品的价格和需求量,商品价格变动引起需求量的变动,从而引起销售量的变动,从而使厂商的总收益发生变化。由于不同商品的需求弹性不同,价格变动引起销售量的变动不同,从而总收益的变动也不相同。

(一)需求富有弹性的商品需求弹性与总收益的关系

如果商品的需求是富有弹性的,当该商品的价格下降时,需求量增加的幅度大于价格下降的幅度,从而总收益会增加;当该商品的价格上升时,需求量减少的幅度大于价格上升的幅度,从而总收益会减少,可用图 2 - 14 来说明。

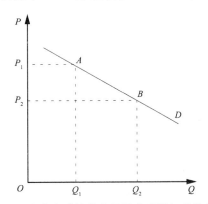

图 2 - 14　需求富有弹性的商品需求弹性与总收益的关系

在图 2 - 14 中,D 是某种富有弹性商品的需求曲线,当价格为 P_1 时,需求量为 Q_1,总收益为 OQ_1AP_1;当价格为 P_2 时,需求量为 Q_2,总收益为 OQ_2BP_2。当价格由 P_1 降为 P_2 时,总收益增加,$OQ_2BP_2 > OQ_1AP_1$;反之,当价格由 P_2 上升为 P_1 时,总收益下降,$OQ_1AP_1 < OQ_2BP_2$。根据这种富有弹性的商品价格上升与下降引起的总收益的变化可以得出:如果某种商品的需求是富有弹性的,则价格与总收益呈反方向变动,即价格上升,总收益减少;价格下降,总收益增加。需求富有弹性的商品价格下降而总收益增加,就是我们一般所说的"薄利多销"的原因。富有弹性的商品降低价格,将会由于销售量上升幅度大于价格下降幅度而使销售收入上升;反之,富有弹性的商品若提高价格,则会使销售收入下降。

(二)需求缺乏弹性的商品需求弹性与总收益的关系

如果商品的需求是缺乏弹性的,当该商品的价格下降时,需求量增加的幅度小于价格下降的幅度,从而总收益会减少;当该商品的价格上升时,需求量减少的幅度小于价格上升的幅度,从而使总收益会增加,可用图 2 - 15 来说明。

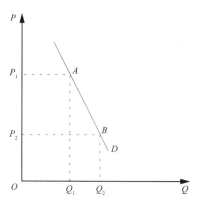

图 2-15 需求缺乏弹性的商品需求弹性与总收益的关系

在图 2-15 中，D 是某种缺乏弹性商品的需求曲线，当价格为 P_1 时，需求量为 Q_1，总收益为 OQ_1AP_1；当价格为 P_2 时，需求量为 Q_2，总收益为 OQ_2BP_2。当价格由 P_1 降为 P_2 时，总收益减少，$OQ_2BP_2 < OQ_1AP_1$；当价格由 P_2 上升到 P_1 时，总收益增加，$OQ_1AP_1 > OQ_2BP_2$。根据这种缺乏弹性的商品价格上升与下降引起的总收益的变化可以得出：如果某种商品的需求是缺乏弹性的，则价格与总收益呈同方向变动，即价格上升，总收益增加；价格下降，总收益减少。我们所说的"谷贱伤农"就是这个道理。粮食是生活必需品，需求价格缺乏弹性，降低价格虽然能使销量增加，但由于价格的下降幅度大于销量的增加幅度，从而导致销售收入反倒下降。

阅读与思考

谷贱伤农的原理

谷贱伤农是一种流传已久的说法，它描述的是这样一种经济现象：在丰收的年份，农民的收入反而减少了。这种现象实际上可用农产品的需求弹性原理加以解释。

作为谷物的农产品往往是缺乏需求弹性的，如图 2-16 所示，农产品的市场需求曲线比较陡峭。当农业丰收时，农产品的供给曲线向右移动到 S_1 的位置，在缺乏需求弹性条件下，农产品价格会大幅下降，即农产品均衡价格的下降幅度大于农产品均衡数量的增加幅度，最后导致农民的总收入减少，总收入的减少量相当于矩形 OP_1AQ_1 和 OP_2BQ_2 的面积之差。相反，在歉收的年份，农产品的减少会导致农产品价格大幅上升，从而使农民的总收入增加。

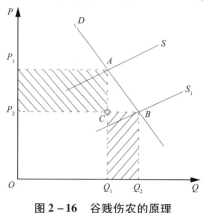

图 2-16 谷贱伤农的原理

谷贱伤农是经济学的一个经典问题。农民粮食收割后到底能卖多少钱取决于产量和粮价二者的乘积,但这两个变量并不是独立的,而是相互关联的,其关联性由一条向下倾斜的对粮食的需求曲线来决定。也就是说,价格越低,需求量越大;价格越高,需求量越小。另外还要注意的是,粮食需求缺少弹性,即需求量对价格的变化不是很敏感。当粮价下跌时,对粮食的需求量会增加,但增加得不是很多。其基本的道理在于,粮食是一种必需品,对粮食的需求最主要的是由对粮食的生理需求所决定的。此外,当今对大部分人来说,粮食方面的花费在全部花费中所占的比例已很小了,并且还会越来越小,这也导致了人们对粮价的变化反应不敏感。

认识到粮食市场的这一特性后,就不难理解下面的现象:当粮食大幅增产后,农民为了卖掉手中的粮食,只能竞相降价。但是由于粮食需求缺少弹性,只有在农民大幅降低粮价后才能将手中的粮食卖出,这就意味着,在粮食丰收时往往粮价要大幅下跌。如果出现粮价下跌的百分比超过粮食增产的百分比,就出现增产不增收甚至减收的状况,这就是谷贱伤农。

由于粮食是最基本的生活资料,绝大多数国家都很重视本国粮食生产,尤其是具有一定人口规模的国家,采取了各种为保证粮食安全、保护农民利益的干预粮食市场的支农政策。美国就是这样,但总的来说效果并不理想。一是费用很高,要维持粮价,政府就要按保护价收购在市场上卖不掉的粮食,为此纳税人要支付相当大的粮食库存费用。二是由于对农民的补贴是按产量来进行的,结果大农场主得到的补贴最多,但他们并不是农村中的穷人,而真正需要补贴的小农场主因产量低反而得到的补贴少。最严重的是,政府减缓了农业生产的调整,使得投入农业的劳动力和其他生产要素没有及时按价格信号转移到其他部门。

本章知识结构

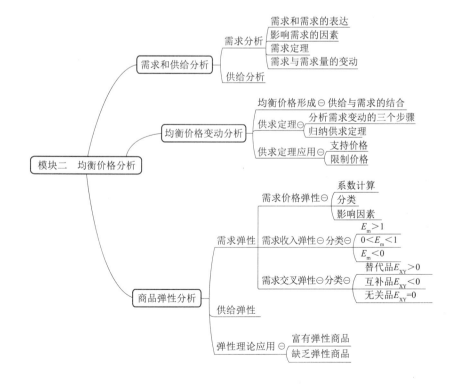

思考与练习

一、单项选择题

1. 在得出某种商品的个人需求曲线时，下列因素中，除了（　　）外，均保持不变。
   A. 商品本身的价格　　B. 个人偏好　　C. 其他商品的价格　　D. 个人收入
2. 消费者预期某物品未来价格上升，则对该物品当前需求会（　　）。
   A. 减少　　　　　　　　　　　　　　B. 增加
   C. 不变　　　　　　　　　　　　　　D. 上述3种情况都有可能
3. 保持所有其他因素不变，某种商品的价格下降，将导致（　　）。
   A. 需求量增加　　B. 需求量减少　　C. 需求增加　　D. 需求减少
4. 在下列因素中，哪一种因素不会使需求曲线移动？（　　）
   A. 消费者收入变化　　　　　　　　　B. 商品价格变化
   C. 消费者偏好变化　　　　　　　　　D. 其他相关商品的价格变化
5. 商品X和商品Y是可以相互替代的，则X的价格下降将导致（　　）。
   A. X的需求曲线向右移动　　　　　　B. X的需求曲线向左移动
   C. Y的需求曲线向右移动　　　　　　D. Y的需求曲线向左移动
6. 如果人们收入水平提高，则食物支出在总支出中的比重将（　　）。
   A. 大大增加　　B. 稍有增加　　C. 下降　　D. 不变
7. 政府为了扶持农业，对农产品规定了高于其均衡价格的支持价格。政府为了维持价格，应该采取的措施是（　　）。
   A. 增加对农产品的税收　　　　　　　B. 实行农产品配给制
   C. 收购过剩的农产品　　　　　　　　D. 对农产品生产者予以补贴
8. 下列哪一种情况会引起X物品的供给曲线向左移动？（　　）
   A. 生产X物品的工人的工资减少　　　B. 生产X物品的机器成本增加
   C. 生产X物品的技术进步　　　　　　D. 以上论断全对
9. 在哪一种条件下，A物品是正常物品？（　　）
   A. 互补品价格上升引起A物品需求减少　　B. 收入增加引起A物品需求增加
   C. 代替品价格上升引起A物品需求增加　　D. 符合需求规律
10. 如果甲商品价格下降引起乙商品需求曲线向右移动，那么（　　）。
    A. 甲和乙是替代品　　　　　　　　　B. 甲和乙是互补品
    C. 甲为高档商品，乙为低档商品　　　D. 甲为低档商品，乙为高档商品
11. 假定生产某种产品的原材料价格上升，则这种产品的（　　）。
    A. 需求曲线向左移动　　　　　　　　B. 需求曲线向右移动
    C. 供给曲线向左移动　　　　　　　　D. 供给曲线向右移动
12. 需求的价格弹性是指（　　）。
    A. 需求函数的斜率　　　　　　　　　B. 收入变化对需求的影响程度
    C. 消费者对价格变化的反应程度　　　D. 以上说法都正确
13. 假定某商品的价格从10美元下降到9美元，需求量从70增加到75，则该商品的需求价格弹性是（　　）。
    A. 缺乏弹性　　B. 富有弹性　　C. 单位弹性　　D. 难以确定

14. 假定商品 X 和商品 Y 的需求交叉弹性是 -2，则（ ）。
A. X 和 Y 是互补品　　　　　　　　B. X 和 Y 是替代品
C. X 和 Y 是正常商品　　　　　　　D. X 和 Y 是劣质品
15. 如果某商品富有需求价格弹性，则该商品价格上升，（ ）。
A. 会使销售收益增加　　　　　　　B. 该商品收益不变
C. 会使该商品收益下降　　　　　　D. 销售收益可能增加也可能减少
16. 劣质品需求的收入弹性为（ ）。
A. 正　　　　　　B. 负　　　　　　C. 0　　　　　　D. 难以确定

二、判断题

1. 汽车的价格下降，会使汽油的需求曲线向左移动。（ ）
2. 购买某种商品的支出占全部收入的比例越小，其价格弹性就越小。（ ）
3. 如果某种商品很容易被别的商品替代，则该种商品的价格弹性就比较大。（ ）
4. 如果需求富有弹性，则供给增加时，总收益（总支出）也会增加。（ ）
5. 在黑市上，物品的成交价格低于管理价格。（ ）
6. 一般来说，生活必需品的需求弹性比奢侈品的需求弹性小。（ ）
7. 在农业丰收时由于农产品需求缺乏弹性，农民的收入反而会减少。（ ）
8. 政府对农业的稳定政策就是规定农产品的价格上限。（ ）

三、问答题

1. 什么是需求？影响需求的因素有哪些？
2. 需求量的变动与需求的变动有何不同？
3. 需求的价格弹性有哪些类型？它们是根据什么划分的？
4. 什么是供给？影响供给的因素有哪些？
5. 供给量的变动与供给的变动有何不同？
6. 什么是均衡价格？它是如何形成的？
7. 根据需求弹性理论说明"薄利多销"的适用范围。
8. 根据需求弹性理论解释"谷贱伤农"。
9. 说明下列情况下某品种的牛肉的需求会发生怎样的变动，为什么？
（1）卫生检疫部门报告，认为这种牛肉含某种疯牛病的成分。
（2）另一种牛肉的价格上涨了。
（3）消费者的收入增加了。
（4）养牛的工人工资增加了。
（5）人口有了较大的增长。
10. 石油输出国组织 OPEC 为什么经常限制石油产量？

四、计算题

1. 已知某一时期内某商品的需求函数为 $Q_D = 50 - 5P$，供给函数为 $Q_S = -10 + 5P$。
（1）求均衡价格 P_E 和均衡数量 Q_E，并做出几何图形。
（2）假定供给函数不变，由于消费者收入水平提高，使需求函数变为 $Q_D = 60 - 5P$。求出相应的均衡价格 P_E 和均衡数量 Q_E，并做出几何图形。
（3）假定需求函数不变，由于生产技术水平提高，使供给函数变为 $Q_S = -5 + 5P$。求

出相应的均衡价格 P_E 和均衡数量 Q_E，并做出几何图形。

2. 假定表 2-4 是需求函数 $Q_D = 500 - 100P$ 在一定价格范围内的需求表。

表 2-4　某商品的需求表

价格/元	1	2	3	4	5
需求量	400	300	200	100	0

（1）求出价格 2 元和 4 元之间的需求的价格弧弹性。

（2）根据给出的需求函数，求 $P = 2$ 时的需求的价格点弹性。

五、实训题

1. 请同学们分组去当地菜市场了解最近一段时间蔬菜的价格，然后写一篇 500 字左右的小论文。

2. 请同学们上网搜集资料，了解我国不同地区的最低工资水平，并分析最低工资对劳动者会有什么影响，影响最低工资的因素有哪些。

3. 市场对个人电脑的需求不断增加，但其价格却不断下降，分析讨论该现象是否违背了供求规律。

模块三

消费者行为分析

【学习目标】

知识目标：
➢ 了解基数效用论的总效用、边际效用概念
➢ 理解边际效用递减规律与需求曲线
➢ 掌握消费者均衡的原则

能力目标：
➢ 能够运用基数效用论和序数效用论来解释消费者行为

素质目标：
➢ 树立正确消费观，不要盲目消费，肆意攀比

第一节 效用理论概述

效用理论是消费者行为理论的基础。消费者又称居民户，它可以是个人，也可以是若干人组成的家庭。消费行为的最终目的是要获取生理上或心理上最大限度的欲望满足，即实现效用最大化。因此，弄清楚什么是欲望、什么是效用及效用的评价方法，就成为研究消费者行为理论的出发点。

一、欲望

欲望就是人们的需要（不是需求），是指缺乏的感觉和求得满足的愿望。欲望是一种心理感觉。欲望具有如下特点。

（一）欲望的无限性

欲望的无限性是指人们的欲望永远不可能完全满足，一种欲望被满足之后另一种新的欲望便随之产生，因此欲望的无限性是推动社会前进的动力，人类正是为了满足不断产生、永无止境的欲望而不断奋斗的。

（二）欲望的层次递进性

欲望的层次递进性是指人类的欲望尽管总体是无限的，但不同的欲望又有轻重缓急之分，可以划分为不同的层次。人们总是在满足或部分满足了较低层次的欲望之后，才会接踵

而至地产生较高层次的欲望。美国著名的人本主义心理学家马斯洛认为,人的一切行为都是由需要引起的,他在1943年出版的《动机与人格》一书中提出了著名的需要层次论。马斯洛把人的多种多样的需要归纳为五大类,并按照它们发生的先后次序分为五个层次。

① 生理需要。这是人类最原始的也是最基本的需要,包括饥、渴、性和其他生理机能的需要,它是推动人们行为的最强大的动力。只有在生理需要基本满足之后,高一层次需要才会相继产生。

② 安全需要。当一个人生理需要得到满足后,满足安全的需要就会产生。个人寻求生命、财产等个人生活方面免于威胁、孤独、侵犯并得到保障的心理就是安全的需要。

③ 归属与爱的需要。这是一种社会需要,包括同人往来,进行社会交际,获得伙伴之间、朋友之间的关系融洽或保持友谊和忠诚,人人都希望获得别人的爱、给予别人爱,并希望为团体与社会所接纳,成为其中的一员,得到相互支持与关照。

④ 尊重的需要。尊重的需要包括受人尊重与自我尊重两方面。前者是希求别人的重视,获得名誉、地位;后者希求个人有价值,希望个人的能力、成就得到社会的承认。

⑤ 自我实现的需要。自我实现的需要是指实现个人理想、抱负,最大限度地发挥个人能力的需要,即获得精神层面的臻于真、善、美至高人生境界的需要。

人类的欲望永远难以得到全部的满足。由于人类需要层次的多样性,因而人的欲望是无穷无尽的。在一种欲望得到满足后(甚至还没有完全得到满足时),新的欲望就会产生。

(三) 欲望满足对象的可替代性

人的某一方面的欲望的满足对象即消费客体,是可以相互替代的,也就是可以用不同的商品来满足同一消费欲望、完成同一消费功能。

二、效用

欲望虽然是无限的,但却可以有不同的满足程度。欲望的满足程度可以用效用大小来进行比较和计量。因而,研究消费者行为也就要研究效用问题。

效用是指商品满足人的欲望的能力,或者说,它是消费者在消费商品时所感觉到的满足程度。消费者在消费活动中获得的满足程度高,效用就大;反之,效用就小。如果消费者在消费活动中感受到痛苦,就是负效用。效用和欲望一样,都是一种心理感觉,所以,效用会因人而异、因时而异、因地而异。在理解效用概念时要强调以下几点。

(一) 效用的主观性

某种物品效用的大小没有客观标准,完全取决于消费者在消费某种物品时的主观感受。例如,香烟对于吸烟者来讲可以有很大的效用,而对于不吸烟的人来讲则可能毫无效用,甚至会有负效用。这就说明效用的大小和有无完全是一种主观感受,它会因人、因时、因地而有所不同。

(二) 效用不含伦理学判断

只要能满足人们某种欲望的物品就有效用,而这种欲望本身是否符合社会道德规范则不在效用评价范围之内。例如,毒品能满足吸毒者吸毒的欲望,它就有效用,而毒品对吸毒者身体的损害、对社会的危害不能否定其效用的存在。

(三) 效用可大、可小、可正、可负

消费者在消费活动中获得的满足程度高,效用就大;反之,效用就小。人们的消费活动使人们获得了欲望满足,则获得了正效用;若感受到痛苦或不适,则是负效用。

三、效用评价

既然效用是用来表示消费者在消费商品时所感受到的满足程度,于是就产生了对这种"满足程度"即效用大小的度量问题。在这一问题上,西方经济学家先后提出了基数效用论和序数效用论,并在此基础上形成了分析消费者行为的两种方法。它们分别是基数效用论者的边际效用分析方法和序数效用论者的无差异曲线的分析方法。

(一) 基数效用论

在19世纪和20世纪初期,西方经济学家普遍使用基数效用的概念。基数效用论者认为,效用如同长度、重量等概念一样,可以具体衡量并加总求和,具体的效用量之间的比较是有意义的。表示效用大小的计量单位被称作效用单位。效用的大小可以用基数(1,2,3,…)来表示。例如,对某一个人来说,吃一顿丰盛的晚餐和看一场高水平的足球赛的效用分别为5个效用单位和10个效用单位,则可以说这两种消费的效用之和为15个效用单位,且后者的效用是前者效用的2倍。

基数效用论采用边际效用分析法分析消费者均衡问题。

(二) 序数效用论

20世纪30年代,序数效用的概念为大多数西方经济学家所使用。序数效用论者认为,效用作为一种心理现象无法准确计量,更不能加总求和。虽然消费者不能说出自己对某种商品的效用量究竟是多少,但他可以说出对不同商品的偏好的顺序。仍就上面的例子来说,消费者要回答的是偏好哪一种消费,即哪一种消费的效用是第一、哪一种消费的效用是第二。或者说,要回答的是宁愿吃一顿丰盛的晚餐还是宁愿看一场高水平的足球赛。

序数效用论采用无差异曲线分析法分析消费者均衡问题。

◆ **案例分析**

"幸福方程式"与"阿Q精神"

我们消费的目的是获得幸福。对于什么是幸福,美国的经济学家P. 萨缪尔森用"幸福方程式"来概括。这个"幸福方程式"就是:幸福=效用/欲望,从这个方程式中,我们看到幸福程度与效用成正比,与欲望成反比。也就是说人的欲望越大,越不幸福。但我们知道人的欲望是无限的,那么多大的效用不也等于零吗?因此在分析消费者行为理论的时候,我们假定人的欲望是一定的。如果人的欲望是既定的,效用越大,就会越幸福。

在社会生活中,关于幸福,不同的人有不同的理解:政治家把实现自己的理想和抱负作为最大的幸福;企业家把赚到更多的钱当作最大的幸福;教师把学生喜欢听自己的课作为最大的幸福;老百姓往往觉得平平淡淡衣食无忧是最大的幸福。幸福是一种感觉,自己认为幸福就是幸福。但许多人把拥有财富的多少看作衡量幸福的标准,一个人的欲望水平与实际水平之间的差距越大,他就越痛苦;反之,就越幸福。从"幸福方程式"使我想起了"阿Q精神"。

鲁迅笔下的阿Q形象是用来唤醒中国老百姓的那种逆来顺受的劣根性。而人活着如果一点"阿Q精神"都没有,也会感到不幸福。因此"阿Q精神"在一定条件下是人获取幸福的手段。市场经济发展到今天，贫富差距越来越大，如果穷人欲望过高，那只会给自己增加痛苦。倒不如用"知足常乐"、用"阿Q精神"来降低自己的欲望，使自己虽穷却也觉得幸福自在。富人比穷人更看重财富，他会追求更富，如果得不到，他也会感到不幸福。

"知足常乐""适可而止""随遇而安""退一步海阔天空""该阿Q时得阿Q"，这些说法有着深刻的经济含义，我们要为自己最大化的幸福做出理性的选择。

（资料来源：摘自梁小民《微观经济学纵横谈》，三联书店，2000年）

第二节 边际效用分析

一、总效用与边际效用

基数效用论把效用分为总效用（Total Utility，TU）和边际效用（Marginal Utility，MU）。

（一）总效用

总效用是指某个消费者在某一特定时间内，消费一定数量的某种商品所获得的总的满足程度。总效用一般用 TU 表示，它取决于消费者在一定时间内消费商品的数量，总效用函数如下：

$$TU = f(Q) \tag{3.1}$$

（二）边际效用

边际效用是指消费者每增加 1 单位某种商品的消费所增加的总效用。用 MU 表示边际效用，ΔQ 表示增加的商品量，ΔTU 表示增加的总效用量，则边际效用可以表示为：

$$MU = \frac{\Delta TU}{\Delta Q} \tag{3.2}$$

（三）总效用与边际效用的关系

现举例说明总效用、边际效用以及两者之间的关系。某人在一天内消费某种商品的数量以及消费对该人所产生的总效用和边际效用如表 3-1 所示。

表 3-1 效用表

消费品数量	总效用	边际效用
1	10	10
2	18	8
3	24	6
4	28	4
5	30	2
6	30	0
7	28	-2

根据表 3-1，可以做出总效用和边际效用曲线，如图 3-1 所示。

通过表 3-1 和图 3-1 可以看出，当边际效用为正时，总效用处于递增状态；当边际效用为 0 时，总效用达到最大；当边际效用为负时，总效用处于递减状态。消费一定商品的总效用是消费该商品的边际效用之和。

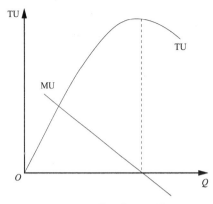

图 3-1 总效用与边际效用

二、边际效用递减规律

消费某种商品所获得的满足程度的高低，主要是通过总效用与边际效用两个指标进行衡量的。总效用是指消费者消费一定量某种物品中所得到的总满足程度，而边际效用则是指对某种物品的消费量每增加一单位所增加的满足程度。边际效用的含义是增量，指自变量增加所引起的因变量的增加量。在边际效用中，自变量是某物品的消费量，而因变量则是满足程度或效用。消费量变动所引起的效用的变动即为边际效用。

在一定时间内，随着某种商品消费数量的不断增加，消费者从中得到的总效用是在增加的，但是以递减的速度增加的，即边际效用是递减的；当商品消费量达到一定程度后，总效用达到最大值，边际效用为零，如果继续增加消费，总效用不但不会增加，反而会逐渐减少，此时边际效用变为负数。

◆ 案例分析

吃 3 个面包的感觉

美国总统罗斯福连任三届后，曾有记者问他有何感想，总统一言不发，只是拿出一块三明治面包让记者吃，这位记者不明白总统的用意，又不便问，只好吃了。接着总统又拿出第二块，记者还是勉强吃了。紧接着总统拿出第三块，记者为了不撑破肚皮，赶紧婉言谢绝。这时罗斯福总统微微一笑："现在你知道我连任三届总统的滋味了吧？"这个故事揭示了经济学中一个重要的原理：边际效用递减规律。

边际效用递减规律决定需求定理，即需求量和价格呈反方向变化。因为消费者购买商品是为了取得效用，对边际效用大的商品，消费者就愿意支付较高价格，即消费者购买商品时支付价格以边际效用为标准。按边际效用递减规律：购买商品越多，边际效用越小，商品价格越低；反之，购买商品越少，边际效用越大，商品价格越高。因此，商品需求量与价格呈反方向变化，这就是需求定理。

边际效用递减规律在现实中随处可见，我们都知道给农田里施肥可以增加农作物的产量，但是随着施肥次数的增加，增产效应会越来越低。消费者购买产品时，随着消费产品数量的增加，单位产品消费给消费者带来的满足感会越来越低。对此可进行如下解释。

(一) 心理或生理的原因

效用是消费者的心理感受，消费某种物品实际上就是提供一种刺激，使人有一种满足的感受或心理上有某种反应。消费某种物品时，开始的刺激一定大，从而人的满足程度就高。但不断消费同一种物品即同一种刺激不断重复时，人在心理上的兴奋程度或满足必然减少。或者说，随着消费数量的增加，效用不断累积，新增加的消费所带来的效用增加会越来越微不足道。

(二) 物品用途的多样性

每种物品都有几种用途，可按重要性分成等级。消费者在使用物品时首先会考虑把它用在最重要的用途上，然后会将其逐次用到不重要的用途上。这种行为本身就说明边际效用是递减的。例如，水按重要程度递减的顺序，分别有饮用、洗浴、洗衣、浇花等多种用途。水很少时，它被用作最重要的用途，如饮用；用水量很充足的情况下，它会被逐次用到洗浴、洗衣、浇花等相对越来越不重要的用途上。这也说明边际效用是递减的。

边际效用递减规律是客观存在的，而且正是由于边际效用递减，才存在着如何使稀缺资源实现合理配置的问题。边际效用递减规律在经济学中很重要，它可以作为解释消费者行为的基本规律。

三、消费者均衡

消费者均衡是研究消费者把有限的货币收入用于购买何种商品，购买多少能达到效用最大，即研究消费者的最佳购买行为问题。

在研究消费者均衡时，我们有两个假设条件：第一，消费者的收入是既定的。每1元货币的边际效用对消费者都是相同的。第二，物品的价格是既定的。消费者均衡正是要说明在这些假设条件之下，消费者如何把有限的收入分配于各种物品的购买与消费上，以获得最大效用。

假设货币的边际效用是不变的，而事实上，货币本身给消费者带来的边际效用在现实中是递减的。当收入增加时，货币的边际效用递减。当你月收入只有1 000元时，要吃饭、穿衣、交房租，这时候每元钱对你而言都是相当珍贵的，如果这时因你业绩突出而升职，收入上升为每月5 000元时，你就会觉得1元不那么值钱了。当一个人收入一定时，每元钱的效用都是一样的。当你每月收入是5 000元时，这5 000元中的每元钱都是相同的，其效用相同。最后，收入不同的人，相同的货币数量对他们的效用不同；收入相同的人由于消费观念不同，相同货币对他们的效用也是不相同的。

消费者均衡就是研究消费者在收入一定、偏好一定、商品价格一定的情况下，怎样实现效用最大化的问题。具体说，消费者均衡是指消费者通过购买各种商品和劳务实现最大效用时，既不想再增加、也不想再减少任何商品购买数量这么一种相对静止的状态。

假设消费者只购买X和Y两种商品，则限制条件可以表示为：

$$M = P_X \times Q_X + P_Y \times Q_Y \tag{3.3}$$

式中，M为货币收入；P_X和P_Y分别为X商品和Y商品的价格；Q_X和Q_Y分别为购买X商品和Y商品的数量。此公式表明，消费者购买两种商品的总支出不能超过其收入水平，否则购买是不能实现的；但是，也不能小于收入水平，因为这样不能达到既定收入下的效用最大化。由于M为一定值，购买X商品的数量多，则购买Y商品的数量就少，而X和Y的边际效用又都是随着消费数量的增加而减少的，也就是说，购买X商品的数量增加，其边际效用就下降；数量减少，边际效用就上升。根据这样的条件，消费者花费一定收入购买两种商品的最优均衡条件为：

$$\frac{MU_X}{P_X} = \frac{MU_Y}{P_Y} \tag{3.4}$$

式中，MU_X 和 MU_Y 分别为购买到的 X 商品和 Y 商品的边际效用。该条件说明消费者均衡的条件是消费者用全部收入所购买的各种物品所带来的边际效用，与为购买这些物品所支付的价格的比例相等，或者说每 1 单位货币所得到的边际效用都相等。

当 $MU_X/P_X < MU_Y/P_Y$ 时，说明消费者用 1 元购买 X 商品所得到边际效用小于购买 Y 商品的边际效用。这样消费者会调整购买这两种商品的数量，即减少对 X 商品的购买，增加对 Y 商品的购买。这种调整过程中，消费者用减少 X 商品购买的支出来购买 Y 商品，这样消费者购买 X 商品的边际效用减少量必然小于购买 Y 商品的边际效用增加量，这表明消费者总效用增加。同时，由于边际效用递减规律作用，商品 X 的边际效用随其购买量的不断减少而增加，而商品 Y 的边际效用会随其购买量的不断增加而减少，即 MU_X/P_X 增加、MU_Y/P_Y 减少。当两者相等时，即用 1 元购买两种商品的边际效用相等时，则消费者获得最大的效用。同理可说明，当 $MU_X/P_X > MU_Y/P_Y$，在调整购买的过程中，必然使 MU_X/P_X 不断减少，而 MU_Y/P_Y 不断增加，最终使 $MU_X/P_X = MU_Y/P_Y$ 时，消费者获得最大效用。

◆ 案例分析

把每 1 分钱都用在刀刃上

消费者均衡就是消费者购买商品的边际效用与货币的边际效用相等。这就是说消费者每 1 元的边际效用和用 1 元买到的商品边际效用相等。假定 1 元的边际效用是 5 个效用单位，一件上衣的边际效用是 50 个效用单位，消费者愿意用 10 元购买这件上衣，因为这时 1 元的边际效用与用在一件上衣上的 1 元钱边际效用相等。此时消费者实现了消费者均衡，也可以说实现了消费（满足）的最大化。低于或大于 10 元都没有实现消费者均衡。我们可以简单地说，在收入既定和商品价格既定的情况下，花钱最少、得到的满足程度最大就实现了消费者均衡。

商品的边际效用递减，其实货币的边际效用也是递减的。在收入既定的情况下，你的储蓄越多，购买的物品就越少，这时货币的边际效用就下降，而物品的边际效用在增加，明智的消费者就应该把一部分货币用于购物，增加他的总效用；相反，消费者卖出商品，增加货币的持有，也能提高他的总效用。通俗地说，假定你有稳定的职业收入，你银行存款有 50 万元，但你非常节俭，吃、穿、住都处于温饱水平。实际上这 50 万元足以使你实现小康生活。要想实现消费者均衡，你应该用这 50 万元的一部分去购房、一部分去买一些档次高的服装，银行也要有一些积蓄；相反如果你没有积蓄，而购物欲望又非常强，见到新的服装款式甚至借钱也要去买，买的服装很多，其效用降低，如果遇到一些家庭风险，没有一点积蓄会使生活陷入困境。

消费者均衡理论看似难懂，其实一个理性消费者的消费行为已经遵循了消费者均衡的理论。比如你在现有的收入和储蓄下是买房还是买车，你会做出合理的选择。你走进超市，见到琳琅满目的物品，你会选择你最需要的。你去买服装肯定不会买回你已有的服装。所以说经济学是选择的经济学，而选择就是在资源（货币）有限的情况下，实现消费满足的最大化，使每 1 分钱都用在刀刃上，这种就实现了消费者均衡。

（资料来源：online. njtvu. com）

四、消费者剩余

消费者剩余是指消费者在购买商品时，所得到的总效用和实际支付的货币总效用之间的差额，或者说消费者对某种商品所愿意付出的代价超过他实际付出的代价的余额。例如，有一辆轿车要卖出，采取拍卖的形式进行出售，现在有 4 个可能的买主 A、B、C、D，他们均想购买该辆轿车，但他们每人愿意支付的价格都有限，A 愿意支付 10 万元，B 愿意支付 8 万元，C 愿意支付 7 万元，D 愿意支付 6 万元。开始叫价（从低向高叫价），当 A 买主叫出 8 万元时，叫价停止。于是，A 买主支付 8 万元得到该辆轿车。A 买主愿意为此支付 10 万元，而实际上支付了 8 万元，于是 A 买主得到了 2 万元的消费者剩余。

由于边际效用是递减的，因而消费者所愿意支付的价格会随着消费者对该商品消费数量的不断增加而不断降低。随着消费者对某一商品消费数量的不断增加，对每一单位商品的愿意支付价格递减，而实际价格不变，因而消费者所获得的消费者剩余在减少。消费者剩余并不是实际收入的增加，只是一种心理感觉。生活必需品的消费者剩余大，是因为消费者对此类物品的效用评价高，愿意支付的价格也高，但此类物品的实际价格一般并不高。消费者剩余是一种心理现象，消费者在自己日常购买行为中可以感受到它的存在。

◆ **案例分析**

乘坐飞机经济舱是穷的表现吗？

从经济学的角度看，"经济舱体验不好，还有很多人选择乘坐经济舱"的原因是不同的效用函数决定的。机票的定价也是相当复杂的。实际的定价中，头等舱、公务舱、经济舱票价不同；同样是经济舱，在官网买和在其他网站上购买价格也不同；同样的购票渠道，不同时间买，价格也会有差异；这些不同舱位价格的票还有取消、签转政策的差异。但是回到这个问题上，你之所以买经济舱而不是公务舱，是因为对你而言买经济舱实际得到的效用大于买公务舱的，即你对经济舱机票的支付意愿和经济舱价格之差大于你对公务舱机票的支付意愿和公务舱价格之差。而航空公司之所以采取这么复杂的定价方式，目的就是既能把票尽量卖出去，又能在有能力多掏钱的人身上多赚钱。

（资料来源：http://www.360doc.com/content/17/0111/08/535749_621689349.shtml）

【启示】此案例涉及经济学中的效用、效用函数、消费者剩余和价格歧视等概念。消费者乘坐飞机是为了满足缩短旅途时间的要求；不同人有不同的要求，造成乘坐经济舱和公务舱获得的效用存在一定的效用函数关系；经济舱和公务舱的乘客支付意愿和他实际支付的差值产生了消费者剩余。航空公司还针对不同的消费者采取了价格歧视。

第三节 无差异曲线分析

序数效用论采用无差异曲线分析法分析消费者如何实现消费决策的合理化。

一、无差异曲线

(一) 消费者偏好

序数效用论者认为,商品给消费者带来的效用大小应该用顺序或等级来表示,为此,序数效用论者提出了消费者偏好的概念。消费者偏好是指消费者对不同商品或商品组合的喜好程度。消费者对不同的商品组合的偏好也就是喜好的程度是可以有差异的,正是这种偏好程度的差异反映了消费者对这些不同的商品组合的效用水平的评价。

(二) 无差异曲线的含义

无差异曲线是序数效用论的主要分析工具,是表示在消费者偏好既定的条件下,能够给消费者带来相同的效用水平或满足程度的两种商品的所有组合,即用来表示两种商品不同数量的组合给消费者带来的效用完全相同的一条曲线,也称等效用曲线。无差异曲线上的任何一点所表示的商品组合虽然都各不相同,但它们在消费者偏好既定条件下给消费者所带来的效用即满足程度都是相同的,所以无差异曲线又称作等效用曲线、同好曲线、效用等高线、中立曲线。

假定现在有 X、Y 两种商品,无差异曲线的效用函数可用下式表示:

$$U = f(X, Y) \tag{3.5}$$

假定这两种商品可以有 A、B、C、D、E 5 种不同的消费组合,这 5 种组合都能给消费者带来相同的效用,如表 3-2 所示。

表 3-2 某消费者的消费组合无差异表

组合方式	X 商品	Y 商品
A	5	30
B	10	18
C	15	13
D	20	10
E	25	8

根据表 3-2,可以做出图 3-2。在图 3-2 中,横轴代表 X 商品的数量,纵轴代表 Y 商品的数量,A、B、C、D、E 各点表示 5 种不同的 X 商品和 Y 商品的数量组合,将各点连接起来的曲线 I 就是无差异曲线。

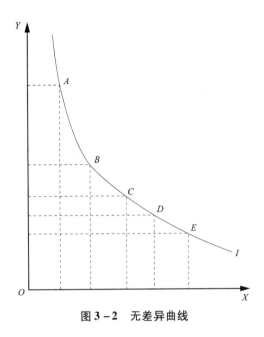

图 3-2 无差异曲线

(三) 无差异曲线的特征

① 无差异曲线是一条向右下方倾斜的曲线,其斜率为负值。这就表明,在收入与价格既定的条件下,消费者为了得到相同的总效用,在增加一种商品的消费时必须减少另一种商品的消费,两种商品不能同时增加或减少。

② 在同一平面图上可以有无数条无差异曲线。同一条无差异曲线代表相同的效用,不同的无差异曲线代表不同的效用。离原点越远的无差异曲线所代表的效用越大;离原点越近的无差异曲线所代表的效用越小。如图 3-3 所示,I_1、I_2、I_3 是 3 条不同的无差异曲线,分别代表不同的效用,其顺序为 $I_1 < I_2 < I_3$。

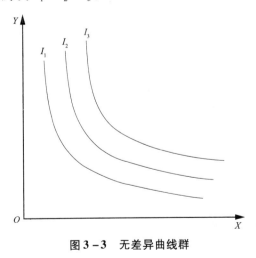

图 3-3 无差异曲线群

③ 在同一平面图上,任意两条无差异曲线不能相交,因为在交点上两条无差异曲线代表了相同的效用,与第二个特征相矛盾。

④ 无差异曲线凸向原点,这是由边际替代率递减规律所决定的。

（四）边际替代率递减规律

边际替代率是指消费者在保持相同的满足程度或维持效用不变的情况下，增加一单位某种商品的消费数量时所需要放弃的另一种商品的消费数量。以 ΔX 与 ΔY 分别表示 X 与 Y 的变量，MRS_{XY} 表示 X 商品对 Y 商品的边际替代率，则用公式可以表达为：

$$\text{MRS}_{XY} = -\frac{\Delta Y}{\Delta X} \tag{3.6}$$

它衡量的是从无差异曲线上的一点转移到另一点时，为保持满足程度不变，两种商品之间的替代比例。边际替代率是一个点概念，即其在无差异曲线上的各点取值不同。在无差异曲线上任一点的边际替代率等于该点上无差异曲线的斜率的绝对值，如图 3-4 所示。

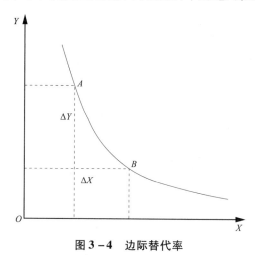

图 3-4　边际替代率

根据表 3-2 中的资料，两种商品边际替代率的计算结果如表 3-3 所示。

表 3-3　商品边际替代率计算

变动情况	ΔX	$-\Delta Y$	MRS_{XY}
$A \rightarrow B$	5	12	2.4
$B \rightarrow C$	5	5	1
$C \rightarrow D$	5	3	0.6
$D \rightarrow E$	5	2	0.4

通过表 3-3 中的计算可以看出，两种商品的边际替代率是递减的，这是由于每增加一单位的 X 商品，X 商品的边际效用就在递减，而 Y 商品的边际效用随着 Y 的数量的减少而增加。因此，X 商品所能代替的 Y 商品的数量就越来越少，于是边际替代率在不断下降。该种现象被称为边际替代率递减规律。这种规律在图形上表现为无差异曲线凸向原点，即经过该曲线上每一点的切线斜率的绝对值递减。

二、消费者预算线

无差异曲线表示两种商品的不同数量组合给消费者带来的效用是相等的，但是消费者要得到这两种商品还要受到一些条件的约束。消费者实际能够达到的满足程度主要取决于他的收入和商品的价格水平。反映消费者收入约束的概念就是消费者预算线。

（一）消费者预算线的含义

消费者预算线又称消费可能线、家庭预算线或等支出线，它是一条表明在消费者收入与商品价格既定的条件下，消费者所能购买到的两种商品数量最大组合的线。

假定消费者用一定的货币收入 M 购买 X 商品（X 件）和 Y 商品（Y 件），商品 X 的价格为 P_X，商品 Y 的价格为 P_Y，则消费者的消费预算线可表示为：

$$M = P_X \cdot X + P_Y \cdot Y \tag{3.7}$$

该式表示，消费者的全部收入等于他购买 X 商品的支出和购买 Y 商品的支出的总和。根据上式，可以得到消费者预算线。如图 3-5 所示，横轴 X 代表购买到的 X 商品的数量，纵轴 Y 代表购买的 Y 商品的数量。

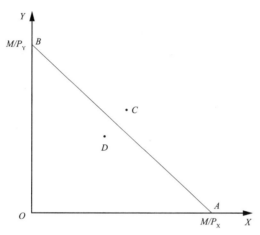

图 3-5 消费者预算线

图 3-5 表示，如果消费者用全部收入只购买 X 商品，可买到的数量是 M/P_X；如果消费者用全部收入只购买 Y 商品，可买到的数量是 M/P_Y。预算线以外区域中的任何一点如 C 点，是消费者利用全部收入不可能实现的商品购买组合点。预算线以内区域中的任何一点如 D 点，表示消费者的全部收入购买该点的商品组合以后还有剩余。唯有预算线上的点才是消费者的全部收入刚好花完所能购买到的商品组合点。

（二）消费者预算线的变动

如消费者预算线的定义所述，一条确定的预算线的做出必须要有两个前提：其一是消费者的收入既定；其二是两种商品的价格既定。也就是说，两个前提中的任何一个发生变化都会引起预算线的变动。预算线的变动大致可以归纳为以下两种基本情况。

1. 价格不变，收入变化

如图 3-6 所示，AB 线是原收入条件下的预算线。当收入增加后，预算线向右上方平行移动到 A_1B_1 的位置；反之，收入减少，预算线 AB 会平行向左下方移动到 A_2B_2 的位置。

2. 收入不变，两种商品的价格比率发生变化

如图 3-7 所示，假定 Y 商品的价格不变、X 商品的价格提高，那么预算线斜率 P_X/P_Y 的绝对值就要增大，M/P_X 即用全部收入所能购买的 X 商品的数量就减少，预算线以 A 点为轴心向左方旋转。同理，如果 X 商品的价格降低，预算线以 A 点为轴心向右方旋转。如果

P_X 不变、P_Y 变动，预算线就会以 B 点为轴心向上或向下旋转。

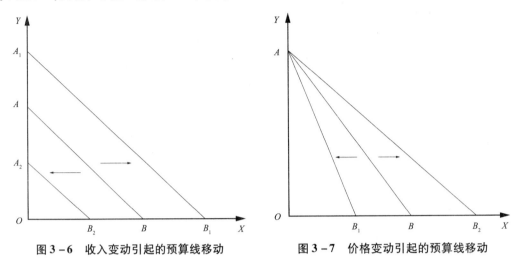

图 3-6　收入变动引起的预算线移动　　　图 3-7　价格变动引起的预算线移动

三、消费者均衡

序数效用论将无差异曲线与消费者预算线结合在一起来分析消费者均衡的实现。无差异曲线说明不同偏好下的各种选择，而消费者预算线则说明在收入和价格一定的条件下能消费多少数量的商品。把两者结合在一起，可以确定消费者购买行为的最佳境界——消费者满足程度的最大化，即消费者均衡。

（一）消费者均衡的实现

序数效用论将无差异曲线与消费预算线结合在一起来分析消费者均衡的实现。如果把无差异曲线与消费预算线放在一个坐标图上，那么，在无数条的无差异曲线中必定有一条无差异曲线与既定的消费预算线相切于一点，这个切点就是消费者均衡点。消费者在收入和商品价格既定的条件下，只要按照消费者均衡点所表示的两种商品的组合进行消费，一定能实现效用最大化。如图 3-8 所示，I_1，I_2，I_3 是 3 条效用水平不同的无差异曲线，其效用大小的顺序是 $I_1 < I_2 < I_3$，AB 为在消费者收入和 X 商品与 Y 商品的价格既定条件下的消费预算线。AB 线与 I_2 线相切于 E 点，E 点就是消费者均衡点。

为什么只有在 E 点才能实现消费者均衡呢？从图 3-8 可以看出，I_3 的效用大于 I_2，但

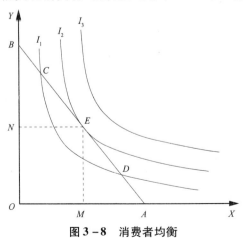

图 3-8　消费者均衡

I_3 与 AB 线既不相交也不相切,说明消费者在现有的收入与商品价格条件下,无论怎样优化消费组合也不可能达到 I_3 所表示的效用水平。AB 线与 I_1 线相交于 C、D 两点,说明按这两点来进行消费组合虽然是现有收入能够达到的,但所实现的效用水平是 I_1 所表示的效用水平。AB 线与 I_2 线相切于 E 点,说明按 E 点进行消费组合也是现有收入所能达到的,其实现的是 I_2 所代表的效用水平。由于 I_2 的效用水平高于 I_1,因而按 E 点进行消费组合的效用水平就大于 C 点和 D 点。因此 E 点便成为在收入和价格既定条件下的效用最大化的消费组合点。

(二)消费者均衡的变动

消费者均衡实现的前提是消费者收入和商品价格既定,也就是消费预算线既定。如果上述条件发生变化,就会引起消费预算线位置的变动,那么消费者均衡点的位置也会相应改变。下面分两种情况进行讨论。

1. 预算线平行移动

在图 3-9 中,预算线 AB 向右上方平行移动到 A_1B_1 的位置。其原因可以是消费者收入提高,也可以是两种商品价格同比例下降。不论哪一种原因引起的预算线向右平行移动,都意味着消费者的实际购买能力提高了。消费者均衡点由 E 移动到 E_1,使消费者两种商品的购买量都会增加,同时效用水平也由 I_1 提高到 I_2。反之,若预算线平行向左移动,则两种商品的购买数量都会减少,效用水平就会下降。

2. 预算线的斜率发生变动

在图 3-10 中,X 商品的价格下降,而其他条件不变,于是预算线由 A_1B 移动到 A_2B 的位置。预算线斜率的变化也会引起消费者均衡的变化。在图 3-10 中,消费者均衡点由 E_1 移动到 E_2,两种商品的购买量都发生变化。其中,价格不变的 Y 商品的购买量由 N_1 减少到 N_2,而价格下降的 X 商品的购买量由 M_1 增加到 M_2。

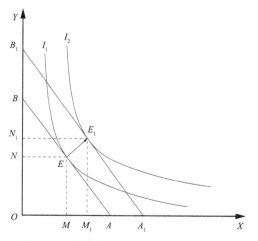

图 3-9 消费者均衡(预算线平行移动)

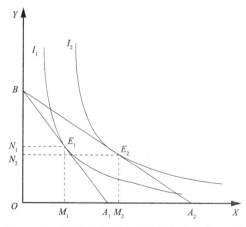

图 3-10 消费者均衡(预算线斜率发生移动)

四、替代效应与收入效应

由需求定理可知,商品价格变动会引起需求量反方向变动。一种商品的名义价格发生变化后,将同时对商品的需求量发生两种影响:一种是因该种商品名义价格变化而导致的消费者所购买的商品组合中,该商品与其他商品之间的替代,称为替代效应;另一种是在名义收入不变的条件下，因一种商品名义价格变化而导致消费者实际收入变化，从而导致消费者所购买商品总量的变化，称为收入效应。

（一）替代效应

替代效应是指当消费者购买两种商品时，由于一种商品价格下降而一种商品价格不变，消费者会多购买价格相对便宜的商品，少买价格相对高的商品。一种商品价格变动而引起商品的相对价格发生变动，从而导致消费者在保持效用不变的条件下对商品需求量的改变。当一种商品价格上升时，其他商品价格相对便宜了，消费者会多购买其他商品而少购买这种商品；当一种商品价格下降时，其他商品价格相对昂贵了，消费者会增加这种商品的购买而减少其他商品的购买。

（二）收入效应

收入效应是指当消费者购买两种商品时，由于一种商品名义价格下降使现有货币收入购买力增强，因而可以购买更多的商品，达到更高的效用水平；由于一种商品价格变动而引起消费者实际收入发生变动，从而导致消费者对商品需求量的改变。比如一个家庭的收入用来购买甲、乙两种商品，在价格未变动以前，全部收入购买的两种商品是以使家庭获得最大满足的方式组合的。现在假定甲商品的价格下降，在购买原来数量的甲商品之后，家庭的收入将有所剩余。甲商品价格的下降等于增加了这个家庭的实际收入，这剩余的收入可以用来购买更多的甲商品，因此会达到更高的效用水平。

两种效应相比较，替代效应不改变消费者的效用水平，收入效应改变消费者的效用水平。

（三）总效应

替代效应与收入效应是一种商品价格变动所引起的该商品需求量的变动，也就是消费者从一个均衡点移到另一个均衡点时需求量的总的变动，这是某种商品价格变化的总效应的分解。如图3-11所示，横轴和纵轴分别表示 X_1 和 X_2 两种商品的数量。起初预算线为 AB，它与无差异曲线 I_1 相切与 a 点，a 点是消费者均衡点，X_{11} 是 X_1 商品最初的需求量。如果 X_1 商品的价格下降，同时 X_2 商品的价格不变，预算线就会旋转到 AB_1 的位置。AB_1 与位置更高的无差异曲线 I_2 相切与 b 点，对 X_1 商品的需求量增加到 X_{13}。X_1 商品的增量 $X_{11}X_{13}$ 就是 X_1 商品价格下降所产生的总效应，可分解为替代效应和收入效应。

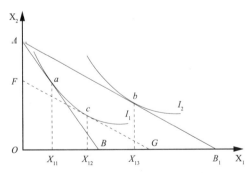

图 3-11 收入效应与替代效应

替代效应是指在实际收入不变的前提下，价格变化所引起的该商品需求量的变化。此处将实际收入不变界定为效用水平不变，即让消费者维持原来的无差异曲线 I_1 所示的效用水平。同时作 AB_1 的平行线 FG，并使它与 I_1 相切与 c 点，FG 被称为补偿预算线。可见，X_1 商品价格变动后，X_1 商品的需求量由 X_{11} 增加到 X_{12}，X_1 商品价格下降使消费者用 X_1 商品代替 X_2 商品，X_1 商品的增量 $X_{11}X_{12}$ 表示的就是 X_1 商品价格下降所引起的替代效应。

收入效应指在不考虑替代效应的前提下，价格变动通过实际收入变化所引起的商品需求量的变化。此处将实际收入变化界定为效用水平变化，即无差异曲线由 I_1 移动到 I_2 时反映的变化，所以收入效应表现为 c 点到 b 点的移动，即收入效应表现为价格下降所引起的 $X_{12}X_{13}$ 的需求量的增加。

在这里，我们分析的是正常物品的替代效应与收入效应。

◆ **案例分析**

选择与效用

人生离不开选择，我们除了对商品的选择外，还有对收入闲暇的选择、对消费和储蓄的选择以及对投资等多方面的选择。这些决策也与消费决策一样，影响幸福与效用。

对收入闲暇的选择。我们所拥有的时间是有限的。每个人一天最多有 24 小时。增加收入是以增加工作、牺牲休息和闲暇为代价的，那么我们应该怎样安排工作和休息就需要有一个度，要视自己的能力而定，如果为了增加收入不顾休息因而使体力过分的透支，用牺牲健康增加收入，而再用金钱购买健康是不值的，因为健康比金钱更宝贵；当然如果你过分地闲暇甚至是懒惰，也会失去工作的快乐，因为工作不仅能给你增加收入而且会带来快乐，我们常常看到有人下岗后苦闷主要是因为失去工作。我们应当善待自己，因为生命是可贵的，工作是快乐的，生活是幸福的，世界是美好的。

对消费和储蓄的选择。可以用我们前边学过的边际效用递减规律加以说明。在你收入一定的情况下，购物消费多给你带来的边际效用是递减的，此时货币的边际效用大于你消费的边际效用，明智的消费者应该减少购物而增加储蓄；相反，如果你储蓄多、消费少，货币的边际效用小于消费的边际效用，明智的消费者应放弃一部分储蓄而增加消费。至于消费和储蓄的比例，是由消费者主观感觉和利息率而定的。

家庭在获得收入之后，要把收入分为消费和储蓄两部分。把多少收入用于消费、多少用于储蓄，取决于效用最大化的目标。如果家庭把收入用于现在购买物品以获得效用，则是现期消费。如果家庭把收入用于储蓄，以便将来再消费，这就是未来消费。这种未来的消费就是储蓄。未来消费是为了将来获得效用。所以，消费与储蓄决策取决于消费者一生的效用最大化。由于未来有不确定性，所以，消费者认为同样 1 元消费，现在消费所带来的效用大于未来消费所带来的效用。这正是俗话所说的要"及时行乐"。为了使消费者愿意放弃现期消费而进行储蓄，就是使现在的 1 元未来能带来与现在相同的效用，银行就要为消费者的储蓄支付利息。当利息高到一定程度，消费者认为现在储蓄 1 元加上利息在未来所带来的效用至少等于现在消费 1 元带来的效用时，就会放弃现期消费来换取未来消费，即进行储蓄。因此，决定消费者储蓄决策的是利率。

（资料来源：英才学习网）

本章知识结构

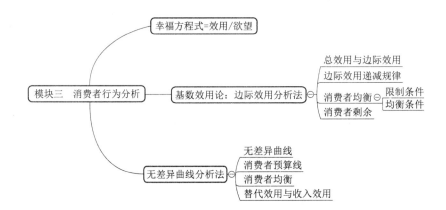

思考与练习

一、单项选择题

1. 如果商品的边际效用为零,那么（　　）。
   A. 该商品的总效用最大　　　　　　B. 该商品没有效用
   C. 该商品的总效用为零　　　　　　D. 不能确定其效用

2. 已知某消费者收入为200元,X商品的价格为20元,Y商品的价格为6元,假设他打算购买7单位的X商品和10单位的Y商品,这时X商品和Y商品的边际效用分别为50和18,要获得最大效用,他应该（　　）。
   A. 停止购买　　　　　　　　　　　B. 增加购买X商品,减少购买Y商品
   C. 增加购买Y商品,减少购买X商品　D. 同时增加购买X商品和Y商品

3. 在无差异曲线上任意一点,X商品和Y商品的边际替代率等于他们的（　　）。
   A. 价格之比　　B. 数量之比　　C. 边际效用之比　　D. 平均成本之比

4. X商品和Y商品的价格及消费者的收入都按同一比率方向变化,预算线将（　　）。
   A. 纵轴截距不变,向右旋转　　　　B. 向右上方平移
   C. 保持不变　　　　　　　　　　　D. 横轴截距不变,向右旋转

5. 边际效用递减规律说明（　　）。
   A. 随着对商品的消费量的增加,该商品的总效用有下降的趋势
   B. 随着收入的增加,对该商品的总效用有下降的趋势
   C. 随着收入的增加,边际效用有下降的趋势
   D. 随着对商品消费量的增加,该商品的边际效用有下降的趋势

6. X商品的价格是1.50元,Y商品的价格是1.0元。如果消费者认为Y商品的边际效用是30,并且在购买两种商品的条件下使效用最大化,那么X商品的边际效用一定为（　　）。
   A. 15　　　　　　B. 20　　　　　　C. 30　　　　　　D. 45

7. 商品预算线沿着它与横轴交点向外移动的原因是（　　）。

A. X 商品的价格下降　　　　　　　B. Y 商品的价格下降
C. X 商品和 Y 商品的价格同时上升　　D. 消费者的收入增加

8. 无差异曲线描绘了（　　）。
   A. 支出成本相同的两种商品的组合
   B. 在每种可供选择的价格水平下对某一商品的需求
   C. 给消费者带来同样效用的两种商品的组合
   D. 假定在充分就业和高效率技术稳定和资源基础固定的条件下，某组织能生产的两种商品的组合

9. 当消费者的真实收入上升时（　　）。
   A. 购买更少的低档品　　　　　B. 增加消费
   C. 移到更高的一条无差异曲线上　　D. 以上都是

10. 消费者剩余是消费者的（　　）。
    A. 实际所得　　B. 主观感受　　C. 没有购买的部分　　D. 消费剩余部分

二、判断题

1. 无差异曲线表示不同的消费者消费两种商品的不同数量组合所得到的效用是相同的。（　　）
2. 如果边际效用递减，则总效用相应下降。（　　）
3. 预算线上的每一点均代表了当收入一定时，消费者可能购买的不同数量的商品组合。（　　）
4. 消费者剩余是消费者的主观感受。（　　）
5. 两种商品的价格不相同，但对消费者来说，花在这两种商品上的最后 1 元的边际效用有可能相同。（　　）
6. 价格变化会引起预算线的斜率的变化。（　　）
7. 如果 $MU_X/MU_Y > P_X/P_Y$，作为一个理性的消费者则要求增加购买 X 商品，减少购买 Y 商品。（　　）
8. 预算线的平行移动说明消费者收入发生变化，价格没有发生变化。（　　）

三、问答题

1. 什么是总效用，什么是边际效用？两者的相互关系如何？
2. 简述边际效用递减规律的内容及原因。
3. 消费者均衡的含义及其实现条件是什么？为什么达到这个条件就能实现消费者均衡？
4. 无差异曲线的含义及无差异曲线的特征是什么？
5. 何谓边际替代率？它为什么会递减？
6. 简述序数效用论与基数效用论的区别和联系。
7. 亚当·斯密在《国富论》中的论述："没有什么能比水更有用。然而水却很少能交换到任何东西。相反，钻石似乎没有任何使用价值，但却经常可交换到大量的其他物品。"请给出解释。
8. 如将高收入者的收入转移给低收入者，能否增加全社会的总效用？

四、计算题

假定某人购买可乐（C）、苏打水（W）和雪碧（S）3 种饮料，它们的价格分别为每瓶

2元、4元和1元，这些饮料给他带来的效用如表3-4所示。如果此人有17元可以购买这些饮料，为了使其效用最大，每种饮料应该买多少？

表3-4 效用表

数量	1	2	3	4	5	6
MU_C	50	40	30	20	16	12
MU_W	60	40	32	24	20	16
MU_S	10	9	8	7	6	5

五、实训题

在中国北方许多大城市，由于水资源不足而造成居民用水紧张，请根据边际效用递减原理设计一种方案，供政府缓解或消除这个问题，并回答与这种方案有关的下列问题。

① 对消费者剩余有何影响？

② 对生产资源的配置有何有利影响？

③ 对于城市居民的收入分配有何影响？能否有什么补救的办法？

模块四

生产者行为分析

【学习目标】

知识目标：
- 理解总产量、平均产量和边际产量的关系
- 理解边际报酬递减规律
- 明确成本的概念和利润最大化原则
- 掌握一种可变要素的合理投入区域、生产要素最适组合和生产规模报酬
- 熟悉并掌握短期成本和长期成本的构成

能力目标：
- 能够运用生产和成本理论，对企业生产经营活动进行分析
- 能够从经济学家的角度分析企业最优生产规模
- 能够运用企业利润最大化理论分析和解释为何企业始终在寻找最低生产成本的方法

素质目标：
- 树立正确的经营指导思想和职业观念

第一节 生产分析

一、厂商、生产要素和生产函数

（一）厂商

在经济学中，企业又可称为厂商，是指能够做出统一生产决策的单个经济单位。在市场经济运行中，企业是最基本、最重要的市场竞争主体，是市场经济的微观基础。厂商的组织形式主要有独资企业（个人独资经营的企业）、合伙企业（两个或两个以上的个人合伙经营的企业）与公司制企业（由股东所有的企业）3种形式。

（二）生产和生产要素

在市场经济中，企业以追求利润最大化为生产经营活动的唯一目标，所以必须生产。所谓生产，就是把各种生产要素组织起来转化为产品的过程。

生产要素是指从事生产所必须投入的各种经济资源。主要包括劳动（L）、土地（N）、

资本（K）和企业家才能（E）。

> ◆ 案例分析
>
> **"美味之汤"是如何生产出来的?**
>
> 有一个装扮像魔术师的人来到一个村庄，他向迎面而来的妇人说："我有一颗汤石，如果将它放入烧开的水中，会立刻变出美味的汤来，我现在就煮给大家喝。"这时，有人就找了一个大锅，也有人提了一桶水，并且架上炉子和木材，就在广场煮了起来。这个陌生人很小心地把汤石放入滚烫的锅中，然后用汤匙尝了一口，很兴奋地说："太美味了，如果再加入一点洋葱就更好了。"立刻有人冲回家拿了一堆洋葱。陌生人又尝一口："太棒了，如果再放些肉片就更香了。"又一个妇人快速回家端了一盘肉来。"再有一些蔬菜就完美无缺了。"陌生人又建议道。在陌生人的指挥下，有人拿了盐，有人拿了酱油，也有人捧了其他材料，当大家一人一碗蹲在那里享用时，他们发现这真是天底下最美味最好喝的汤。
>
> 读完上面的故事，许多人可能会想到，那个陌生人就像一个高明的企业家，陌生人许诺用他的汤石能熬出一锅美味的汤，但他清楚地知道，汤石在这里没有丝毫作用。如果没有村民们拿来的那些辅料，美味之汤就会落空。陌生人正是凭着聪明才智说服和组织村民，将各种生产要素结合起来，最终生产出产品——美味之汤。近代经济学家马歇尔把企业家才能作为生产要素，是经济学理论上的突破。
>
> （资料来源：《好赚的钱：经商的智慧和艺术》张湖 奚华主编 京华出版社）

（三）生产函数

1. 生产函数的概念

生产过程中生产要素的投入量和产出量之间的关系，可以用生产函数来表示。生产函数表示在一定时期内，在技术水平不变的情况下，生产要素的投入量和产品的最大产量之间的关系。例如，假定 X_1，X_2，…，X_n 顺次表示蛋糕制作过程中使用的面粉、糖、牛奶、奶油、和面机、烤箱、人工等生产要素的投入量，Q 表示所能生产的最大蛋糕产量，则蛋糕的生产函数可以写成以下形式：

$$Q = f(X_1, X_2, \cdots, X_n) \tag{4.1}$$

如果用 L 表示劳动投入量，用 K 表示资本投入数量，则一般的生产函数可以写为：

$$Q = f(L, K) \tag{4.2}$$

任何生产函数都是以一定的生产技术水平作为前提条件的，一旦相关的生产技术水平发生变化，所有的生产函数就会发生变化。例如，如果蛋糕店在没有花费资金成本的情况下对原有的烤箱进行了创新，从而节省了人工、提高了生产效率，那么，投入和原来一样的资金和人工将会生产出更多的糕点。另外，如果蛋糕店花费资金引进了新的烤箱，那么生产技术水平提高的同时资金成本也提高了，这两个因素同时造成了生产函数的变化。

2. 常见的生产函数

在经济学的学习中，有两种类型的生产函数具有代表性。

①固定投入比例生产函数。指在每一产量水平上任何要素投入量之间的比例都是固定的生产函数。假定只投入 L 和 K 两种要素，则固定比例生产函数的通常形式为：

$$Q = \min\left\{\frac{L}{u}, \frac{K}{v}\right\} \tag{4.3}$$

式中，u 为固定的劳动生产系数（单位产量配备的劳动数），v 为固定的资本生产系数（单位产量配备的资本数）。在固定比例生产函数下，产量取决于较小比值的那一要素。这时，产量的增加必须有 L、K 按规定比例同时增加，若其中之一数量不变，单独增加另一要素量则产量不变。

②柯布－道格拉斯生产函数。又称 C－D 生产函数，是以经济学家柯布（Chales W. Cobb）与道格拉斯（Paul H. Douglas）的名字命名的。由于柯布－道格拉斯生产函数具有许多经济学上所需要的良好性质，因此经济分析中使用较多。该生产函数的一般形式是：

$$Q = AL^{\alpha}K^{\beta} \tag{4.4}$$

式中，Q 代表产量，L 和 K 分别代表劳动和资本的投入量，A 为规模参数，$A>0$，α 为劳动产出弹性，表示劳动贡献在总产量中所占的份额（$0<\alpha<1$），β 为资本产出弹性，表示资本贡献在总产量中所占的份额（$0<\beta<1$）。柯布－道格拉斯生产函数规模报酬状况取决于 $\alpha+\beta$ 的数值大小。

若：$\alpha+\beta>1$，则规模报酬递增；$\alpha+\beta=1$，则规模报酬不变；$\alpha+\beta<1$，则规模报酬递减。

◆ 案例分析

商业银行设立分支机构的规模经济

一家商业银行是应该在城市的每个角落都设立一个储蓄所，还是应该把人力和物力集中于总部或者少数几家分支机构，以便获得更高的效率？这很大程度上取决于商业银行对收益与成本的分析。金融分析师设计了一个"营运比率"。他们首先将运作一个分支机构的所有成本加总，包括工资和补贴、租金、日用设备费、维修费、税收和保险、办公用具和从计算机到灯管等其他设备费。然后用这些营运成本除以储蓄总额，就得出了营运比率。近期的研究表明，在一家商业银行分支机构的存款规模达到 5 亿元以前，随着规模的增加，营运比率会提高。拥有 2 个存款规模为 2.5 亿元的分支机构比拥有 1 个有 5 亿元的分支机构要多花 20% 的费用；但是当 1 个分支机构的存款规模超过 5 亿美元时，就不再会有任何效率上的收益。

试分析产生规模收益递增和规模收益递减的原因。

二、短期生产分析

这里讨论的问题是假定只有一种要素的投入是变动的，其余的生产要素的投入是固定的。这种情况在农业生产中最为典型。我们借助于一种变动投入的生产函数来讨论产出变化与投入变化的关系。这种可变要素的生产函数理论称为短期生产理论。

（一）短期生产函数

微观经济学通常以一种可变要素的生产函数考察短期生产理论。即在生产的技术系数固定的前提下，假定其他生产要素固定，研究一种生产要素的连续增加对产量的影响。由生产函数 $Q=f(L, K)$ 推导，假定资本投入量是固定的，用 $\bar{K}$ 表示，劳动投入量是可变的，用 L 表示，则一种可变要素的生产函数可以写成：$Q=f(L,\bar{K})$，该公式表示：在资本投入量固定时，由劳动投入量变化所带来的最大产量的变化。

（二）总产量、平均产量和边际产量

假定生产某种商品所使用的生产要素只有 K（资本）和 L（劳动）。其中，K 为固定不变的常数，L 是可变的，产出会随着劳动者的人数的变化而变化。若以 Q 代表某种生产要素的量，ΔQ 表示要素的增加量，以 TP 代表总产量（Total Product），以 AP 代表平均产量（Average Product），以 MP 代表边际产量（Marginal Product），从表 4-1 中可了解三者的关系。

表 4-1 总产量、平均产量和边际产量

资本量（K）	劳动量（L）	劳动增量（ΔL）	总产量（TP）	平均产量（AP）	边际产量（MP）
10	0	0	0	0	0
10	1	1	6	6	6
10	2	1	13.5	6.75	7.5
10	3	1	21	7	7.5
10	4	1	28	7	7
10	5	1	34	6.8	6
10	6	1	38	6.3	4
10	7	1	38	5.4	0
10	8	1	37	4.6	-1

通过此表可以看出：
① 总产量（TP）是指与一定的可变要素劳动的投入量相对应的最大产量。
$$\text{TP} = \text{AP} \cdot Q \tag{4.5}$$
② 平均产量（AP）是指平均每一单位可变要素劳动的投入量所生产的产量。
$$\text{AP} = \frac{\text{TP}}{Q} \tag{4.6}$$
③ 边际产量（MP）是指增加一单位可变要素投入量所增加的产量。
$$\text{MP} = \frac{\Delta \text{TP}}{\Delta Q} \tag{4.7}$$

根据表 4-1 中的数据，可以做出总产量曲线、平均产量曲线和边际产量曲线，如图 4-1 所示。

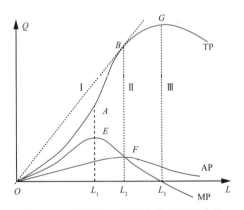

图 4-1 总产量、平均产量和边际产量

从图 4-1 中可以看出，总产量 TP、平均产量 AP 和边际产量 MP 的三条曲线都呈倒"U"形，即随着劳动量 L 的增加，TP、AP 和 MP 都是先上升后下降。根据这一特征，可以总结出 TP、AP 和 MP 相互之间的关系：

①MP 与 TP 之间关系。MP>0，TP 增加；MP=0，TP 最大；MP<0，TP 下降。

②MP 与 AP 之间关系。当 MP>AP，AP 增加；当 MP<AP，AP 下降；MP=AP，AP 最高，边际产量曲线与平均产量曲线相交。

小思考：在生产的短期中，可变要素的投入量为什么不是越多越好？

（三）边际报酬递减规律

根据以上的分析，我们可以发现边际报酬递减规律：在技术水平固定的条件下，在连续等量地把一种可变生产要素增加到其他一种或几种数量固定的生产要素上的过程中，当这种可变生产要素的投入量小于某一特定值时，增加该要素投入所带来的边际产量是递增的；当这种可变要素的投入量连续增加并超过这个特定值时，增加该要素投入所带来的边际产量是递减的。举例来说，农民在一亩地上撒一把化肥能增加产量 1 千克，撒两把化肥增产 3 千克，但一把一把施肥增产的效果会越来越差，因为过量的施肥会导致土壤板结，进而粮食就会减产。因此，边际报酬递减规律也可以用来解释 MP 曲线为什么先上升后下降。

理解这个规律的时候，要注意以下几点：

第一，边际报酬递减规律只存在于可变技术系数的生产函数中。

第二，这一规律发生作用的前提是假定技术条件不变。技术不变是指生产中所使用的技术没有发生重大变革。虽然现在技术水平日新月异，但并不是每时每刻都有技术的重大突破，会有一个相对稳定期，这一时期被称为技术水平不变。

第三，这一规律所指的是生产中所使用的生产要素分为不变和可变两类，即技术系数是可变的，也就是说，在保持其他生产要素不变而只增加某种生产要素投入量的时候边际报酬才会递减。如果各种生产要素的投入量按原比例同时增加，边际收益不一定递减。

（四）短期生产函数分析的应用——一种可变要素的合理投入区域

根据短期生产中 TP、AP 和 MP 曲线的相互关系，可以将短期生产划分为 3 个阶段，如图 4-1 所示。

在第Ⅰ阶段，AP 曲线始终是上升的，MP>AP，TP 是增加的。这说明：在这一阶段不变要素资本的投入量很多。生产者只要增加可变要素拉动的投入量就可以增加总产量。因此，任何理性的生产者都不会在这一阶段停止生产，而是连续增加可变要素的投入量，以增加总产量，并将生产扩大到第Ⅱ阶段。

在第Ⅲ阶段，AP 继续下降，MP 为负值，TP 下降。这说明：在这一阶段，可变要素劳动的投入量太多，即使劳动要素是免费的，理性的生产者也会减少投入的劳动量，以脱离劳动的边际产量 MP 为负值的第Ⅲ阶段。

综上所述，生产者只能在第Ⅱ阶段进行生产。在第Ⅱ阶段的起点处，AP 曲线和 MP 曲线相交，AP 达到最高点 F。在第Ⅱ阶段的终点处，MP 曲线和横轴相交，即 MP=0，TP 达到最高点 G。这说明：资本和劳动的投入比例比较合适，生产达到最顶峰。但生产者所应选择的可变要素的最佳投入点究竟在哪一点，这时无法解决，它还取决于其他因素。首先，要考虑生产者的目标；其次，假如生产者的目标利润最大化，那么还要考虑成本、产品的价格等因素。

三、长期生产分析

上一任务是对短期生产函数进行分析。在长期的生产中，由于生产者可以调整全部的生产要素的数量,所以,本节将对长期生产函数进行考察,以两种可变生产要素的生产函数来讨论可变生产要素的投入组合和产量之间的关系,以及企业到底应该做大还是做小的问题。

(一) 长期生产函数

两种可变生产要素的生产函数是指在生产的技术系数固定的前提下,假定其他生产要素固定,研究两种生产要素的连续增加对产量的影响。假定生产者使用劳动和资本两种可变生产要素来生产一种产品,则两种可变要素的生产函数为:

$$Q = f(L,K) \tag{4.8}$$

式中,Q 为产量,L 为可变要素劳动的投入量,K 为可变要素资本的投入量。

(二) 等产量曲线

等产量曲线(Isoquant Curve)是在技术水平固定的条件下,生产同一产量的两种生产要素投入量的所有不同组合的轨迹。以 Q 表示既定的产量水平,可做出与生产函数 $Q = f(L,K)$ 相对应的等产量曲线,如图 4-2 所示。

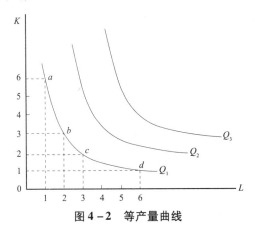

图 4-2 等产量曲线

与无差异曲线相似,等产量曲线有以下特点:

①等产量曲线是一条向右下方倾斜的曲线,其斜率为负。

②在同一平面图上可以有无数条等产量曲线,同一等产量曲线代表相同的产量,离原点越远的等产量线所代表的产量水平越高。

③在同一平面图上,任意两条等产量曲线不能相交。

④等产量曲线凸向原点。

(三) 边际技术替代率 (MRTS)

等产量曲线表示生产者可以通过对两个要素之间的相互替代,来维持一个既定的产量水平。为了表示两要素之间存在的这种相互替代的关系,我们引入边际技术替代率的概念。边际技术替代率(Marginal Rate of Technical Substitution,MRTS)是指在维持产量水平固定的条件下,增加一单位某种生产要素投入量时所减少另一种要素的投入数量。若以 MRTS 代表边际技术替代率,ΔK、ΔL 分别为资本投入的变化量和劳动投入的变化量,则劳动对资本的边际技术替代率为:

$$\mathrm{MRTS}_{LK} = -\frac{\Delta K}{\Delta L} \tag{4.9}$$

如果要素投入量的变化量为无穷小,则上式变为:

$$\mathrm{MRTS}_{LK} = \lim_{\Delta \to 0} -\frac{\Delta K}{\Delta L} = -\frac{\mathrm{d}K}{\mathrm{d}L} \tag{4.10}$$

其经济含义为：为了保持总产量不变，增加 1 单位某种投入要素（如劳动）可以相应减少另一种投入要素（如资本）的数量。在通常情况下，由于劳动和资本的变化量呈反方向变动，为使边际技术替代率是正值以便于比较，在公式中加了一个负号。上式说明等产量曲线上任一点的边际技术替代率等于等产量曲线在该点的斜率的绝对值。

（四）等成本线

长期生产理论中的等成本线是一个和效用论中的预算线非常相似的曲线。等成本线又称企业预算线，是在既定的成本和既定的生产要素价格条件下，生产者可以购买到的两种生产要素的各种不同数量组合的轨迹。

假定要素市场上既定的劳动的价格即工资率为 P_L，既定的资本的价格利息为 P_K，企业既定的成本支出为 C，则成本方程为：

$$C = P_L \cdot L + P_K \cdot K \tag{4.11}$$

由成本方程可得：

$$K = -\frac{P_L}{P_K}L + \frac{C}{P_K} \tag{4.12}$$

根据以上公式可以得到等成本线，如图 4-3 所示。

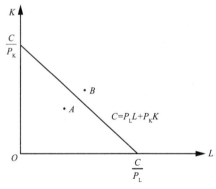

图 4-3 等成本线

在图 4-3 中，等成本线的截距为 $\frac{C}{P_K}$，表示既定的成本全部用于购买资本所得的资本数量；横截距为 $\frac{C}{P_L}$，表示既定的成本全部用于购买劳动时所得的劳动数量；斜率为 $-\frac{P_L}{P_K}$，即为两种生产要素价格之比的负值。图中 A 点表示既定的成本全部购买该点的劳动和资本还有剩余，B 点表示既定的全部成本购买该点的劳动和资本组合是不够的。唯有等成本线上的任何一点才表示用既定的全部成本刚好购买到的劳动和资本。

（五）长期生产函数分析的应用——生产要素的最优组合

1. 成本既定产量最大的生产要素的组合

在两种生产要素 K 和 L 的价格为已知的情况下，总成本既定，决定了一条等成本线 AB。如图 4-4 所示，在这个坐标中我们可以画出无数条等产量线。

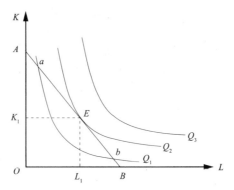

图 4-4 成本既定产量最大生产组合

假如把等产量与等成本线结合在一个坐标图中,则等成本线必定与等产量线中的一条相切于一点,在这个切点上,就实现了生产要素的最优组合。如图 4-4 所示,Q_1、Q_2、Q_3 是 3 条等产量线,其产量的大小为:$Q_1 < Q_2 < Q_3$,等成本线 AB 与 Q_1 相交于 a 和 b 点,与 Q_3 没有共同点,而与 Q_2 相切与 E 点,只有在切点 E 时实现了生产要素的最优组合。也就是说,在生产者的成本与生产要素价格既定的条件下,OL_1 的劳动和 OK_1 的资本相结合,就能实现成本既定量最大。为什么只有在 E 点才能实现生产要素的最优组合呢?从图 4-4 可看出,a、b、E 3 点都有相同的成本,这时 a 和 b 点都在 Q_1 上,而 E 点在 Q_2 上,因为 $Q_2 > Q_1$,所以 E 点的产量是既定成本时的最大产量。在 Q_2 上产量是相同的,但除了 E 点外,其他两种生产要素的组合的点都在 AB 线以外,成本大于 E 点,所以 E 点对应的产量是成本既定时的最大产量。

小思考:如果等产量曲线不是一条均匀的曲线,是否还有生产要素的最优组合呢?

2. 产量既定成本最小的生产组合

如果厂商要生产的产量为既定,由图 4-5 中的等产量曲线 Q 来表示,厂商采取怎样的生产要素投入比例可以使成本最小呢?

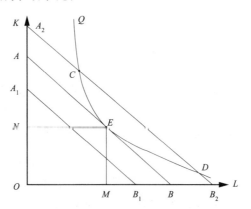

图 4-5 产量既定成本最小生产组合

如图 4-5 所示,假设 K 和 L 的价格为已知,则对应于不同的总成本可以画出无数条不同的等成本曲线,在众多的等成本曲线中总可以找到一条正好和等产量曲线 Q 相切的等成本线。图中等成本线 AB 正好和等产量曲线 Q 相切,切点是 E。等成本线 A_1B_1 和等成本线 A_2B_2 则和等产量线 Q 没有共同点。从图 4-5 中可以看出,所有与等产量曲线 Q 有共同点的等成本线中，与等产量曲线 Q 相切的等成本线 AB 总成本最小。因此，任何总成本小于 AB 的生产要素投入都不可能生产出 Q 的产量。A_2B_2 代表的等成本线和等产量线 Q 有交点 C 和 D，这表明 C 和 D 点为代表的生产要素组合能够生产出 Q 的产量，但是这些生产要素组合的成本要比 E 点所代表的总成本大。

可见，只有当等成本线和等产量线相切的时候，即在图 4-5 中的 E 点时，才是在产量既定下成本最小的生产要素组合。

◆案例分析

王永庆的成功之路

台塑集团老板王永庆被称为"主宰台湾的第一大企业家""华人经营之神"。王永庆的事业是从台塑生产塑料粉粒 PVC 开始的。初时仅产 PVC100 吨，是世界上规模最小的生产商。王永庆知道，要降低 PVC 成本必须扩大产量，所以扩大产量、降低成本，打入世界市场是成功的关键。于是，他冒着产品积压的风险把产量扩大到 1 200 吨，并以低价迅速占领了世界市场。王永庆扩大产量、降低成本的做法正是经济学中的规模经济原理。

思考：企业到底应该做大还是做小？

四、企业规模报酬分析

（一）规模报酬

如果土地、劳动、水和其他投入都增加相同的比例，那么小麦产量会发生何种变化？这个问题涉及规模报酬。规模报酬指的是当所有的投入等比例增加时，由生产规模变动所引起的产量的变动情况，也就是投入的规模扩大对报酬或产量的影响，具体有 3 种情形。

1. 规模报酬递增

规模报酬递增是指产量增加的比例大于各种生产要素增加的比例。规模报酬递增的原因主要是由于企业生产规模扩大所带来的生产效率的提高。例如，生产规模扩大以后，企业能够利用更先进的技术和机器设备等生产要素，随着较多的人力和机器的不断投入，企业内部的生产分工能够更合理和专业化，如图 4-6 所示。

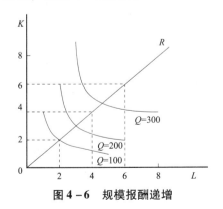

图 4-6 规模报酬递增

2. 规模报酬固定

规模报酬固定是指产量增加的比例等于各种生产要素增加的比例。一般可以预计两个同样的宾馆配备同样的人员，所提供的服务是一个宾馆的两倍，如图 4-7 所示。

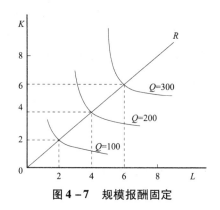

图 4-7 规模报酬固定

3. 规模报酬递减

规模报酬递减是指产量增加的比例小于各种生产要素增加的比例。规模报酬递减的主要原因是由于企业生产规模过大,使得生产的各种方面难以得到协调,从而降低了生产效率,如图 4-8 所示。

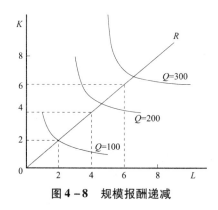

图 4-8 规模报酬递减

(二) 规模报酬变化的原因

在实际生活中,由于不同的部门存在着不同的技术和自然条件,所以规模经济的分布在各个部门会有所不同。经济学家认为规模报酬的变动可以用内在经济与内在不经济,以及外在经济与外在不经济进行解释。

内在经济是指一个厂商在生产规模扩大时从自身内部所引起的收益增加。比如,一个厂商的生产规模扩大可以实现更加精细的内部分工,可以充分发挥管理人员的效率、减少管理人员的比例等。如果一个厂商的生产规模扩大到一定程度,会发生管理不得当造成的工作效率低下、内部通信费等成本增加,这就是内在不经济。

外在经济是指整个行业规模扩大时给个别厂商所带来的收益增加。如果一个行业的规模扩大也会给个别厂商带来损失,使他们的成本增加、收益减少,这就是外在不经济。

第二节 成本分析

一、成本的概念及分类

（一）成本的概念

成本（Cost），指厂商在生产活动中所使用的各种生产要素的价格。

（二）成本的分类

1. 会计成本和机会成本

会计成本是指厂商在生产过程中按市场价格直接支付的一切费用，这些费用均可通过会计账目反映出来。机会成本是指人们将资源用于某种用途而放弃的在其他用途中所得到的最高收益。

机会成本不同于会计成本，它不是做出某种选择时实际支付的费用或损失，而是一种观念上的成本或损失，用来衡量做出某种选择所必须放弃的次优选择的价值。通过机会成本分析，可以对定量资源的不同经营方向的投资效果进行择优，以实现资源利用的最大化。

2. 显性成本与隐性成本

企业的成本还可以分为显性成本和隐性成本两部分。

显性成本（Explicit Costs）是指厂商在生产要素市场上购买或租用所需要的生产要素的实际支出。它是一种要求企业支出货币的投入成本，包括员工工资、原材料费用、运输费用、借贷利息等。这些费用支出会在会计账目中直接表现出来，因此，显性成本就是会计成本。

隐性成本（Implicit Costs）是指厂商本身自己所拥有的且被用于该企业生产过程的生产要素的总价格，它是一种不要求企业支出货币的投入成本，包括使用自有设备的折旧费、使用自有资金的利息等。

二、短期成本分析

（一）短期成本的构成

在短期内，企业成本可分为不变成本和可变成本，二者的区别在于是否随着企业产量的变动而变动。具体而言，企业的短期成本包括：总成本、总不变成本、总可变成本、平均不变成本、平均可变成本、平均总成本和边际成本。

1. 总成本（Total Cost，TC）

总成本是企业在短期内为生产一定数量的产品而投入的全部生产要素的总成本，它是总不变成本和总可变成本之和。

①总不变成本（Total Fixed Cost，TFC）是企业在短期内为生产一定数量的产品而投入的不变生产要素的总成本，例如厂房和机器设备的折旧费。它是一个常数，不随产量的变化而变化，所以总不变成本曲线 TFC 是一条水平线，如图 4-9（a）所示。

②总可变成本（Total Variable Cost，TVC）是企业在短期内为生产一定数量的产品而投入的可变生产要素的总成本，例如原材料费和工人工资等。在短期内企业根据产量的变化不

断地调整可变要素的投入量,总可变成本随产量的变动而变动,所以总可变成本随着产量的增加而增加。它是一条由原点出发向右上方倾斜的曲线,如图 4-9(b)所示,其公式可表示为:

$$TVC = TVC(Q) \tag{4.13}$$

综上所述,总成本的公式表示为:

$$TC(Q) = TFC + TVC(Q) \tag{4.14}$$

总成本 TC 曲线可以通过 TVC 曲线向上垂直平移 TFC 的距离而得到,如图 4-9(c)所示。

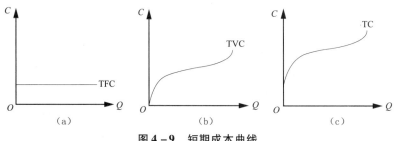

图 4-9 短期成本曲线

小思考:旅行社在旅游淡季应如何经营?

2. 短期平均成本

①平均不变成本(Average Fixed Cost,AFC)是指企业在短期内平均每生产 1 单位产品所消耗的不变成本。在总不变成本固定的前提下,随着产量的增加,平均不变成本越来越小。其公式表示为:

$$AFC = \frac{TFC}{Q} \tag{4.15}$$

它是一条两轴渐近的双曲线,如图 4-10(a)所示。

②平均可变成本(Average Variable Cost,AVC)是指企业在短期内平均每生产 1 单位产品所消耗的可变成本。其公式表示为:

$$AVC(Q) = \frac{TVC(Q)}{Q} \tag{4.16}$$

它是一条先下降后上升的呈"U 形"的曲线,如图 4-10(b)所示。

③平均总成本(Average Cost,AC),企业在短期内平均每生产 1 单位产品所消耗的全部成本,它等于平均不变成本和平均可变成本之和。其公式表示为:

$$AC(Q) = \frac{TC(Q)}{Q} = AFC(Q) + AVC(Q) \tag{4.17}$$

如图 4-10(c)所示。

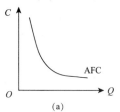 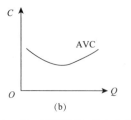 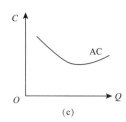

图 4-10 短期平均成本曲线

3. 边际成本（Marginal Cost，MC）

边际成本是企业在短期内每增加 1 单位产量时所增加的成本，其公式表示为：

$$\mathrm{MC}(Q) = \frac{\Delta \mathrm{TC}(Q)}{\Delta Q} \tag{4.18}$$

或者

$$\mathrm{MC}(Q) = \lim_{\Delta Q \to 0} \frac{\Delta \mathrm{TC}(Q)}{\Delta Q} = \frac{\mathrm{dTC}}{\mathrm{d}Q} \tag{4.19}$$

由公式（4.18）可知，每一个产量水平的边际成本值 MC 就是相应的总成本曲线 TC 的斜率，如图 4-11 所示。

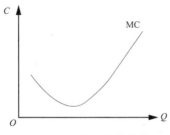

图 4-11 边际成本曲线

（二）短期成本曲线的关系

各类短期成本的变动规律及其关系如表 4-2 所示。

表 4-2 厂商的短期成本

产量 Q	总成本			平均成本			边际成本（MC）
	固定成本（TFC）	可变成本（TVC）	短期成本（TC）	平均固定成本（AFC）	平均可变成本（AVC）	平均成本（AC）	
0	60	0	60	—	—	—	—
1	60	30	90	60	30.00	90.00	30
2	60	49	109	30	24.50	54.50	19
3	60	65	125	20	21.70	41.70	16
4	60	80	140	15	20.00	35.00	15
5	60	100	160	12	20.00	32.00	20
6	60	124	184	10	20.70	30.07	24
7	60	150	210	8.60	21.40	30.00	26
8	60	180	240	7.50	22.50	30.00	30
9	60	215	275	6.70	23.90	30.60	35
10	60	255	315	6.00	25.50	31.50	40
11	60	300	360	5.50	27.30	32.80	45
12	60	360	420	5.00	30.00	35.00	60

根据上表数据可得出短期成本曲线综合图以及各短期成本曲线之间的关系，如图 4-12 所示。

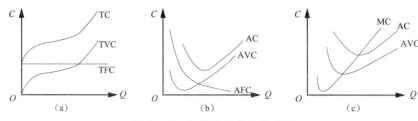

图 4-12 短期成本曲线关系图

1. TC 曲线、TVC 曲线与 TFC 曲线的关系

根据表 4-2 和图 4-12（a）所示，TFC 曲线是一条水平线，表示固定成本不随产量的增加而变动。可变成本随产量的增加而增加，TVC 曲线从原点开始向右上方增加。短期总成本也随产量的增加而增加，并且由于固定成本不为零，因此，短期总成本在产量为零时也不为零，它的变化规律与可变成本相同，即 TC 曲线在可变成本平行上移一段等于固定成本的垂直距离后向右上方递增。

2. AC 曲线、AVC 曲线和 AFC 曲线的关系

根据表 4-2 中数据可以做出 AC 曲线、AVC 曲线和 AFC 曲线，如图 4-12（b）所示。平均固定成本是产量递减函数，即平均固定成本随产量增加而递减，所以 AFC 曲线随产量不断增加呈一直下降趋势。AFC 曲线开始比较陡峭，说明在产量开始增加时，它的下降幅度很大，以后越来越平坦，说明随着产量的增加，它下降的幅度越来越小。AVC 曲线是先下降后上升，呈"U"形，表明随产量的增加先下降而后上升的变动规律。AC 曲线也是先下降而后上升的"U"形曲线，表明随产量的增加先下降而后上升的变动规律；但它开始时比 AVC 曲线陡峭，说明下降的幅度比 AVC 曲线大，以后的形状与 AVC 曲线基本相同，说明变动规律类似 AVC 曲线。

3. MC 曲线和 AC 曲线、AVC 曲线的关系

根据表 4-2 中数据可以做出 MC 曲线、AC 曲线和 AVC 曲线，如图 4-12（c）所示。MC 曲线也是先下降而后上升的"U"形曲线。

①MC 曲线与 AC 曲线的关系。从图 4-12（c）中可以看出，MC 曲线与 AC 曲线相交于 AC 曲线的最低点。在交点上，MC = AC。在交点的左边，AC 曲线在 MC 曲线之上，AC 一直在递减，AC > MC。在交点的右边，AC 曲线在 MC 曲线之下，AC 一直在递增，AC < MC。MC 曲线与 AC 曲线的交点称为收支相抵点。这时价格为平均成本，$P = AC = MC$，厂商的成本与收益相等，这时不存在经济利润，只获得正常利润。

②MC 曲线与 AVC 曲线的关系。从 4-12（c）中可以看出，MC 曲线与 AVC 曲线相交于 AVC 曲线的最低点。在交点上，MC = AVC。在交点的左边，AVC 曲线在 MC 曲线之上，AVC 一直在递减，AVC > MC。在交点的右边，AVC 曲线在 MC 曲线之下，AVC 一直在递增，AVC < MC。MC 曲线与 AVC 曲线的交点称为停止营业点。在这一点上，价格只能弥补平均可变成本，这时损失的是不生产也要支付的平均固定成本。如果价格再低于这点，厂商无论如何也不能生产了。

三、长期成本分析

在长期生产内，厂商可以改变任何生产要素（不仅包括劳动和原材料，而且包括设备、厂房、土地等），因此，厂商所有的成本都是可变的。

（一）长期总成本

1. 长期总成本（Long Total Cost，LTC）

长期总成本是指企业长期内在每一个产量水平上通过选择最优的生产规模所能达到的最低总成本。

长期总成本的函数形式为：

$$\text{LTC} = \text{LTC}(Q) \tag{4.20}$$

从企业的长期生产中可看出，企业总是可以在每一个产量水平上选择最优的生产规模来进行生产。因此，我们可以从短期成本曲线出发推导出长期总成本曲线，如图4-13所示。

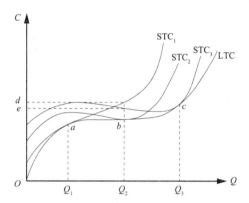

图4-13 最优生产规模的选择和长期总成本曲线

在图4-13中，STC_1、STC_2、STC_3为3条短期总成本曲线，它们分别代表3种不同的生产规模，3条曲线的总固定成本（纵截距）$TFC_1 < TFC_2 < TFC_3$，生产规模$STC_1 < STC_2 < STC_3$。在短期内，厂商生产Q_2数量的商品可能面临STC_1曲线代表的过小或STC_3代表的过大的生产规模，从而导致厂商较高的总成本（如图4-13中的d和e点）。在长期内，厂商可以变动全部的要素投入量，选择最优的生产规模。例如，当产量为Q_2时，企业必然会选择STC_2曲线所代表的生产规模进行生产，从而将总成本降低到能达到的最低水平，即企业在STC_2曲线上的b点进行生产。同理，在每一个既定的产量水平上，厂商总可以找到相应的一个最优的生产规模，把总成本降低到最低水平，从理论上分析可以有无数条短期总成本曲线，把这些点的轨迹连接起来就形成了图中的长期总成本曲线LTC。显然，长期总成本曲线是无数条短期总成本曲线的包络线，在这条包络线上，连续变化的每一个产量水平上都存在着LTC曲线与一条STC曲线的相切点，该STC曲线所代表的生产规模就是生产该产量的最优生产规模，该切点所对应的总成本就是生产该产量的最低总成本。

2. 长期总成本曲线的特征

①LTC曲线是从原点出发向右上方倾斜的。

②LTC曲线的斜率先递减，经拐点之后，又变为递增。

（二）长期平均成本

1. 长期平均成本（Long Average Cost，LAC）

长期平均成本表示企业在长期内平均生产1单位产品所消耗的成本。长期平均成本的函数形式为：

$$LAC(Q) = \frac{LTC(Q)}{Q} \tag{4.21}$$

长期平均成本曲线可以由短期平均成本曲线得到,如图 4-14 所示。

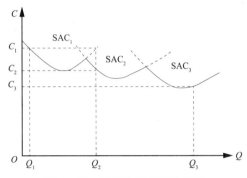

图 4-14 最优生产规模的选择

根据长期平均成本曲线的定义可知,厂商在长期内实现每一产量水平的最小总成本的同时,必然也就实现了相应的最小成本。因此,用长期总成本曲线上每一点的长期总成本值除以相应的产量就可以得到这一产量上的长期平均成本,即长期平均成本曲线是长期总成本曲线上的点与原点连线的斜率。在图 4-14 中,假定厂商在短期内的固定投入由 3 种规模可供选择,同时形成了 3 条短期平均成本曲线 SAC_1、SAC_2、SAC_3,生产规模的大小与产量有关,更多的产量意味着更多的固定投入,因此 3 条曲线所代表的生产规模 $SAC_1 < SAC_2 < SAC_3$。

由以上分析可见,沿着图中的 SAC 曲线的实线部分,企业总是可以找到长期内生产某一产量的最低平均成本。由于在长期内供企业选择的生产规模有很多,在理论分析中,可以假定生产规模是无限细分的,从而有无数条 SAC 曲线,于是便能得到图 4-15 中的长期平均成本 LAC 曲线,即长期平均成本曲线是无数条短期平均成本曲线的包络线。在这条包络线上,在连续变化的每一个产量水平上都存在 LAV 曲线和一条 SAC 曲线的切点,那么该 SAC 曲线所代表的生产规模就是生产该产量的最优生产规模,该切点对应的平均成本就是相应的最低平均成本。

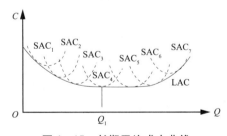

图 4-15 长期平均成本曲线

LAC 曲线的特征可以概括为:LAC 曲线呈 U 形;在 LAC 曲线的下降段,LAC 曲线相切于所有相应的 SAC 曲线最低点的左边;在 LAC 的上升段,LAC 曲线相切于所有相应的 SAC 曲线最低点的右边;只有在 LAC 曲线的最低点上,LAC 曲线才相切于相应的 SAC 曲线的最低点。

2. 规模经济与规模不经济

所谓规模经济,是指企业在生产扩张的开始阶段,由于扩大生产规模而使经济效益得到提高。规模不经济是指当生产扩张到一定的规模以后,企业继续扩大生产规模,就会使经济效益下降。显然,规模经济与规模不经济都是因为企业变动自己的生产规模所引起的,所以也被称为内在经济与内在不经济。规模经济与规模不经济是长期平均成本曲线呈 U 形的原因。

提示:注意区分规模经济和规模报酬,在生产论中,我们提出了规模报酬这一概念,规模报酬是描述产量和生产要素增加的关系。规模报酬递增是指产量增加的比例大于各种生产要素增加的比例,而规模经济则是描述产量增加和成本增加的关系。

3. 外在经济与外在不经济

外在经济与外在不经济是由企业以外的因素所引起的,它影响企业长期平均成本曲线的位置。企业外在经济是由于企业的生产活动所依赖的外界环境得到改善而产生的,即整个行业的发展可以使行业内的单个企业从中受益;相反,如果企业的生产活动的外界环境恶化了,则是企业的外在不经济。如图 4-16 所示,企业的外在经济可能使 LAC_1 曲线向下移至 LAC_2 曲线的位置;相反,企业的外在不经济可能使 LAC_2 曲线向上移至 LAC_1 曲线的位置。

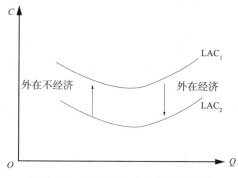

图 4-16 长期平均成本曲线的移动

(三) 长期边际成本

长期边际成本(Long Marginal Cost,LMC),表示企业在长期内增加 1 单位产量所引起的最低总成本的增量,长期边际成本函数可以写为:

$$LMC(Q) = \frac{\Delta LTC(Q)}{\Delta Q} \tag{4.22}$$

或

$$LMC(Q) = \lim_{\Delta Q \to 0} \frac{\Delta LTC(Q)}{\Delta Q} = \frac{dLTC}{dQ} \tag{4.23}$$

每一产量水平上的 LMC 值都是对应的 LTC 曲线的斜率。

长期边际成本曲线可以根据短期边际成本曲线求得。我们知道,长期总成本曲线是无数条短期总成本曲线的包络线。在长期的每一个产量水平,LTC 曲线都与一条代表最优生产规模的 STC 曲线相切,说明这两条曲线的斜率是相等的。由于 LTC 曲线的斜率是相应的 LMC 值,STC 曲线的斜率是相应的 SMC 值,由此可推知在长期内的每一个产量水平上,LMC 值都与代表最优生产规模的 SMC 值相等。注意,长期边际成本曲线不是短期边际成本曲线的包络线,推导如图 4-17 所示。

从图 4-17 可以看出,在每一个产量水平上,代表最优生产规模的 SAC 曲线都有一条相应的 SMC 曲线与其相交于 SAC 曲线的最低点,在 Q_1 的产量上,生产该产量的最优生产规模由 SAC_1 曲线和 SMC_1 曲线所代表,相应的短期边际成本为 P,则 PQ_1 既是最优的短期边际成本,又是长期边际成本,即有 $LMC = SMC_1 = PQ_1$。同理,在 Q_2 的产量上,有 $LMC = SMC_2 = Q_2R$,

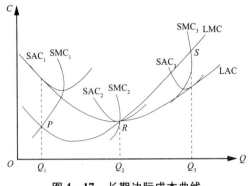

图 4-17 长期边际成本曲线

在 Q_3 的产量上，有 $LMC = SMC_3 = Q_3S$。在生产规模可以无限细分的条件下，可以得到无数个类似 P、R、S 的点，将这些点连接起来能得到一条长期边际成本 LMC 曲线。

LMC 曲线呈 U 形，与长期平均成本曲线相交于 LAC 曲线的最低点。原因在于：在 LAC 曲线的下降阶段，LMC 必定小于 LAC，LMC 将 LAC 拉下；在 LAC 曲线的上升段，LMC 必定大于 LAC，LMC 将 LAC 拉上。由于 LAC 曲线呈 U 形，所以 LMC 曲线也必然呈 U 形，两者必然相交于 LAC 曲线的最低点。因为 LMC 曲线在规模经济和规模不经济的作用下呈先降后升的 U 形，这就使得 LMC 曲线也必然呈先降后升的 U 形，所以 LTC 曲线的斜率也呈先递减后递增的特征。

四、企业利润最大化的原则

（一）收益分析

收益是指厂商出卖产品得到的全部收入，即价格与销售量的乘积。收益中既包括成本，又包括利润，分为总收益、平均收益和边际收益。

总收益（Total Revenue，TR），是指厂商销售一定量的产品所得到的全部收入。

平均收益（Average Revenue，AR），是指厂商销售每一单位产品所得到的收入。

边际收益（Marginal Revenue，MR），是指厂商每增加销售一单位产品所增加的收入。

以上三者的关系如下：

$$\text{TR}(Q) = \text{AR} \cdot Q \tag{4.24}$$

$$\text{AR}(Q) = \frac{\text{TR}(Q)}{Q} \tag{4.25}$$

$$\text{MR} = \frac{\Delta \text{TR}}{\Delta Q} \tag{4.26}$$

（二）经济利润的类型

1. 会计利润与经济利润

会计利润是厂商进行生产活动实际亏盈在账面上的反映，等于总收益与会计成本的差额。经济利润是总收益与经济成本的差额，是厂商获得最大利润的决策工具。

会计利润 = 总收益 - 会计成本 = 总收益 - 显性成本

经济利润 = 总收益 - 经济成本 = 总收益 - （会计成本 + 机会成本）

= 总收益 - （显性成本 + 隐形成本）

= 会计利润 - 机会成本

2. 正常利润与超额利润

正常利润是企业家才能这种要素的价格。它在成本之中，是总成本的一个有机组成部分。其性质与工资相类似，是由企业家市场的需求与供给决定的，也是厂商要留在该行业中所必须获得的最低利润。超额利润是指超过正常利润的那部分利润，又称为纯粹利润或经济利润。

（三）利润最大化原则

厂商从事经济活动的目的在于追求最大的利润，就是求得利润最大化。利润＝总收益－总成本，用 π 表示利润即：

$$\pi(Q) = TR(Q) - TC(Q) \tag{4.27}$$

利润最大化原则要求边际利润必须等于0，即：

$$\frac{d\pi(Q)}{dQ} = \frac{dTR(Q)}{dQ} - \frac{dTC(Q)}{dQ}$$

$$= MR - MC = 0$$

$$即\ MR = MC \tag{4.28}$$

为什么边际收益等于边际成本时能实现利润最大化呢？

如果 $MR > MC$，表明厂商每多生产1单位产品所增加的收益大于增加的成本，也就是厂商扩大产量可以使利润增加，但利润最大化没有实现。

如果 $MR < MC$，表明厂商每多生产1单位产品所增加的收益小于增加的成本，也就是厂商扩大产量就会亏损，厂商要减少产量。

综上所述，只有 $MR = MC$ 时，厂商才能实现利润最大化。

本章知识结构

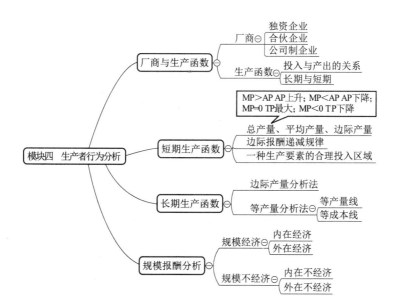

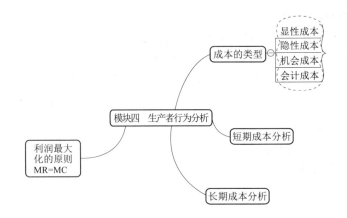

思考与练习

一、单项选择题

1. 生产函数衡量了（　　）。
   A. 生产要素的投入量和产品的最大产量之间的关系
   B. 生产要素价格对厂商产出水平的影响
   C. 在每一个价格水平上的最优产出水平
   D. 以上都是

2. 当边际产量大于平均产量时，（　　）。
   A. 平均产量增加　　　　　　　　B. 平均产量减少
   C. 平均产量不变　　　　　　　　D. 平均产量达到最低点

3. 在规模报酬不变阶段，若劳动和资本的使用量都增加 10%，则（　　）。
   A. 产出增加 10%　　　　　　　　B. 产出减少 10%
   C. 产出的增加大于 10%　　　　　D. 产出的增加小于 10%

4. 下列有关企业成本的表述，不正确的说法为（　　）。
   A. 边际成本是企业在短期内每增加 1 单位产量时所增加的成本
   B. 总成本是企业在短期内为生产一定数量的产品而投入的全部生产要素的总成本。它是总不变成本和总可变成本之和
   C. 平均成本曲线通过边际成本曲线最低点
   D. 在平均成本的最低点，其斜率为零

5. 边际成本与平均成本的关系是（　　）。
   A. 边际成本小于平均成本，边际成本下降　B. 边际成本大于平均成本，边际成本下降
   C. 边际成本小于平均成本，平均成本上升　D. 边际成本大于平均成本，平均成本上升

6. 已知产量为 8 单位时，总成本为 80 元，当产量增加到 9 单位时，平均成本为 11 元，此时的边际成本为（　　）元。
   A. 1　　　　　　　　B. 19　　　　　　　　C. 88　　　　　　　　D. 20

7. 短期平均成本曲线呈 U 形，是因为（　　）。
   A. 外部经济问题　　B. 内部经济问题　　C. 规模收益问题　　D. 边际收益问题

8. 假定 2 个职工一个工作日内可以生产 200 千克大饼，6 个职工一个工作日可以生产

400 千克大饼，则（　　）。

　　A. 平均可变成本是下降的　　　　　B. 平均可变成本是上升的

　　C. 边际产量比平均产量高　　　　　D. 劳动的边际产量是 200 千克

9. 用自有资金也应计入利息收入，这种利息从成本角度看是（　　）。

　　A. 固定成本　　　B. 隐形成本　　　C. 会计成本　　　D. 生产成本

10. 在原点出发的直线与 TC 的切点上，AC（　　）。

　　A. 是最小的　　　B. 等于 MC　　　C. 等于 AVC + AFC　　D. 上述都正确

11. 某厂商生产一批产品，生产第 7 个单位产品的总成本是 3.5 元，生产第 8 个单位产品的总成本是 4.6 元，那么该厂商的边际成本是（　　）。

　　A. 3.5 元　　　B. 4.6 元　　　C. 8.1 元　　　D. 1.1 元

12. 边际成本曲线与平均成本曲线的交点是（　　）。

　　A. 平均成本曲线的最低点　　　　　B. 边际成本曲线的最低点

　　C. 平均成本曲线下降阶段的任何一点　D. 平均成本曲线上升阶段的任何一点

13. 生产时期的划分取决于（　　）。

　　A. 时间长短　　　　　　　　　　　B. 可否调整产品价格

　　C. 可否调整产量　　　　　　　　　D. 可否调整全部生产要素的数量

14. 在长期平均成本曲线下降段，（　　）。

　　A. 长期平均成本小于短期平均成本

　　B. 长期平均成本曲线与各条短期平均成本曲线相切于短期平均成本曲线最低点的左侧

　　C. 短期平均成本曲线最低点在长期平均成本曲线上

　　D. 长期平均成本曲线是短期平均成本曲线最低点的连线

15. 分析厂商利润最大化涉及的情况有（　　）。

　　A. 成本既定下的产量最大　　　　　B. 产量最大

　　C. 成本最小　　　　　　　　　　　D. 产量既定下的成本最小

二、判断题

1. 固定成本与产量的变动无关。　　　　　　　　　　　　　　　　　　　（　　）
2. 在短期中，平均可变成本是一条先下降而后上升的 U 形曲线。　　　　（　　）
3. 短期总成本曲线是一条从原点出发，且向右上方倾斜的曲线。　　　　（　　）
4. 在短期中管理人员的工资和生产工人的工资都是固定成本。　　　　　（　　）
5. 在长期生产中，所有成本都是可变成本。　　　　　　　　　　　　　（　　）
6. 正常利润是超出成本的那一部分。　　　　　　　　　　　　　　　　（　　）

三、计算题

1. 假设某厂商的短期边际成本函数 $MC = 3Q^2 - 12Q + 10$，当 $Q = 5$ 时，总成本 $TC = 55$。求解：

　　（1）TC，TVC，AC，AVC。

　　（2）当企业的边际产量最大时，企业的平均成本为多少？

2. 假定某企业的短期成本函数为：$TC(Q) = Q^3 - 5Q^2 + 15Q + 66$。

　　（1）指出该短期成本函数中的可变成本部分和不可变成本部分。

　　（2）写出相应的 $TVC(Q)$，$AVC(Q)$，$AC(Q)$，$AFC(Q)$，$MC(Q)$。

四、简答题

1. 总产量与边际产量、平均产量之间存在什么关系？如何根据这种关系确定一种生产要素的合理投入区域？
2. 生产的规模报酬的变动有哪三种情形？

五、实训题

移动梦网是中国移动2001年推出的移动互联网业务全国统一品牌，囊括了短信、彩信、手机上网（WAP）、百宝箱（手机游戏）等各种多元化信息服务。中国移动推出梦网计划以来，手机短信很快打破电话声讯业务在信息平台的垄断，形成竞争格局。据中国移动统计，移动增值业务的市场规模在2000年只有10亿元，2001年为19.8亿元，2002年为93.06亿元，2003年为233.2亿元，2004年为385.4亿元，2005年为510.5亿元，保持持续高速增长的态势。请从规模经济的角度来分析这一市场快速发展的原因。

模块五

市场结构分析

> 【学习目标】

知识目标：
- 理解市场的定义
- 掌握不同类型市场的特点
- 掌握完全竞争、完全垄断和垄断竞争市场的厂商均衡条件
- 理解寡头垄断市场形成的原因

能力目标：
- 能够对不同行业的市场类型进行初步判断
- 能够对不同市场结构的优缺点进行比较，并理解不同行业所适合的市场结构

素质目标：
- 培养学生敏锐的经济观察力和分析市场结构的能力

第一节 市场结构类型及特征

一、市场的定义

随着市场经济的发展，市场不仅是从事商品买卖的交易场所，也可以是利用现代化通信工具进行各种交易的接触点，有多少种商品就有多少个市场。从本质上讲，市场是安排买卖双方相互作用，进而得以决定其交易价格和交易数量的一种组织形式或制度安排。

二、市场结构的划分依据

市场结构是指某一经济市场的组织特征，而最重要的组织特征是影响竞争性质及市场价格确定的因素。划分市场结构的标准有以下 3 个方面。

1. 市场集中率

市场集中率是指大企业对市场的控制程度。企业对市场控制程度的大小取决于一个市场上企业的数量和规模。如果一个市场上大企业的控制程度高，这个市场的垄断程度就高，反之亦然。

2. 进入限制

一般来说,一个市场进入限制越低,越容易进入,竞争程度就越高,反之亦然。一个市场进入的限制度取决于自然条件与政府的立法。从自然条件来看,如果一个行业所需要的资源越容易获得,其进入限制越低。从政府立法看,进入限制取决于特许经营、许可证经营和专利法,实行立法制的行业进入限制更高。

3. 产品差别

产品差别指的是同一种产品在质量、外形、包装、品牌等方面的细微差别,例如,同样的电动车,质量高低不同、款式不同、性能不同、品牌不同,放在不同的地方出售价格也不同,这些都属于电动车的产品差别。经济学家认为,产品差别容易引起垄断,产品差别越大,垄断程度越高;产品差别越小,垄断程度越低。

综上所述,按照产品市场结构的不同,可以把产品市场分为4种类型,分别是完全竞争市场、垄断竞争市场、寡头垄断市场和完全垄断市场。它们的特征如表5-1所示。

表5-1 市场类型及特征

市场类型	厂商数目	产品差别	对价格的控制程度	进出行业的难易程度	举例
完全竞争	很多	完全无差别	没有	很容易	一些农产品
垄断竞争	较多	有差别	有一些	比较容易	服装、食品
寡头垄断	几个	有差别或无差别	相当程度	比较困难	汽车、石油
完全垄断	唯一	唯一的产品,且无相近的替代品	很大程度,但常受管制	很困难	水、电

第二节　完全竞争市场

一、完全竞争市场的概念及特点

（一）概念

完全竞争市场又称纯粹竞争市场，是指竞争充分而不受任何阻碍和干扰的一种市场结构。在这种市场类型中，买卖人数众多，买者和卖者是价格的接受者，资源自由流动，政府对市场不做任何干预。

（二）特点

1. 市场上有无数的卖者和买者

市场上有无数的卖者和买者，对于整个市场的总需求量和总供给量而言，每个买者的需求量和卖者的供给量都是微不足道的，因而他们没有能力影响市场的产量和价格。

2. 市场上的产品是同质的

市场上每个厂商提供的产品都是完全同质的、无差别的，同质不仅指产品的质量、规格等完全相同，还包括购物环境、售后服务等方面也完全相同。对于消费者来说，无论购买哪个企业的产品都会带给自己同样的享受，因此众多消费者无法根据产品的差别形成喜好。

3. 厂商进入和退出市场都很容易

厂商进入或退出一个市场是自由的，换句话说，所有资源都可以在厂商和市场之间完全地自由流动。所以，当某个行业市场上有净利润时会吸引许多新的生产者进入这个行业，从而引起利润下降，直至消失；而当行业出现亏损时许多生产者又会退出这个市场，从而利润又会出现和增长。

4. 信息完全

信息完全是指市场中的每个买者和卖者都掌握着与自己的经济决策有关的一切信息。比如，市场上的每个买者和卖者都知道既定的市场价格，都会按照这一既定的市场价格进行交易，也就排除了信息不畅而导致的高价买或低价卖的现象。

从以上4个条件可以看出，同时满足这些条件的完全竞争市场在现实中是很难找到的，农产品市场被认为接近于完全竞争的市场。所以，完全竞争市场是一种高度抽象概括的市场模式，它作为一种分析工具，作用在于帮助我们说明一定的经济现象和经济过程。

二、完全竞争厂商的需求曲线和收益曲线

（一）完全竞争厂商的需求曲线

在任何一个商品市场中，市场需求是针对市场上所有厂商组成的行业而言的，消费者对应的整个行业所生产的商品需求称为行业所面临的需求，也就是市场需求曲线，它是一条从左上方向右下方倾斜的曲线，用 D 曲线表示，如图 5-1（a）所示。在完全竞争市场上，由于厂商是既定市场价格的接受者，所以，完全竞争厂商的需求曲线是一条由既定市场价格水平出发的水平线，用 d 曲线表示，如图 5-1（b）所示。

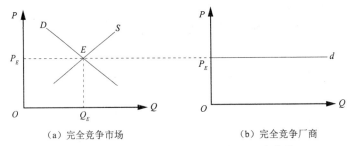

(a) 完全竞争市场　　　　　　　(b) 完全竞争厂商

图 5-1　完全竞争市场和厂商的市场需求曲线

在完全竞争市场上,单个消费者和单个厂商无力影响市场价格,假如某个厂商涨价了,那么市场价格并不会变动。但这并不意味着市场价格总是固定不变的,在其他一些因素的影响下,如消费者收入提高了、科技技术的进步等都可能使众多消费者的需求量和厂商的供给量发生变动,即供求曲线的位置有可能移动,形成新的均衡价格。

(二) 完全竞争厂商的收益曲线

厂商的收益可分为总收益、平均收益和边际收益。

完全竞争厂商的总收益可表示为:

$$\text{TR}(Q) = P \cdot Q \tag{5.1}$$

由于在完全竞争市场中厂商只能被动地接受价格,随着厂商销售量的增加,总收益是不断增加的,而单位产品的价格固定不变,所以总收益曲线是一条由原点出发的、斜率不变的向右上方倾斜的直线(斜率即为价格)。

完全竞争厂商的平均收益和边际收益可分别表示为:

$$\text{AR}(Q) = \frac{\text{TR}(Q)}{Q} = \frac{P \cdot Q}{Q} = P \tag{5.2}$$

$$\text{MR}(Q) = \lim_{\Delta Q \to 0} \frac{\Delta \text{TR}(Q)}{\Delta Q} = \frac{\text{dTR}}{\text{d}Q} = P \tag{5.3}$$

可见,在完全竞争市场上,厂商的平均收益 AR 与边际收益 MR 相等,且都等于既定的市场价格 P,或者说在任何销售量水平上都有:

$$\text{AR} = \text{MR} = P$$

如图 5-2 (a)、图 5-2 (b) 所示。

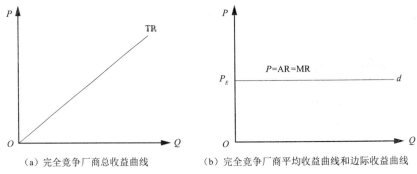

(a) 完全竞争厂商总收益曲线　　　　(b) 完全竞争厂商平均收益曲线和边际收益曲线

图 5-2　完全竞争厂商的收益曲线

三、完全竞争市场的均衡

（一）完全竞争厂商的短期均衡

当厂商的生产水平保持不变时，厂商处于均衡状态。在短期内，市场价格 P_0 是既定的，不变要素的投入量也是固定的，因此，厂商只能在特定条件下通过对产量的调整来实现 $MR = SMC$ 的利润最大化的均衡条件。完全竞争厂商的短期均衡有如下 5 种情况。

①价格或平均收益大于平均总成本，即 $P = AR > SAC$，厂商处于盈利状态。

如图 5-3（a）所示，根据均衡条件 $MR = SMC$，需求曲线 d_1 和 SMC 曲线的交点 E_1 即为厂商的短期均衡点，P_1 对应的均衡产量为 Q_1，这时平均收益为 OP_1，平均总成本为 Q_1F，单位产品获得的利润为 E_1F，总收益为 $OQ_1 \cdot OP_1$，总成本为 $OQ_1 \cdot Q_1F$，此时的厂商利润为总收益 $OQ_1 \cdot OP_1 - OQ_1 \cdot Q_1F$，在图中表示为矩形 HP_1E_1F 的面积。

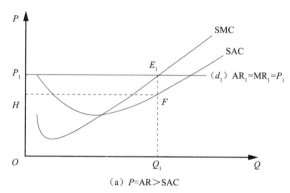

图 5-3 完全竞争厂商短期均衡

②价格或平均收益等于平均总成本，即 $P_1 = AR = SAC$ 时，厂商收支相抵，经济利润为零。

如图 5-3（b）所示，当市场价格为 P_1 时，厂商面临的需求曲线 d 相切于短期平均总成本曲线 SAC 的最低点，同时短期边际成本曲线也通过此交点，则这个交点 E 即为厂商的短期均衡点，P_1 对应的均衡产量为 Q_1，此时的平均收益等于平均总成本，总收益也等于总成本，如图中矩形 OP_1EQ_1 的面积，此时厂商的经济利润为 0，但是实现了全部的正常利润，所以也把 SMC 与 SAC 的交点称为"收支相抵点"或"盈亏平衡点"。

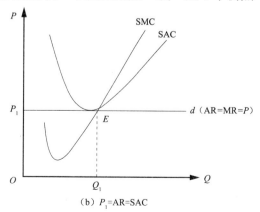

图 5-3 完全竞争厂商短期均衡（续）

③价格或平均收益小于平均总成本，但仍大于平均可变成本，AVC < AR < SAC，厂商亏损，但仍可弥补不变成本，厂商还应继续生产。

如图5-3（c）所示，根据均衡条件 MR=SMC，厂商面临的需求曲线 d 和 SMC 曲线相交于均衡点 E，得到 P_1 对应的产量 Q_1，但厂商的平均总成本已经高于产品的市场价格 P_1，整条平均成本曲线 SAC 处于价格 P_1 线之上，出现了亏损，即总成本减去总收益，即图中矩形面积 $OQ_1FH - OQ_1EP_1$，得到的阴影面积就为亏损。因为 $AVC < P_1$，在这种情况下，厂商还会继续生产，意味着厂商仍可用全部收益弥补全部可变成本之后，还能弥补一部分不变成本。

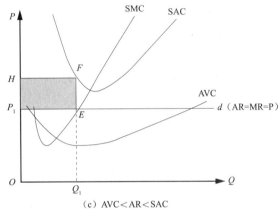

(c) AVC < AR < SAC

图5-3　完全竞争厂商短期均衡（续）

④价格或平均收益等于平均可变成本，即 $P_1 = AR = AVC$，厂商处于亏损状态，且处于生产与停产的临界点。

如图5-3（d）所示，当价格为 P_1 时，厂商面临的需求曲线 d 恰好与平均可变成本 AVC 相切于最低点 E，此时 SMC 也交于该点。根据利润最大化原则 MR=SMC。此点 E 即为厂商短期均衡点，对应的均衡产量为 Q_1，此时厂商的亏损为图中阴影面积。在这种情况下，厂商的总收益恰好可以弥补其所有的可变成本，但不能收回任何的不变成本，生产与否对于厂商来说都是一样的，因此，SMC 曲线与 SVC 曲线的交点也称为"停止营业点"或"关闭点"。

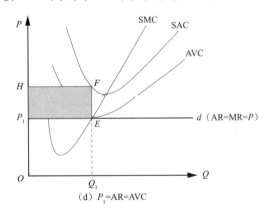

(d) P_1=AR=AVC

图5-3　完全竞争厂商短期均衡（续）

⑤价格或平均收益小于平均可变成本，即 AR < AVC，厂商处于亏损状态，且停止生产。

如图5-3（e）所示，当价格下降到 P_1 时，厂商面临的需求曲线为 d，MR 曲线与 SMC 曲线相交点为短期均衡点 E，相对应的均衡产量为 Q_1，此时平均收益已小于平均可变成本，厂商的亏损部分为图中矩形面积 P_1HFE，意味着厂商如果继续生产的话，其全部收益连可变成本都无法全部弥补，更谈不上弥补不变成本了，所以厂商必须停止生产。

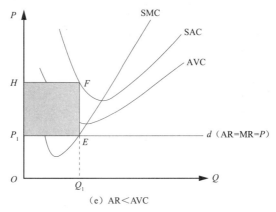

(e) AR＜AVC

图 5-3　完全竞争厂商短期均衡（续）

综上所述，完全竞争厂商短期均衡的条件是：

$$MR = MC$$

（二）长期均衡

在长期中，各厂商可以根据市场价格调整全部生产要素进行生产，也可以自由进入或退出该行业。这样势必会影响整个行业供给的变动，进而会影响到市场价格，最终的价格水平会使完全竞争厂商长期均衡时的利润为零，整个行业供求达到均衡状态。

如图 5-4 所示，根据厂商利润最大化原则 MR = MC，当市场价格为 P_0 时，这时厂商的 AR = LAC，即 TR = TC，可以获得正常利润。若市场价格提高到 P_1 时，在 MR = MC 原则决定的产量下，AR＞LAC，即 TR＞TC，厂商可以有经济利润，所以原行业的厂商会继续扩大生产，或是有新的厂商入驻，从而使市场上的供给增加，市场的价格下降，直至经济利润为零，该行业达到长期均衡。如果市场价格下降为 P_2 时，在 MR = MC 原则决定的产量下，厂商是亏损的，这使得原行业内会有一部分厂商退出，随着市场内厂商数量逐渐减少，市场上的产品供给就会减少，市场的价格就会逐步上升，单个厂商的亏损就会减少，只有当市场价格水平上升到使单个厂商的亏损消失即利润为零时，原有厂商的退出才会停止。

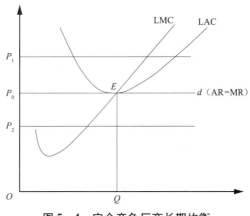

图 5-4　完全竞争厂商长期均衡

综上所述，完全竞争产生的长期均衡出现在 LAC 的最低点，即 E 点，生产的平均成本降到长期平均成本的最低点，商品的价格也等于最低的长期平均成本，即 P_0 点，厂商实现了正常利润。因此，在完全竞争市场上的厂商长期均衡的条件是：AR = MR = LMC = LAC = P_0。这表明，在完全竞争条件下的市场机制能够使社会的生产资源实现最有效率的配置，因而任何政府干预都只能导致非效率。

四、对完全竞争市场的评价

通过以上对完全竞争市场上的均衡分析可以看出，在完全竞争市场上，价格可以充分发挥其"看不见的手"的作用，调整整个经济的运行，因此，完全竞争市场通常被认为是经济效率最高的一种市场结构。

1. 优越性

①社会的供给与需求相等，使资源得到了最优配置。

②在长期均衡时，达到了平均成本最低点，表明通过完全竞争与资源自由流动，使生产效率得到了最有效的发挥。

③从成本与价格的关系看，由于 LMC = LAC = P，这表明最后 1 单位产量所耗费的成本等于该单位产量的社会价值，对消费者是有利的。

2. 缺陷性

①各厂商的平均成本最低，并不一定是社会成本最低。

②产品无差别，无法满足消费者多样的需求。

③各个厂商的规模很小，通常没有能力进行技术创新，不利于技术发展。

第三节 完全垄断市场

一、完全垄断市场及其形成

（一）完全垄断市场的概念

完全垄断市场是一种与完全竞争市场相对立的极端形式的市场类型，也称作纯粹垄断市场，是指只有唯一一个供给者的市场类型。

（二）完全垄断市场的特征

①市场上只有唯一的一个厂商生产和销售商品。
②没有任何接近的替代品，消费者不可能购买到性能等方面相近的替代品。
③其他任何厂商进入该市场极为困难或不可能，从而排除了完全竞争。

（三）形成原因

①规模经济的需要。某些产品的生产需要大量固定设备的投资，只有实力雄厚的大厂商才能经营，一旦进行生产，规模经济效益十分明显，产量越高，成本越低，整个行业会遵守优胜劣汰的法则，最终有可能形成一个行业只有一家厂商的局面。
②自然垄断。市场中存在这样一些行业，由于自然原因，不适合小规模分散经营，必须使用大量的生产要素投入，满足全社会的需求。例如，城市交通、电力、通信、供水等公共事业常由一家企业经营，这样对社会有利。
③政府的特许。政府有时为了公共福利，有时为了国家军需，有时为了保护新技术等，以法律的形式允许某些商家在政府管制下独家经营，例如麻醉品、军工产品的生产等。
④技术专利原因。政府运用法律保护专利所有者的独家专利权，使厂商可以在一定的时期内垄断该产品的生产。

二、完全垄断市场的需求曲线和收益曲线

（一）需求曲线

完全垄断市场中只有一个厂商，所以完全垄断厂商的需求曲线就是市场的需求曲线，它是一条向右下方倾斜的曲线，斜率为负，销售量与价格成反比关系。因此，完全垄断厂商是价格的制定者，可以通过减少销售量来提高市场价格，如图 5-5 所示。

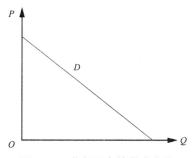

图 5-5 垄断厂商的需求曲线

(二) 收益曲线

垄断厂商的总收益为：

$$\mathrm{TR}(Q) = P \cdot Q \tag{5.4}$$

从上式可知，价格 P 和需求量 Q 都是可变的，而且 P 会随着 Q 的增加而下降，所以厂商的平均收益曲线与需求曲线重合，即：

$$\mathrm{AR} = \frac{\mathrm{TR}}{Q} = P(Q) \tag{5.5}$$

从图 5－6 可看出，AR 曲线是向右下方倾斜的，根据平均产量和边际产量之间的关系可知，垄断厂商的边际收益总是小于平均收益，因此 MR 曲线位于 AR 曲线的左下方。由于每一销售量上的 MR 值就是相应的总收益 TR 曲线的斜率，所以当 MR > 0 时，TR 曲线的斜率为正；当 MR < 0 时，TR 曲线的斜率为负；当 MR = 0 时，TR 曲线达到最大值点。

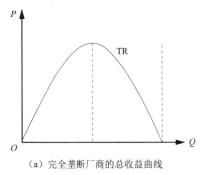
(a) 完全垄断厂商的总收益曲线

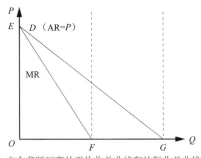
(b) 完全垄断厂商的平均收益曲线和边际收益曲线

图 5－6　完全垄断厂商的收益曲线

三、完全垄断市场的均衡

(一) 垄断厂商的短期均衡

在短期内，完全垄断厂商无法改变固定要素的投入量，因此只能在既定的生产规模下通过调整产量和价格来实现 MR = SMC 的利润最大化条件。因此，垄断厂商的短期均衡有 3 种情况，即获得超额利润、获得正常利润、蒙受损失。

如图 5－7 所示，SMC 曲线和 SAC 曲线代表完全垄断厂商的既定的生产规模，D 曲线和

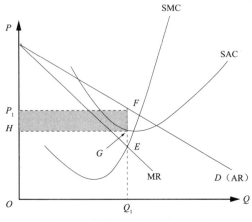

图 5－7　完全垄断厂商短期均衡

MR 曲线代表完全垄断厂商的需求曲线和收益曲线。如果将价格和产量调整到 P_1 和 Q_1 的水平，在均衡点 E 时，完全垄断厂商的平均收益为 FQ_1，平均成本为 GQ_1，可见平均成本小于平均收益。完全垄断厂商的总利润等于总收益减去总成本，也就是图中阴影部分。

和完全竞争厂商相似，完全垄断厂商也是只有在 AR > AVC 时才会选择继续生产；当 AR < AVC 时，一般停止生产；在 AR = AVC 时，收益正好弥补可变成本，生产与否都可以。

（二）完全垄断厂商的长期均衡

完全垄断条件下，长期中不会有新的厂商进入，垄断厂商可以通过调整生产规模来实现利润的最大化。原理与前述相同，如图 5-8 所示。

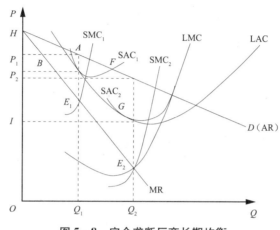

图 5-8　完全垄断厂商长期均衡

四、完全垄断市场的差别定价

差别定价又称为价格歧视，是指同一厂商在同一时间对同一产品向不同的购买者索取两种或两种以上的价格，或者对销售给不同购买者的同一产品在成本不同时索取相同的价格。完全垄断市场实行差别定价，通常有以下 3 种类型。

（一）一级差别定价

一级差别定价又称为完全差别定价，是指厂商根据消费者愿意为每单位付出的最高价格而为每单位产品制定不同的销售价格。例如，发达国家的私人诊所的医生通常根据前来就诊的患者的经济状况收取医疗费用。

（二）二级差别定价

二级差别定价是指垄断厂商根据不同的购买量和消费者确定的价格，这样可以榨取相当一部分的消费者剩余，例如电力公司实行的分段定价等。

（三）三级差别定价

三级差别定价是指垄断厂商对不同的市场的不同消费者实行不同的价格，例如区分公务人员和旅游人员，对飞机票进行打折。

差别定价作为一种垄断价格，既是垄断者获取最大利润的一种手段，又会导致不公平竞争，应当加以限制，但是，限制差别定价并非要取消一切的垄断，可以适当地根据法律条文的规定加以控制和规范。比如美国的《克莱顿法》规定，从事商业的人在商业过程中直接或间接地对同一等级和质量的商品的买者实行价格歧视，如果实质上是减少竞争或旨在形成对商业的垄断，则是非法的。

五、对完全垄断市场的评价

完全垄断市场被认为是经济效率最低的一种市场结构，这主要是因为：

①在完全垄断市场中，厂商可以通过"高价少销"获得超额利润，也可以通过"差别定价"获得高额利润，这样就无法实现资源的最优配置。

②在长期均衡条件下，完全垄断市场的市场价格通常无法达到平均成本的最低水平，垄断厂商控制了价格，这样就会引起消费者剩余的减少和收入分配的不平等。

③完全垄断厂商可利用其垄断地位获得高额利润，所以通常不会积极地进行技术改革和创新，一定程度上阻碍了社会的进步。

◆**案例分析**

肯德基的促销策略

肯德基连锁店会定期向消费者发放折扣券的促销策略，他们对前来就餐的顾客发放其产品的宣传品，并在宣传片上印制折扣券，为什么肯德基不直接将其产品的价格降低呢？答案是，折扣券可使肯德基实行三级差别价格，从而获得更多的超额利润。

肯德基知道并不是所有的顾客都愿意花时间将折扣券剪下来保存，并在下次就餐时带来，此外，剪折扣券的意愿与顾客对物品的支付意愿和他们对价格的敏感性相关，中高收入阶层到肯德基用餐的可能性小，对折扣券的价格优惠不敏感，不太可能花时间剪下折扣券随身带着，以备下次就餐时使用。而中低收入阶层到肯德基用餐弹性较大，他们更可能剪下折扣券，因为他们的支付意愿低，对折扣券的优惠折扣价格比较敏感。

肯德基连锁店通过只对这些剪下折扣券的顾客收取较低价格，吸引了一部分中低收入阶层人群到肯德基用餐，成功地实行了价格歧视策略并从中赚了钱，如果直接将产品价格降低，从不带折扣的中高收入阶层的高意愿消费中多得的收入就会流失。

第四节　垄断竞争市场

一、垄断竞争市场的概念和条件

（一）概念

垄断竞争市场是指一个市场中有许多厂商生产和销售有差别的同种产品。垄断竞争市场中既有垄断因素，又有竞争因素，但以竞争为主要特征。

（二）条件

①厂商很多，但规模不大。垄断竞争市场上有大量的厂商，但是生产规模都有限，所以进入和退出市场比较容易，这在零售行业和服务业中比较普遍。

②生产有差别的同种产品。有差别的同种产品首先指的是这些产品之间都是非常接近的替代品，例如可乐和雪碧；其次这些产品在质量、构造、外观、服务等方面的差别较小，例如不同品牌的矿泉水。一般说来，厂商产品的差别程度越高，厂商短期内的垄断性越高。

③竞争力度不大。垄断竞争市场中的企业数量非常多，以至于每个厂商都认为自己的经营行为影响很小，不会引起其他竞争对手的报复措施。

小思考：说出几个现实生活中属于垄断竞争市场的产品。

二、垄断竞争市场的需求曲线和收益曲线

（一）需求曲线

由于垄断竞争市场中，厂商生产的产品是有差别的，因而对该产品具有一定的垄断能力，和完全竞争的厂商只是被动地接受市场的价格不同，垄断竞争厂商对价格有一定的影响力，那么市场对某一厂商产品的需求不仅取决于该厂商的价格——产量决策，而且取决于其他厂商对该厂商的价格的对策。例如，一个厂商采取降价销售，如果同行业其他厂商不降价，那么该厂商的需求量就会增加很多；如果其他厂商同时采取降价措施，那么该厂商的需求量就不会增加太多。所以，我们在分析垄断竞争厂商的需求曲线时需要分两种情况进行讨论。

1. D 曲线

在垄断竞争生产行业中，某个厂商改变产品价格，同时其他所有厂商也改变产品价格，则该厂商的产品价格和销售量之间的关系用 D 曲线表示。该曲线也称为客观需求曲线或比例需求曲线。

2. d 曲线

在垄断竞争行业中，某个厂商改变产品价格，而其他厂商保持原价，则该厂商的产品价格与销售量之间的对应关系用 d 曲线表示。因为，某个厂商认为行业中有大量的企业存在，自己的经营决策不会引起其他厂商的注意，认为自己可以像垄断厂商一样决定价格，因此该曲线也称为主观需求曲线（图 5-9）。

3. D 曲线和 d 曲线的关系

当垄断竞争市场中的所有厂商都调整价格时，整个市场中的价格变化是单个垄断竞争产生，d 曲线将沿着 D 曲线做上下移动。D 曲线表示单个厂商在每一价格水平上实际面临的市

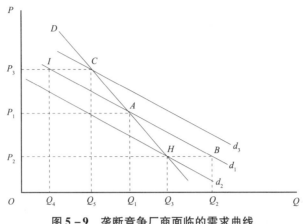

图 5-9 垄断竞争厂商面临的需求曲线

场需求量或销售量,而 d 曲线表示单个改变价格时预期的产量,所以 D 曲线和 d 曲线相交意味着在垄断竞争市场中存在供求平衡的状态。

(二)收益曲线

在垄断竞争市场中,垄断竞争厂商的平均收益 AR 总是等于该销售量时的价格水平 P,因此,平均收益 AR 曲线就是厂商的需求曲线。平均收益曲线和需求曲线一样,也是向右下方倾斜的,两线合一。与完全垄断厂商类似,垄断竞争厂商的 MR 曲线也与 AR 曲线几乎重合、方向一致,且较平均收益 AR 曲线更陡峭。

三、垄断竞争市场的均衡

(一)短期均衡

垄断竞争厂商的短期均衡与完全垄断厂商的短期均衡类似。市场均衡的条件是:MR = MC。如图 5-10 所示,在既定的产量水平线,产品价格和收益由需求曲线 d 的位置决定,按照利润最大化的原则,最优产量在 MR 曲线和 SMC 曲线的交点 E 上,最优产量对应的价格 P_E 即为最优价格。那么垄断竞争厂商的短期均衡存在 3 种情况:如果 $P = AR > AC$,则盈利;如果 $P = AR < AC$,则亏损;如果 $P = AR = AC$,则经济利润为零,获得正常利润。因此,垄断竞争厂商的盈亏取决于平均成本曲线 AC 位置的高低。

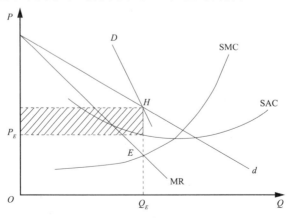

图 5-10 垄断竞争厂商短期均衡

(二)长期均衡

假设垄断竞争厂商在短期内有利润,那么就会有新的厂商进入,新老厂商成本相同,但新的厂商会瓜分一定的市场份额,因此,老厂商的需求曲线会向左移动。厂商不断进入,直到经济利润为零。相反,短期内亏损,老厂商则会在长期内不断退出,导致老厂商的需求曲线向右移动,直到亏损减少到经济利润为零。如图 5-11 所示,需求曲线 d 随着新厂商的进入向左移动,直到与该厂商的 AC 曲线相切于均衡点 E 点,这时,没有厂商企图进入或退出。

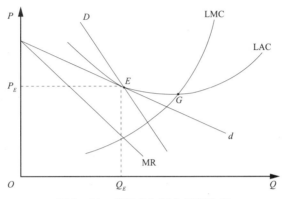

图 5-11 垄断竞争厂商长期均衡

综上所述,垄断竞争厂商的长期均衡的条件是:

$$MR = LMC, \ P = AR = LAC$$

其中,$P > MR$,因为垄断竞争厂商面临的需求曲线 d 是向右下方倾斜的,所以在长期均衡时需求曲线与长期平均成本 LAC 曲线相切于最低点 G 的左边,意味着垄断竞争厂商所提供的产量小于完全竞争厂商,但高于垄断厂商。

四、对垄断竞争市场的评价

垄断竞争市场的经济效率比完全竞争市场低,但从成本角度看,其经济效率又高于垄断市场,优缺点如下:

1. 优点

①由于垄断产品有差别,可以满足消费者多样的需求,有利于技术进步创新。

②各厂商要销售自己的产品并使之成为特色产品,所以会不断地注重品牌打造,提高产品质量,完善售后服务。

2. 缺点

①价格高于边际成本。与完全竞争市场相比,消费者会被迫支付较高的价格。

②垄断竞争市场在长期中不可能在平均成本的最低点实现利润最大化,即资源利用率较低,存在着一定的资源浪费。

小思考:打开电视,扑面而来的广告都是垄断竞争市场的产品。通过大众传媒做广告的大多是化妆品、洗涤用品、牙膏、药品等轻工业产品,从来也没有看到过石油、煤炭、钢铁,也很少看到大麦、面粉、电等的广告,这是为什么呢?

第五节 寡头垄断市场

一、寡头垄断市场的概念及特征

（一）概念

寡头垄断市场又称寡头市场，是指由少数几家大型厂商控制某种产品供给的大部分乃至整个市场的一种市场结构。在此市场中，几家厂商的产量在该行业的总供给中占了很大比例，因而每家厂商对整个行业价格和产量的决定都有举足轻重的影响。

（二）特征

①厂商数量较少，买者众多，因而几家厂商在一定程度上控制着产品价格和绝大部分市场的份额。

②产品差别可有可无。寡头垄断厂商可分为纯粹寡头（生产完全相同产品，如石油、钢铁等）和差别寡头（生产有差别产品，如汽车、轮船等）。

③存在进入障碍。由于生产产品时投入成本大，同时受到规模、资金、市场等因素的限制，使得其他厂商很难进入，另外，退出寡头市场也比较难。

④寡头厂商相互依存，操纵价格。在实际中，厂商之间价格决策具有不确定性，应尽量避免"价格战"，主要采取非价格竞争，如品牌竞争、服务竞争等。

二、寡头垄断市场上的价格决定

寡头垄断市场上的价格决定要分存在勾结或不存在勾结而言。19 世纪的法国经济学家古诺（Codenot）提出了古诺模型，用来解释寡头市场的产量决定的古诺解。其假设条件是只有两个生产者且生产完全相同的产品，生产成本为零，两个厂商都知道市场的总需求情况。古诺模型设想开始时是有一个垄断者占领市场，而后会进入一个新的竞争者，这两个寡头在上述情况下不断地调整产量，最后会达到市场上的厂商均衡和市场均衡。而另一个斯威齐模型是由美国经济学家保罗·斯威齐于 1939 年提出的，在寡头市场中垄断厂商推测其他竞争对手对自己产品价格的变动态度是跟跌不跟涨的。这两种理论都属于传统寡头理论，一般认为寡头市场价格的决定有 3 种形式：价格领先制、成本加成法和勾结定价法。

1. 价格领先制

价格领先制又称价格领袖制，是指一个行业的价格通常由一个厂商率先制定，其余厂商追随其后确定自己的价格，可认定为暗中勾结。

作为价格领袖的寡头有 3 种：

①支配型价格领袖。领先确定价格的厂商是行业中的老大，其所占有的市场份额也是最大的，对价格的决定具有举足轻重的作用。支配型价格领袖会根据自己的利润最大化的原则确定产品的价格变动，其余规模小的寡头根据这个价格来确定自己的价格和产量。

②效率型价格领袖。即领先确定价格的厂商是本行业中成本最低、效率最高的厂商，其对价格的确定使其他厂商不得不随之变动。

③"晴雨表"型价格领袖。这种厂商不一定在行业中处于"领头羊"的作用，也不一定是效率最高的，但其掌握的市场行情信息等优于其他厂商。

2. 成本加成法

这是寡头垄断市场中最常用的一种方法,即在估算的平均成本的基础上加一个固定百分率的利润。例如,某产品的平均成本为100元,利润率为20%,则该产品的价格可以定为120元。这种定价可以避免各寡头之间的价格竞争,有利于实现利润最大化。

3. 勾结定价法

勾结定价也称为"卡特尔",是指各寡头之间勾结起来共同协商价格。例如,石油输出国组织就是一个国际卡特尔。但是,由于卡特尔各成员之间的矛盾,有时达成协议也很难兑现,或引起卡特尔解体。

课外延伸

欧佩克和世界石油市场

"欧佩克"即石油输出国组织(OPEC),是由世界主要产油国自愿结成的一个政府间组织,现有的13个成员国是:伊朗、伊拉克、科威特、沙特阿拉伯、委内瑞拉、刚果、赤道几内亚、利比亚、阿联酋、阿尔及利亚、尼日利亚、加蓬和安哥拉,这些国家出口的石油占世界石油贸易量的60%,对国际石油市场具有很强的影响力。和其他卡特尔一样,欧佩克力图对其成员国的石油政策进行协调,以通过控制产量来维持国际石油市场价格的稳定,从而保证各成员国在任何情况下都能获得稳定的石油收入。为此,欧佩克对石油生产实行配额制。如果石油需求上升或某些产油国石油产量减少,欧佩克将增加其石油产量,以阻止石油价格飙升;如果石油价格降低,欧佩克将根据市场形势减少石油产量。然而,欧佩克并不能完全控制国际石油市场。首先,自实行原油生产配额制以来,欧佩克从未有效杜绝过其成员国的超产行为。欧佩克的成员国受到增加生产可得到更大利润份额的诱惑,常常表面上就减少产量达成协议,然后又私下违背协议。为限制成员国超产,欧佩克不得不一再调低生产限额,因此形成了一个"超产—限产—再超产—再限产"的怪圈。其次,欧佩克成员国的财政预算绝大部分依赖以美元结算的财政收入,在美元汇率持续下滑的情况下,虽然决定按期履行减产承诺,但为减少美元汇率下跌造成的巨大损失,并非每个欧佩克成员国都愿意为减产造成的损失买单。

现在,欧佩克依然每两年开一次会,但作为一个各怀想法的利益结合体,欧佩克很难再通过达成或实施协议来控制产量和价格了。其成员国基本上是独立地做出生产决策。世界石油市场具有相当大的竞争性,在稳定世界石油市场价格方面,欧佩克已不能起到什么实质性的作用。

三、寡头厂商的竞争博弈

在寡头垄断市场上,寡头厂商既相互依赖、勾结,又相互欺瞒、利益冲突。他们经常考虑的是采取什么样的经济策略可以打败对手,经济学通常用博弈论来分析寡头厂商在竞争中的策略,以下主要以囚徒困境和智猪博弈两种模型进行解释。

(一)囚徒困境

囚徒困境是指虽然合作对双方都有利,但是人们之间的不信任和理性,让他们选择打击对手而使自己利益最大化的最优策略。其假设的条件是:有两个犯罪嫌疑人 A 和 B 都被警方抓获,警方怀疑他们为合谋盗窃,但证明他们盗窃的证据并不充分。他们每个人都被单独囚禁，并被单独进行审讯。警方向这两个嫌疑犯交代的量刑原则是：如果一方坦白，另一方不坦白，则坦白者从宽处理，判刑 1 年，不坦白者判刑 7 年；如果两人都坦白，则每人都各判刑 5 年；如果两人都不坦白，则警方由于证据不足只能对每个人各判刑 2 年，如表 5-2 所示。

表 5-2　囚徒困境

A 囚徒 \ B 囚徒	坦白	不坦白
坦白	-5，-5	-1，-7
不坦白	-7，-1	-2，-2

通过观察，我们发现对两个囚犯最有利的选择都是坦白。因为，对 A 囚犯来说，如果 B 坦白，那 A 坦白要获刑 5 年，不坦白要获刑 7 年；如果 B 不坦白，那 A 选择坦白要获刑 1 年，不坦白要获刑 2 年。同理，对 B 囚犯也一样。总之，无论对方做出任何选择，A 和 B 的最优选择都是坦白，符合个人理性需求，结果就是坦白构成均衡（-5，-5）。

（二）智猪博弈

猪圈里有两头一大一小的猪，食槽和开关分别在两边，按一下会有 10 单位的猪食，不管谁按，成本均为 2，表示为 -2，同时去按，两头猪的总成本为 -4。若大猪先到食槽边，大小猪吃到食物的收益比是 9:1；若两猪同时到达食槽边，收益比是 7:3；若小猪先到食槽边，则收益比是 6:4。

如表 5-3 所示，两头猪博弈的结果一共有 4 种情况：

① 大猪、小猪同时选择按，大猪和小猪净收益分别为 5（7-2）和 1（3-2）。
② 大猪选择按，小猪等待，大猪和小猪净收益分别为 4（6-2）和 4。
③ 小猪选择按，大猪等待，大猪和小猪净收益分别为 9 和 -1（1-2）。
④ 大猪、小猪都等待，大猪和小猪净收益分别为 0 和 0。

表 5-3　智猪博弈的 4 种结果

大猪 \ 小猪	进	退
进	5，1	4，4
退	9，-1	0，0

小猪如何选择？"按"的净收益为 1 或 -1，"等待"的净收益为 4 或 0。不管大猪选择"按"或是"等待"，聪明的小猪的最优选择都是"等待"。

大猪如何选择？"按"的净收益为 5 或 4，"等待"的净收益为 9 或 0，面临两难选择。"按"的收益为 5 或 4，较安全，但收益不高；"等待"的收益为 9 或 0，收益高，但风险大。开始时，由于信息不充分，不知道小猪的选择，大猪会犹豫，如果小猪按，大猪会等待，如果小猪不按，大猪会按，大猪没有占优策略。但是，一旦大猪知道小猪选择等待，它就会无奈地选择按。所以，智猪博弈的均衡是大猪按、小猪等待（4，4）。

由于在寡头市场上只有少数几家的厂商，每个厂商的行为对市场的影响都是举足轻重的，厂商为了获得更大的市场份额，往往会采取降低价格的竞争手段，经过寡头厂商的轮番降价后，市场价格会降到一个很低的水平，对于寡头厂商来说是两败俱伤，而对于整个社会和消费者而言，是一件好事。

本章知识结构

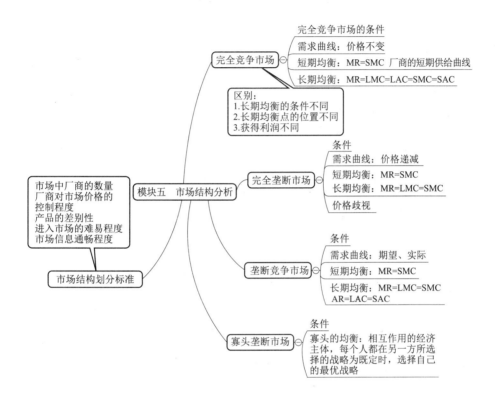

思考与练习

一、单项选择题

1. 在完全竞争市场上，（　　）。
   A. 产品有差别　　　　　　　　B. 产品无差别
   C. 有的有差别，有的无差别　　D. 以上说法都对

2. 在完全竞争条件下，市场价格处于厂商的平均成本的最低点，则厂商将（　　）。
   A. 获得超额利润　　　　　　　B. 不能获得最大利润
   C. 亏损　　　　　　　　　　　D. 获得正常利润

3. 价格等于平均成本的点，叫（　　）。
   A. 收支相抵点　　B. 亏损点　　C. 停止营业点　　D. 获取超额利润点

4. 在完全竞争市场上，已知某厂商的产量是 500 单位，总收益是 500 元，总成本是 800 元，总不变成本是 200 元，边际成本是 1 元，按照利润最大化原则，他应该（　　）。
   A. 增加产量　　B. 停止生产　　C. 减少产量　　D. 视具体情况而定

5. 要使消费者剩余最小，垄断厂商应该实行（　　）。
   A. 一级价格歧视　　B. 二级价格歧视　　C. 三级价格歧视　　D. 无差别定价
6. 形成垄断竞争市场最基本的条件是（　　）。
   A. 产品有差别　　　　　　　　　　B. 厂商利用国家赋予的某种权利
   C. 厂商的数量相当多　　　　　　　D. 完全信息
7. 厂商之间关系最密切的市场是（　　）。
   A. 完全竞争市场　　B. 寡头垄断市场　　C. 垄断竞争市场　　D. 垄断市场

二、简答题

1. 市场结构划分的标准有哪些？
2. 简述完全竞争市场上的短期均衡和长期均衡。
3. 垄断的条件和形成原因有哪些？
4. 寡头垄断市场上的产量和价格是如何决定的？

三、计算题

已知某完全竞争市场中的单个厂商的短期成本函数为：$STC = 0.1Q^3 - 2Q^2 + 15Q + 10$，试求：

（1）当市场上产品的价格为 $P=55$ 时，厂商的短期均衡产量和利润。
（2）当市场价格降为多少时，厂商必须停产？
（3）厂商的短期供给函数。

四、实训题

你走进一家餐馆吃午饭，发现里面几乎没人，你会问为什么这种餐馆还要开门呢？显然几个顾客的消费不可能弥补餐馆的经营成本。要知道，在做出是否经营的决策时，餐馆老板考虑的经营成本既包括固定成本，也包括可变成本。餐馆的许多成本——租金、厨房设备、桌子、盘子、餐具等都是固定的。在午餐时停止营业并不能减少这些成本，老板在决定是否提供午餐时，只有可变成本增加的食物成本和额外的侍者工资是相关的。只有在午餐时间从顾客得到的收入少到不能弥补餐馆的可变成本时，老板才会在午餐时间选择关门。夏季度假区小型高尔夫球场的经营者也面临着类似的决策。由于不同的季节收入变动很大，经营者必须决定什么时候开门和什么时候关门。固定成本——购买土地和建球场的成本是与决策无关的。只要在 1 年内收入大于可变成本，小型高尔夫球场就要开业经营。请问：固定成本和可变成本是如何影响厂商收益的？

模块六

生产要素价格决定分析

【学习目标】

知识目标：
- 了解生产要素的需求和供给
- 熟悉生产要素的价格决定
- 掌握工资、利率、地租、利润理论

能力目标：
- 能够运用洛伦兹曲线与基尼系数衡量收入分配
- 能够合理处理公平与效率之间的关系

素质目标：
- 正确理解我国的收入分配政策，认识到社会主义制度的优越性

第一节 生产要素分析

17世纪，威廉·配第在《赋税论》一书中最早提出劳动价值论，认为劳动是商品价值的基础，威廉·配第同时又指出："土地是财富之母，劳动则为财富之父和能动要素"，即土地和劳动都能够创造财富和价值，因而生产要素又是二元的。1803年，萨伊出版《政治经济学概论》一书，认为"价值是劳动（或人类的勤劳）的作用、自然所提供的各种要素的作用和资本的作用联合产生的成果"，并明确提出劳动、资本和土地是最基本的三种生产要素。萨伊在收入分配分析中对生产中的劳动、资本以及土地三大要素进行分析，提出了"三位一体"的公式。萨伊认为这三大要素在生产过程中创造了产品的价值和效用，所以其包含的价值就是施工人员、资本家和地主应该获取的酬金——工资、利息和地租。

1890年，英国著名经济学家、剑桥学派创始人马歇尔在《经济学原理》一书中提出："组织"（即我们现在所说的管理或企业家才能）对于生产起着重要的作用，因此他把"组织"列为生产的第四要素。20世纪50年代，美国经济学家西蒙·库兹涅茨运用统计分析方法对各国经济增长进行分析比较后认为，一国的经济增长能力"基于改进技术，以及它要求的制度和意识形态的调整……先进技术是经济增长的一个允许的来源"；罗伯特·索洛的研究成果也揭示出"技术发展是经济增长后面的长期的主要因素"。

分配理论主要是解决"为谁生产"的问题,即生产出来的产品按照什么分配原则在社会各个阶层之间进行分配,即"生产要素的价格决定"问题。生产要素的价格决定与产品价格的决定一样,都是由供给和需求双方的相互作用决定的。

一、生产要素的需求和供给

(一)生产要素的需求

生产要素是用于生产产品和劳务的投入。在经济学里,生产要素包括劳动、资本、土地、企业家才能4种要素。例如,一家生产新的软件程序的电脑企业需要程序员的时间(劳动)、机构所处的实际空间(土地)、办公楼和电脑设备(资本)和管理者的管理(企业家才能)。

生产要素的需求是指厂商在一定时期内,在一定的价格水平条件下,愿意并且能够购买的生产要素数量。它像消费者对商品的需求一样,也是购买欲望和支付能力的统一,两者缺一不可。

1. 生产要素需求的性质

① 生产要素的需求是一种派生需求。在产品市场上,消费者是为了直接满足自己的某种需要而购买商品,因此,对商品的需求是一种"直接"需求。在生产要素市场上,厂商为了能够满足消费者的需要而产生了对各种生产要素的需求。如果消费者不需要各种可供消费的物品,厂商就不需要生产要素了。例如,消费者的直接需求是汽车,这种直接需求引起汽车厂要购买生产要素来生产汽车,而轮胎厂也要购买生产要素生产轮胎。因此,对生产要素的需求是由对消费品的需求派生出来的。

② 生产要素的需求是一种联合的需求或相互依存的需求。也就是说,任何生产行为所需要的都不是一种生产要素,而是多种生产要素,这样各种生产要素之间就是互补的。如果只增加一种生产要素而不增加另一种,就会出现边际收益递减现象。而且,在一定的范围内,各种生产要素也可以互相替代。生产要素相互之间的这种关系说明它与需求之间是相关的。例如,面包店的老板在只有工人而没有厂房、面粉、烤箱炉等的情况下无法生产出面包,只有把厂房、工人、面粉、烤箱炉等生产要素相互结合起来,才能生产出面包。

2. 影响生产要素需求的因素

① 市场对产品的需求以及产品的价格。这两个因素影响产品的生产与企业的利润,从而也就影响生产要素的需求。一般而言,市场对某种产品的需求越大,该产品的价格越高,生产这种产品所用的各种生产要素的需求也就越大;反之,市场对某种产品的需求越小,该产品的价格越低,生产这种产品所用的各种生产要素的需求也就越小。

② 生产技术状况。生产技术水平决定了对某种生产要素需求的大小。如果技术是资本密集型的,则对资本的需求大;如果技术是劳动密集型的,则对劳动的需求大。

③ 生产要素的价格。各种生产要素之间有一定程度的替代性,如何进行替代在一定范围内取决于各种生产要素本身的价格。企业一般用低价格的生产要素替代高价格的生产要素,因此生产要素的价格本身对其需求就有重要的影响。例如,在技术上有可能的情况下,如果工资相对于机器价格来说较低,生产中就会以劳动替代机器进行生产。

3. 完全竞争市场上的生产要素需求

完全竞争厂商的生产要素的需求取决于要素的边际收益与边际成本,为了实现利润最大化,厂商必须使购买最后1单位生产要素所支出的边际成本与其所带来的边际收益相等。在完全竞争市场上，边际收益等于平均收益、等于价格。因此，厂商对生产要素的需求就是要实现边际收益、边际成本与价格相等，即 MR = MC = P。

在完全竞争市场上，对一家厂商来说，价格是不变的。所以，厂商对生产要素的需求就取决于生产要素的边际收益。生产要素的边际收益取决于该要素的边际生产力。在其他条件不变的前提下，边际生产力是递减的，因此，生产要素的边际收益曲线是一条向右下方倾斜的曲线。这条曲线也是生产要素的需求曲线，如图 6-1 所示。

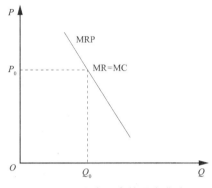

图 6-1　生产要素的需求曲线

在图 6-1 中，横轴 OQ 表示生产要素需求量，纵轴 OP 表示生产要素价格，MRP 曲线是生产要素的边际收益产品曲线，也是生产要素的需求曲线。

整个行业的生产要素需求是各个厂商需求之和，所以行业的生产要素需求曲线也是一条向右下方倾斜的线。

(二) 生产要素的供给

个人或家庭作为生产要素的所有者向厂商提供生产要素。个人或家庭在消费论中是消费者，在要素价格理论中是生产要素的提供者。

生产要素的供给是指在不同的报酬下，生产要素市场上所提供的要素数量。它是供给愿望与供给能力的统一，两者缺一不可。生产要素的供给价格是生产要素所有者对提供一定数量生产要素所愿意接受的最低价格。一般来说，如果某种生产要素的价格提高，这种生产要素的供给就会增多；如果某种生产要素的价格降低，这种生产要素的供给就会减少，其供给数量与价格呈同方向变化。所以，生产要素的市场供给曲线表现为一条向右上方倾斜的曲线，如图 6-2 所示。

在图 6-2 中，横轴 OQ 表示生产要素供给量，纵轴 OP 表示生产要素价格，S 表示生产要素的市场供给曲线。

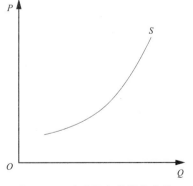

图 6-2　生产要素的供给曲线

二、生产要素的价格决定

如同产品的价格（和产销数量）是由产品的供给和需求共同决定一样，生产要素的价格（和使用量）也是由生产要素的需求和供给共同决定的。但由于厂商对要素的需求取决于人们对产品的需求，而产品的供求与要素的供求关系存在着如上所说的相互依存和相互制约的关系,所以对要素需求的分析比对产品需求的分析复杂一些。因此,对生产要素供给和需求进行分析时必须区分各种不同情况。

在完全竞争市场条件下,生产要素的供给曲线 S 与需求曲线 D 相交于 E 点,相对应的均衡价格为 P_E,均衡数量为 Q_E,如图 6-3 所示。

在不完全竞争市场条件下,生产要素的供给曲线与需求曲线相交于 E 点,相对应的均衡价格为 P_E,均衡数量为 Q_E,如图 6-4 所示。

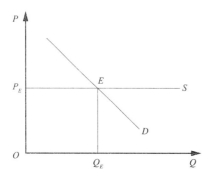

图 6-3　完全竞争要素市场下的厂商均衡　　图 6-4　不完全竞争要素市场下的厂商均衡

由于各种生产要素有不同的需求与供给特征,也有不同的市场结构,故各种生产要素价格与收入的决定亦有不同。

◆案例分析

电脑程序员的工资为什么比超市服务员多?

当你大学毕业后,你的收入主要将由你从事哪一类工作来决定。如果你成为一名电脑程序员,你的收入会比超市的服务员多。这样的事实并不让人吃惊,但为什么会这样呢?并没有哪一条法律规定电脑程序员的工资要比超市服务员高,也没有哪一条伦理规范认为程序员的报酬应该高。进一步说,一个国家一年的居民总收入是一个庞大的数额,人们以各种方式赚到这些收入。工人的工资和福利津贴在总收入中占一定比例,其余部分则以租金、利润和利息形式归土地所有者和资本所有者。是什么因素决定着总收入在工人、土地所有者和资本所有者之间的分配?为什么一部分工人的工资比另一部分工人的要高?为什么一些土地所有者赚到的租金比另一些土地所有者要高?特别是,为什么电脑程序员赚的钱比超市服务员多?

对于上述问题的回答仍取决于供求关系。劳动、土地和资本的供给与需求关系决定了支付给工人、土地所有者和资本所有者的报酬,即这些生产要素的价格。

(资料来源:摘自曼昆. 经济学原理:微观经济学. [M]. 4 版.
北京大学出版社,2006 年)

第二节 工资、利息、地租、利润

一、工资理论

工资是在一定期间内给予提供劳动的劳动者的报酬,也是劳动这种生产要素的价格。根据报酬的性质,工资可以分为狭义工资和广义工资。狭义工资仅指雇佣劳动者的报酬。广义工资包括雇佣劳动者和独立劳动者的一切劳心、劳力的报酬,以及除货币工资以外所享受到的一切货币和非货币利益。根据支付的方法,工资可以分为计时工资和计件工资。计时工资是按照劳动时间计算的,有日薪、周薪、月薪、年薪等。计件工资则是按照完成工作的数量计算的。根据工资的形式,工资又可以分为货币工资和实际工资。货币工资以货币数量表示,又叫名义工资。实际工资是按照工资能够购买的实物价值计算的。

(一) 完全竞争市场上工资的决定

1. 劳动的需求

从劳动的需求方面说,劳动的要素价格取决于劳动这一要素的边际收益产量,也就是取决于劳动的边际生产力。随着劳动这一要素的雇佣量的增加,劳动的边际收益产量递减,所以厂商对劳动的需求是随着劳动投入量的增加而减少的,即劳动的需求曲线是一条向右下方倾斜的曲线,表明劳动的需求量与工资呈反方向变动,如图6-5所示。

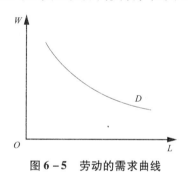

图6-5 劳动的需求曲线

在图6-5中,横轴OL表示劳动的需求量,纵轴OW表示工资水平,D表示劳动的需求曲线。

2. 劳动的供给

劳动的供给不仅取决于劳动的价格——工资,而且取决于既定时间资源的分配或闲暇时间的多少,当然还受到其他因素的影响,如劳动者拥有的财富状态、社会习俗和人口总量及其构成情况等。

人们为了满足提高生活质量与效用的欲望,不但要亲自参加劳动,而且要增加所得,这必须更努力地工作或增加工作的时间。但是每人每天拥有的时间资源是有限的,劳动者必须选择一部分时间作为劳动供给,其余时间作为闲暇来享受。闲暇直接增加了效用,劳动可以带来收入,收入用于消费,可以再增加效用。劳动的供给问题实际上是劳动者将其既定的时间资源在劳动供给和闲暇两种用途上的分配问题。劳动者在劳动和闲暇之间进行选择时,劳动所带来的工资收入构成了闲暇的机会成本,劳动收入与闲暇之间具有收入效应和替代效应。

①收入效应：当工资率上升时，劳动者的收入也随之上升，劳动者会用得来的收入购买更多的闲暇，于是出现减少工作时间、多休闲娱乐的情形，即随着工资率的上升，闲暇时间反而增加。

②替代效应：当工资率上升后，闲暇的机会成本加大了，劳动者的替代行为就是用劳动带来的收入替代变得昂贵的闲暇，闲暇就会减少。劳动收入与闲暇之间的收入效应和替代效应导致劳动供给曲线在较高的工资水平上向后弯曲，如图 6-6 所示。

在图 6-6 中，横轴 OL 表示劳动的数量，纵轴 OW 表示工资水平，S 表示劳动的供给曲线。劳动市场不同于其他生产要素市场的特点在于：当工资低于 W_0 时，替代效应大于收入效应，劳动供给量与工资率同方向变动。因为当工资上升时，一些原来因工资太低而不愿意就业的人会愿意参加工作，而且工资提高时，劳动者的生活水平和受教育水平会提高，也会造成更多的劳动力就业，因此劳动的供给曲线向右上方倾斜。当工资等于 W_0 时，替代效应等于收入效应，此时工资在达到一定水平后，劳动者对货币工资的需求没有之前那么迫切了，所以当工资持续提高时劳动的供给量却不再增加。当工资大于 W_0 时，替代效应小于收入效应，工资率的提高反而减少了劳动的供给量。工资水平不断提高的过程中，货币的边际效用递减，同时闲暇的边际效用增加，于是，在工资水平达到一定高度后劳动的供给反而减少，这时候劳动者宁愿少劳动少拿工资，而用更多的时间进行各种娱乐消遣活动。因此，劳动供给曲线是一条向后弯曲的供给曲线。

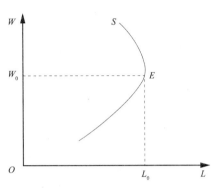

图 6-6 劳动的供给曲线

3. 工资的决定

完全竞争是指在劳动市场上无论是劳动力的买方或卖方都不存在对劳动的垄断。在这种情况下，工资完全是由劳动的供求关系决定的。

如图 6-7 所示，横纵两轴分别代表劳动数量和工资水平。劳动需求曲线 D 和劳动供给曲线 S 的交点 E 决定了劳动要素的均衡数量为 L_E，劳动的均衡价格为 W_E。

根据供求定理，在劳动供给不变的条件下，通过增加对劳动的需求，不但可以使工资增加，而且可以增加就业。在劳动需求不变的条件下，通过减少劳动的供给同样也可以使工资增加，但这种情况会使就业减少。

（二）不完全竞争市场上工资的决定

不完全竞争是指劳动市场上存在着不同程度的垄断。

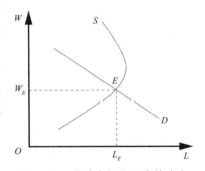

图 6-7 劳动市场上工资的决定

它包括两种情况：一种是买方垄断市场，劳动的购买者是"独家买主"的厂商，劳动的供应者则是众多的相互竞争的劳动者，即对劳动的购买是垄断购买的情况；另一种是卖方垄断市场，即劳动者组成工会，垄断了劳动的供给，而对劳动的需求是由众多相互竞争的厂商购买形成的。在这种不完全竞争的劳动市场上，工会对工资的决定通常起着重大的作用，这里重点介绍一下工会在工资决定中的作用。工会影响工资的方式主要有 3 种。

1. 增加对劳动的需求

工会通过提高保护关税、扩大出口等办法扩大产品销路,从而提高对劳动的需求。在供给不变的情况下,通过增加对劳动的需求的方法可以提高工资,同时还可以增加就业人数,如图 6-8 所示。

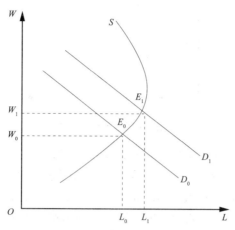

图 6-8 增加劳动需求提高工资

在图 6-8 中,劳动供给曲线 S 与原来的劳动需求曲线 D_0 相交于 E_0,决定了工资水平为 W_0,就业人数为 L_0。由于劳动需求的增加,使劳动需求曲线从 D_0 右移到 D_1,它与供给曲线相交于 E_1,决定了工资水平上涨到 W_1,同时就业人数也从 L_0 增加到 L_1。

2. 减少劳动的供给

工会通过限制非会员受雇、童工的使用、缩短工作时间、实行强制退休等办法来减少劳动的供给,从而提高工资。在需求不变的情况下,通过减少劳动的供给,可以提高工资,但会使就业人数减少,如图 6-9 所示。

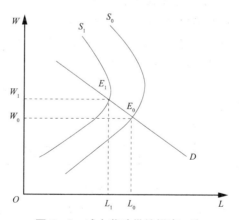

图 6-9 减少劳动供给提高工资

在图 6-9 中,劳动需求曲线 D 与原来的劳动供给曲线 S_0 相交于 E_0,决定了工资水平为 W_0,就业人数为 L_0。由于劳动供给的减少,供给曲线从 S_0 左移到 S_1,它与需求曲线 D 的交点为 E_1,决定了工资水平上涨到 W_1,而就业人数相应地却从 L_0 减少到 L_1。

3. 最低工资法

工会迫使政府通过立法规定最低工资,从而使工资维持在较高的水平上,但这种方法可能会带来一定的失业人口，如图6-10所示。

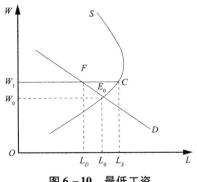

图6-10 最低工资

在图6-10中，劳动供给曲线S与需求曲线D相交于E_0，决定了工资水平为W_0，就业水平为L_0。最低工资法规定最低工资水平为W_1，高于均衡工资水平，即$W_1 > W_0$。但在这高水平的工资上，劳动的供给量L_S大于需求量L_D，就会出现一定的失业人口。

工会对工资的影响是有限度的，一般来讲，这种影响取决于工会本身的力量大小、工会与资本家双方力量的对比、整个社会的经济状况以及政府干预的程度等。

◆**案例分析**

最低工资法对穷人来说是好事吗？

最低工资法打击了穷人自立自强的积极性。让穷人脱贫致富，最重要的不是给他们一份收入较高的工作，不是给他们一点补贴，而是让他们学会自立、自律和自强。最低工资法对穷人来说真的是好事吗？

第一，导致失业。最低工资会导致失业，是大部分经济学家的共识。已经在岗位上的人暂时能获得高收入，但人是有弹性的，会寻找对策，时间越长，找到的对策越多，老板、资本家也不例外。刚开始时他们只能多付工资，但随着时间的推移，他们可能增加机器的投入，减少对劳动力的需求，甚至干脆把工厂迁到别的地方。

第二，最低工资法会剥夺穷人或年轻人尝试自立、自律和自强的机会。美国有位黑人教授说，黑人青年只要做到"三不"就能找到得体的工作，脱离贫困。一是不违法，监狱是坏人的大学，你本来不坏，进过一次监狱，什么坏事儿都学会了；二是不要未婚先孕，因为小孩会是拖累，有了孩子后所有的长期计划都没有办法实施；三是不挑别，找一份工作，锻炼自己，融入社会，学会自我依靠。据统计在美国没有实施最低工资法之前，黑人青年的就业率其实要比白人高，因为不是谁都失得起业、能挑三拣四、能付得起寻找下一份工作的成本的。通常只有积蓄比较多或家境比较好的人才能做到，也就是白人。而实施最低工资法之后，黑人青年的就业率就比白人青年低了很多。最低工资法实质上害了它原本想要保护的那些人。

经济学很神奇，同工同酬、最低工资看上去是帮助穷人，实际上却让他们的生活变得更加困顿。观点很颠覆，但却是事实的真相。

（本文观点来自薛兆丰《薛兆丰的经济学讲义》，中信出版集团，2018年）

二、利息理论

资本是指由经济制度本身生产出来并被用作投入要素,以便进一步生产更多商品和劳务的物品,如机器、设备等。资本市场是企业借以得到购买物质资本的金融资源的渠道。利息是资本的价格,是资本所有者的收入或使用资本这一生产要素的报酬。利息用利息率来表示,它是利息在每一个单位时间内(如1年)在货币资本中所占的比率。如货币资本为10 000元,1年内获得利息为500元,则(年)利息率为5%。5%就是10 000元的货币资本在1年内提供生产性服务的报酬。

(一) 利息产生的原因

1. 时间偏好

在未来消费与现期消费中,人们更加偏好现期消费。例如,人们对现在或5年后购买同一辆家用轿车的效用评价不同。时间偏好的存在决定了人们总是偏好现期消费。一旦人们放弃现期消费而把它变成资本,就应该得到利息作为补偿。

2. 迂回生产与资本净生产力

迂回生产就是先生产生产资料,然后再用生产资料去生产消费品。迂回生产提高了生产效率,而且迂回生产过程越长,生产效率就越高。例如,用猎枪打猎比用弓箭打猎效率更高。由于资本而提高的生产效率叫资本的净生产力。资本使得迂回生产存在可能,所以,利息是资本促进迂回生产而提高生产效率的报酬。

(二) 利率的决定

利率取决于对资本的需求与供给。资本的需求主要是企业投资的需求,因此,可以用投资来代表资本需求。资本的供给主要是储蓄,因此,可以用储蓄来代表资本的供给。这样就可以用投资与储蓄来说明利率的决定。

1. 资本的需求

企业之所以要借入资本进行投资,是因为资本的使用可以提高生产效率,同时可以实现利润最大化。利润率与利息率之间的差额越大,即利润率越高于利息率,纯利润就越大,企业也就越愿意投资;反之,利润率与利息率之间的差额越小,即利润率越接近于利息率,纯利润就越小,企业也就越不愿意投资。这样,在利润率既定时,利息率就与投资呈反方向变动,从而资本的需求是一条向右下方倾斜的曲线,如图6-11所示。

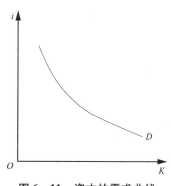

图6-11 资本的需求曲线

在图6-11中,横轴OK表示资本的需求量,纵轴Oi表示利率水平,D表示资本的需求曲线。

2. 资本的供给

资本的供给就是资本的所有者在各个不同的利率水平上愿意而且能够提供资本的数量。它依存于人们的收入用于个人消费以后的余额——储蓄。利息是为了诱使人们抑制或推迟眼前消费，进行储蓄以提供资本的一种补偿。这种补偿随放弃现时消费量的增加而递增，只有相应地提高利率，人们才愿意提供更多的资本，即利率越高，人们越愿意增加储蓄；反之，利率越低，人们越要减少储蓄。所以，资本的供给是一条向右上方倾斜的曲线，它表示利率与储蓄呈同方向变动，如图 6-12 所示。

在图 6-12 中，横轴 OK 表示资本的供给量，纵轴 Oi 表示利率水平，S 表示资本的供给曲线。

3. 利率的决定

利率是由资本的需求与供给双方共同决定的，如图 6-13 所示。

在图 6-13 中，资本的需求曲线 D 和供给曲线 S 的交点为 E，均衡利率为 i_0，它表示利率水平为 i_0 时，投资者对资本的需求恰好等于储蓄者愿意提供的资本，两者均为 K_0。

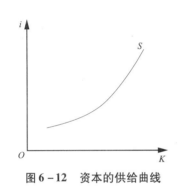
图 6-12 资本的供给曲线

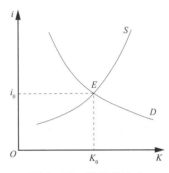
图 6-13 利率的决定

应该注意，这里分析的资本供求关系所决定的利息率一般称为纯粹利息率，它是一种理论分析的利率水平，能够反映资本的净生产力。在现实生活中，由于不同的资本借贷市场相互区别，它们的资本供给与需求也不同，因此，各种资本实际利率与纯粹利率并不完全相同。

> **阅读与思考**
>
> ### 利率的差异的主要原因
>
> 第一，贷款的风险程度。在资本市场上，债权人对债务人所收取的利息中包括贷款风险的收入，例如不能偿还的风险、通货膨胀使货币贬值的风险等，对这些风险，债权人要收取一定的费用。而且，贷款风险越大，债权人为弥补风险所要求的利息率就越高。
>
> 第二，贷款的期限长短。贷款的时间越长，利息率就越高。这是因为，债权人一旦发放了长期贷款，在这段时间内即使存在更有利的机会，他也不能收回这笔贷款。为了弥补可能受到的损失，他会要求更高的利息率。而债务人由于能够在较长的时间内使用这笔贷款，他也愿意为此支付较高的利息率。
>
> 第三，管理成本。债权人发放任何一笔贷款都要付出一定的成本，而且，每一笔数量不等的贷款的管理成本基本相同。这样，数额较小的贷款利息率就高于数额较大的贷款的利息率。

三、地租理论

地租是土地的价格,土地可以泛指生产中使用的自然资源,地租也可以理解为使用这些自然资源的租金。

地租的高低由土地的供求决定,租地人对土地的需求取决于土地的边际生产力。但由于土地这种自然资源并非人类劳动的产物,也不能通过人类劳动增加其供应量,它具有数量有限、位置不变以及不能再生产的特点。因此,土地的供给曲线是一条与横轴垂直的线。而土地的边际生产力是递减的,因此,土地的需求曲线是一条向右下方倾斜的曲线。两条曲线的交点决定地租水平,如图 6-14 所示。

在图 6-14 中,横轴 ON 代表土地量,纵轴 OR 代表地租,垂线 S 为土地的供给曲线,表示土地的供给量固定为 N_0,D 为土地的需求曲线,D 与 S 相交于 E 点,决定了地租为 R_0。

随着经济的发展,对土地的需求不断增加,而土地的供给不能增加,这样,地租就有不断上升的趋势,如图 6-15 所示。

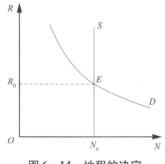

图 6-14 地租的决定

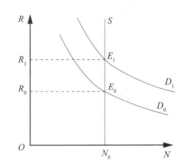

图 6-15 土地需求增加对地租的影响

在图 6-15 中,土地的需求曲线由 D_0 向右方移动到 D_1,表明土地的需求增加了,但土地的供给仍然为 S,均衡点由 E_0 移动到 E_1,相应地,地租由 R_0 上升到 R_1,说明由于土地的需求增加,地租上升了。

土地有肥瘠之分,矿藏亦有贫富之别;加之其地理位置、气候等条件的差别,可以把土地分为不同等级。不同等级土地的生产效率不同,边际收益就不同,人们对它的需求也不同。由于土地在肥沃程度、地理位置等方面的差别而引起的收入差距称为级差地租。

准地租是某些素质较高的生产要素在短期内供给不变的情况下所产生的一种超额收入。例如生产经营者使用的厂房、机器、设备等,从短期看其供给数量是固定不变的,不因其是否取得收入而影响其供给,只要产品价格能够补偿平均可变成本,生产经营者就会利用这些厂房和设备进行生产。在这种状况下,产品价格超过其平均可变成本的余额,代表固定设备的收入。很显然,这种收入由于存在足够大的需求,以致产品的价格超过其平均可变成本之后尚有余额,因而使用这些要素所获取的报酬相当于地租,具有地租的性质,被称为准地租。准地租仅仅存在于短期内。从长期看,这些资源的数量是可以增加的,从而其供给弹性不等于零。资源供给的增加将使总收益与生产支出之间的差额不再存在,于是准地租也不再存在。准地租的概念不但可应用于人造产品,而且适用于人们的特殊才能。运动健将、影视明星的高收入可看成是由于他们的特殊才能而获得的准地租。

经济租是指生产要素的所有者所得到的实际收入高于他们期望得到的收入,超过的部分收入就称为经济租。经济租是准地租的一种特殊形式。一般来说,准地租是指边际生产力较高,素质较好的生产要素,在短期内由需求方面的因素所引起的一种超额收入。而经济租则相反,是指素质较差的生产要素在长期内由于需求增加而获得的一种超额收入。例如,劳动市场上有 A、B 两类工人各 100 人,A 类工人素质高,所要求的工资为 2 000 元,B 类工人素质低,所要求的工资为 1 500 元。如果某种工作 A、B 两类工人都可以担任,那么,厂商在雇用工人时当然会先雇用 B 类工人。但在 B 类工人不够时也不得不雇用 A 类工人。假设某厂商需要工人 200 人,就必须雇用 A、B 两类工人。在这种情况下,厂商必须按 A 类工人的要求支付 2 000 元的工资。这样,B 类工人所得到的高于 1 500 元的 500 元收入就是经济租。其他生产要素所有者也可以得到这种经济租。

四、利润理论

在经济学上,一般把利润分为正常利润和超额利润。这两种利润的性质与来源都不相同。

(一) 正常利润

正常利润是企业家才能的价格,也是企业家才能这种生产要素所得到的收入。它包括在成本之中,其性质与工资相类似,也是由企业家才能的需求与供给所决定的。

企业对企业家才能的需求是很大的,因为企业家才能是生产好坏的关键。使劳动、资本与土地结合在一起生产出更多产品的决定性因素是企业家才能。而企业家才能的供给又是很小的,并不是每个人都具有企业家的天赋、都能受到良好的教育。只有那些有胆识、有能力、又受过良好教育的人才具有企业家才能。企业家才能的供给成本是指企业家为获得组织和管理企业能力而支付的费用,培养企业家才能所耗费的成本也是很高的。

企业家才能的需求与供给的特点决定了企业家才能的收入——正常利润必然是很高的。可以说,正常利润是一种特殊的工资,其特殊性就在于其数额远远高于一般劳动所得到的工资。

(二) 超额利润

超额利润是指超过正常利润的那部分利润,又称为纯粹利润或经济利润。这样的利润在完全竞争下并不存在。根据超额利润的来源和性质的不同,具体分为以下几种。

1. 垄断与超额利润

由垄断而产生的超额利润称为垄断利润,可以分为卖方垄断和买方垄断。卖方垄断指对某种产品出售权的垄断,抬高商品卖价以损害消费者而取得的利润。它能够为厂商提供超过正常利润的纯利润。例如,一家厂商享有某种产品的专利权或声誉卓著的商标,能够赚得超过正常利润的垄断利润。买方垄断指对某种产品或生产要素购买权的垄断。垄断者可以压低收购价格,以损害生产者或生产要素供给者的利益而获得超额利润。垄断所引起的超额利润是不合理的,是市场竞争不完全的结果。

2. 创新与超额利润

美国经济学家熊彼特认为创新是对原有均衡的突破,也就是说,创新是指企业家对生产要素实行新的组合。创新主要涉及 5 个方面:第一,提供新产品;第二,发明新技术和新工艺;第三,开辟新市场;第四,控制原材料的新来源;第五,建立新的组织形式。创新是社会进步的动力,能够提高生产效率,促进经济增长。因此,由创新所获得的超额利润是合理的，是对创新者给予的鼓励和补偿。

3. 风险与超额利润

超额利润也被看作是企业进行冒险所承担风险的一种报酬。风险是指厂商决策所面临的亏损可能性。任何决策都是面向未来的，而未来是不确定的，因而，企业决策总存在风险。一家企业可以从原来未曾料到的事件中获得意料之外的利润，也可能蒙受没有预料到的损失，前者像其他超过正常利润的企业利润一样，可列入超额利润这个范畴之中。因此，由承担风险而产生的超额利润也是合理的，从事具有风险的生产就应该以利润的形式得到补偿。

第三节 社会收入分配

一、洛伦兹曲线和基尼系数

(一) 洛伦兹曲线

为了研究国民收入在国民之间的分配,美国统计学家洛伦兹提出了著名的洛伦兹曲线。洛伦兹首先将一个国家总人口按收入由低到高排队,把社会居民及其收入的多少分成若干等级,再分别在横坐标和纵坐标上标明每个等级的人口所占总人口的百分比和其收入占社会总收入的百分比,连接各个等级的坐标点所形成的一条曲线即洛伦兹曲线。

假设某国家的人口与收入分布如表 6-1 所示。把全部人口从最低收入到最高收入分为 5 组,每组各占人口总数的 20%,并说明每组的收入在总收入中所占的百分比。例如,A 组的 20% 为最低收入人口,其收入占所有人口总收入的 5%,而 E 组的 20% 为最高收入人口,其收入占所有人口总收入的 40%。

表 6-1 人口与收入分布

组别	人口		收入	
	占人口百分比/%	合计/%	占收入百分比/%	合计/%
A	20	20	5	5
B	20	40	12	17
C	20	60	18	35
D	20	80	25	60
E	20	100	40	100

根据表 6-1 中人口与收入百分比的合计画出洛伦兹曲线,如图 6-16 所示。

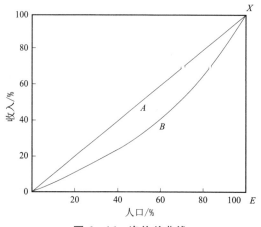

图 6-16 洛伦兹曲线

在图 6-16 中,横轴代表人口百分比,纵轴代表收入百分比。OX 线为 45°线,在这条线上,每 20% 的人口得到 20% 的收入,表明收入分配绝对平均,称为绝对平均线。而洛伦兹曲线的弯曲程度具有重要意义,它反映了收入分配的不平等程度。弯曲程度越大,收入分配程度越不平等。因此,图 6-16 中的折线 OEX 表明收入分配绝对不平均,称为绝对不平均线。

实际的洛伦兹曲线应该介于这两条线之间,洛伦兹曲线可以表明收入与财产分配的不平等程度。洛伦兹曲线离绝对平均线越近,表明收入或财产分配越平等;洛伦兹曲线离绝对不平均线越近,表明收入或财产分配越不平等。

运用洛伦兹曲线可以比较同一个国家不同时期或同一时期不同国家的收入分配的平均状况与变化状况,如图 6-17 所示。

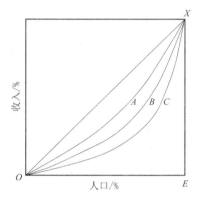

图 6-17 洛伦兹曲线的变动

假如在图 6-17 中,A、B、C 3 条洛伦兹曲线分别表示甲、乙、丙 3 个国家的实际洛伦兹曲线,可以看出,甲国收入分配最平等,丙国收入分配最不平等。如果把 A、B 这两条洛伦兹曲线作为实施一项政策前后的洛伦兹曲线,那么可以看出,在实施该项政策后,收入分配更不平等了。

(二) 基尼系数

基尼系数是根据洛伦兹曲线计算出来的反映收入分配的平均程度的指标,它由意大利统计学家基尼根据洛伦兹曲线提出。

如果实际收入线与绝对平均线之间的面积用 A 来表示,实际收入线与绝对不平均线之间的面积用 B 来表示,则基尼系数的计算公式为:

$$基尼系数 = A/(A+B)$$

基尼系数的取值在 0~1。基尼系数越大,收入分配越不平均;基尼系数越小,收入分配越平均。当 A 等于 0 时,基尼系数为 0,表明收入分配处于绝对平均状态;当 B 等于 0 时,基尼系数为 1,表明收入分配处于绝对不平均状态。经济学家根据一些国家经济发展的经验,认为基尼系数高低同经济发展的水平相关,如表 6-2 所示。

表 6-2 基尼系数与收入分配的相关性

基尼系数	收入分配状况
<0.2	绝对平均
0.2~0.3	比较平均

续表

基尼系数	收入分配状况
0.3~0.4	基本合理
0.4~0.5	差距较大
>0.5	收入差距悬殊

二、公平与效率

公平是指各社会成员收入分配平均，但并不等同于收入分配绝对平均，它是与社会两极分化相对立的概念。效率是指资源配置有效，并得到充分利用。

①公平与效率的替代关系。公平与效率同属于微观经济政策目标，在选择上二者之间存在矛盾，只能择其一。过分追求平等会导致效率上的损失；过分地追求效率会导致社会的两极分化。

②公平与效率的互补关系。公平在一定条件下有助于效率提高，如果社会过分不公平，不仅会影响到社会秩序的稳定，而且由于边际消费倾向递减的存在，低收入者境况过差会影响到产品的销售，从而影响到生产与效率。效率在一定条件下有助于实现公平，效率会使国民生产总值越来越多，相当于馅饼越来越大，即使存在分配不均，人们所得到的也比均分小馅饼要多。追求效率可以创造实现平等的物质条件。

阅读思考

我国生产力水平比较低、层次多、发展很不平衡的特点，决定了生产资料公有制为主体、多种所有制经济共同发展是社会主义初级阶段的基本经济制度，也是社会主义市场经济体制的根基。这种基本经济制度必然要求确立按劳分配与按要素分配相结合的分配格局，即劳动、技术、管理、资本等生产要素按贡献大小参与分配。技术和管理实际上也是劳动。实行这一分配制度的出发点是，让一切劳动、知识、技术、管理、资本的活力竞相迸发，让一切创造社会财富的源泉充分涌流，让发展成果更多、更公平惠及全体人民。实现这种结合，要求贯彻落实尊重劳动、尊重知识、尊重人才、尊重创新的方针，核心是尊重劳动；要求不断提高劳动报酬在初次分配中的比重，以此激发社会活力。当代社会分工越来越细密，经济生活日益复杂，需要解决劳动和要素的价值含量由谁来判断、怎样判断的问题。计划经济条件下也讲按劳分配，但只有国家、政府拥有对劳动价值的判断权力，由此形成的分配制度不一定能反映客观实际。社会主义市场经济体制的确立为解决这个问题提供了思路和线索：把市场作为判断劳动和要素价值的天然尺度，把生产经营自主权交给市场主体，不同劳动主体通过市场进行商品交换。在经济体制改革中处理好政府与市场的关系，使市场在资源配置中起决定性作用和更好发挥政府作用，把初次分配的权力交给市场，这样就能有效解决劳动价值评判问题。按劳分配本身也会导致社会成员收入差距扩大，如果不加以调节，就会导致两极分化，危及社会稳定。因此，既要通过市场竞争为社会发展注入活力，防止平均主义；又要通过政府宏观调控保持宏观经济稳定，加强和改善公共服务，弥补市场失灵，保障社会公正，维护经济社会秩序，推动可持续发展，促进共同富裕。

（资料来源：刘海涛，人民日报，2016-04-29 第007版，节选）

【启示】改革开放以来，党和政府通过各种途径把收入差距调节到社会可承受的限度内，防止两极分化，努力形成全体人民分工协作、各尽其能、各得其所、和谐相处的局面。随着"四个全面"战略布局的深入推进，全体人民共建共享的经济社会格局将不断完善。

本章知识结构

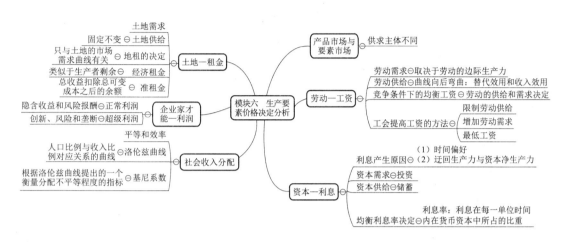

思考与练习

一、单项选择题

1. 生产要素的需求曲线之所以向右下方倾斜，是因为（　　）。
   A. 要素的边际产品价值递减　　B. 生产要素的产品的边际效用递减
   C. 要素参加生产的规模报酬递减　　D. 以上均不正确

2. 在完全竞争市场上，生产要素的边际收益取决于（　　）。
   A. 该要素的边际生产力　　B. 该要素的平均收益
   C. 该要素的价格水平　　D. 都不对

3. 在完全竞争市场上，厂商对生产要素的需求量取决于（　　）。
   A. 产品市场的价格　　B. 要素的边际产品　　C. 生产要素的价格　　D. 同时取决于 A 和 B

4. 劳动的供给曲线是一条（　　）。
   A. 向右上方倾斜的曲线　　B. 向后弯曲的曲线
   C. 向右下方倾斜的曲线　　D. 与横轴平行的曲线

5. 随着工资水平的提高（　　）。
   A. 劳动的供给量会一直增加
   B. 劳动的供给量逐渐减少
   C. 劳动的供给量先增加，但工资提高到一定水平后，劳动的供给不仅不会增加反而减少
   D. 劳动的供给量增加到一定程度后就不会增加也不会减少

6. 土地的供给曲线是一条（　　）。
   A. 向右上方倾斜的曲线　　B. 向右下方倾斜的曲线
   C. 与横轴平行的线　　D. 与横轴垂直的线

7. 收入分配绝对平均时，基尼系数（　　）。
   A. 等于 0　　　　B. 等于 1　　　　C. 大于 0 小于 1　　　　D. 小于 1
8. 根据基尼系数的大小比较，下列四个国家中（　　）国家的分配最为平均。
   A. 甲国的基尼系数为 0.1　　　　B. 乙国的基尼系数为 0.15
   C. 丙国的基尼系数为 0.2　　　　D. 丁国的基尼系数为 0.18
9. 如果收入分配不均等，洛伦兹曲线就会（　　）。
   A. 越直　　　　B. 越弯曲　　　　C. 越小　　　　D. 越长

二、判断题

1. 实际的基尼系数总是大于 0 而小于 1。　　　　　　　　　　　　　　　　（　　）
2. 表示社会分配公平程度的指标是基尼系数。　　　　　　　　　　　　　（　　）
3. 洛伦兹曲线是根据基尼系数推导出来的。　　　　　　　　　　　　　　（　　）
4. 洛伦兹曲线弯曲程度越大，A 的面积也就越大，B 的面积相应越小。（　　）
5. 一般均衡的目标是经济效率最佳。　　　　　　　　　　　　　　　　　　（　　）

三、问答题

1. 生产要素的价格决定与一般商品的价格决定有什么不同？
2. 生产要素的市场需求曲线是怎样形成的？
3. 影响劳动供给的因素有哪些？
4. 劳动供给曲线为什么向后弯曲？
5. 不完全竞争要素市场和不完全竞争产品市场情况下生产要素的价格和数量是如何决定的？
6. 洛伦兹曲线和基尼系数是如何体现收入分配的平等程度的？

四、实训题

1. 仅仅实施收入再分配方面的政策，能够解决收入分配不平等状况吗？
2. 近年来中国劳动力市场有哪些变化，原因是什么？

模块七

市场失灵分析

【学习目标】

知识目标：
➢ 了解市场失灵的原因及表现
➢ 理解公共物品、外部性、垄断和信息不对称引起市场失灵，政府采取的干预政策
➢ 掌握垄断如何导致低效率；掌握公共产品，外部性及其分类

能力目标：
➢ 能够分析和解释现实经济中存在的市场失灵现象，并提出基本的解决思路

素质目标：
➢ 理解针对市场失灵政府干预的理由及方式

第一节 市场失灵及其表现

导致市场配置资源失效的原因是经济当事人的私人成本与社会成本不相一致，从而私人的最优导致社会的非最优。

——[英]庇古

在完全竞争的条件下，通过价格机制这只"看不见的手"的作用可以实现对产品交换和要素分配的有效配置，从而使社会福利水平达到最大。但是，从社会福利的角度来看，价格机制并不是万能的，其有效发挥作用是有前提条件的，因而它不可能调节人们经济生活的所有领域。对于价格机制在某些领域不能起作用或不能起有效作用的情况，我们称之为市场失灵。市场失灵是指市场机制（即价格调节市场的机制）不能实现资源的有效配置，也就是说市场机制造成资源的配置失当。市场失灵也称市场缺乏效率，具体表现为垄断、公共产品、外部性和不完全信息等问题。

一、垄断与低效率

垄断是指对市场的直接控制和操纵。自由的市场经济不可避免地会产生垄断。垄断使完全竞争市场转化为不完全竞争市场，垄断企业可利用其垄断力量将产品价格定在均衡价格之上，其产量远远低于完全竞争市场的产量，这样便不利于按帕累托最优原则配置经济资源，

从而降低了资源配置的经济效率。垄断损失效率的分析如图 7-1 所示。

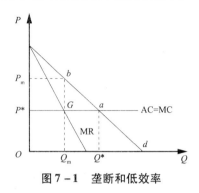

图 7-1 垄断和低效率

图 7-1 中，横轴代表产量 Q，纵轴代表价格 P，曲线 d 和 MR 分别为厂商的需求曲线和边际收益曲线。为简化起见，假定平均成本和边际成本相等且固定不变，即 AC＝MC。垄断厂商在利润最大化原则下（MR＝MC）的产量为 Q_m，在该产量水平的垄断价格为 P_m。从图中可以看出，垄断厂商的产量小于完全竞争条件下整个行业的产量 Q^*，而价格却高于完全竞争条件下整个行业的价格 P^*（在完全竞争条件下，厂商按照 P＝MC 安排生产，所以在图 7-1 中，如果是完全竞争市场，则价格为 P^*，而该价格对应的产量为 Q^*）。可见，垄断市场条件下的资源没有得到充分利用，而消费者需要支付的价格却高于完全竞争市场上的价格。

二、公共产品

（一）私人物品与公共产品

私人物品是指消费者从市场上所购买的各种商品或劳务，由市场提供给个人享用的物品。它具有竞争性和排他性。排他性是指只有能对商品支付价格的人才能消费商品，不支付价格的人不能成为消费者。竞争性是指如果某人消费了某种商品，别人就不能消费这种商品。

公共产品是指供整个社会全体成员共同享用的物品，如国防、立法、交通等。公共产品具有非排他性和非竞争性的特征。非排他性是指一个人使用某种物品时，不能排除他人同时从该物品的使用中获得效用的情况。例如国防，一旦一个国家的国防建立起来，很难排斥任何一位公民不从国防中受益，哪怕他没缴纳过一分钱的税。非竞争性的意思是指增加一个消费者消费不会影响到现有消费者消费这一产品。例如不拥挤的桥梁，多一个人通过既不影响桥梁的牢固，也不影响别人通行。

公共产品可分为纯公共产品与准公共产品。所谓纯公共产品就是同时满足非竞争性和非排他性的产品，它只能由政府依靠税收组织生产，例如国防、外交、法律、法规、大海上的灯塔等。准公共产品是具有有限的非竞争性和非排他性的物品，如道路、游泳池等。准公共产品具有拥挤性，即当消费者的数目增加到一定程度时，超过拥挤点会造成成本增加。因此，准公共产品通过收取一定的费用来实现。公共物品的分类及其相关特点如表 7-1 所示。

表 7-1 私人物品与公共产品

私人物品	公共产品	
	纯公共产品	准公共产品
竞争性（不能共同消费）	非竞争性（可以共同消费，而不增加边际成本）	一定程度竞争性
排他性（可分别收费，不付费则不能消费）	非排他性（无法分别收费，或分别收费成本太高）	一定程度排他性
水果、衣物	国防、外交	道路、无线频道

（二）公共产品与市场失灵

由于公共产品具有消费的非竞争性和非排他性特征，市场配置公共产品将出现失灵。其主要表现在两个方面。

① 非竞争性导致市场失灵。消费的非竞争性意味着，某人享受了消费利益，并不因此减少别人的消费利益，于是进行排斥是无效率的行为。例如，高速公路的修建者实行收费管理，不付费不能消费。这种排他性使用虽然可以收回提供公共物品的成本、提高其生产者的积极性、增加供给，但不能使所有人免费使用，致使公路的社会效用得不到有效充分的发挥，从而降低了资源的配置效率，造成市场失灵。

② 非排他性导致市场失灵。由于公共产品的非排他性，任何个人即使不对公共产品的提供付费也能同样享用公共产品的好处，个人就有动力成为"免费搭车者"。如果搭便车者增多，就会使得公共产品的提供者减少或几乎没有，最终导致资源配置效率低下，也会造成市场失灵。

◆ 案例分析

为什么黄牛没有灭绝

历史上，许多动物都遭到了灭绝的威胁。即使现在，像大象这种动物也面临着这样的境况，偷猎者为了得到象牙而进行疯狂捕杀。但并不是所有有价值的动物都面临这种威胁。例如，黄牛作为人们的一种有价值的食物来源，却没有人担心它会由于人们对牛肉的大量需求而绝种。

为什么象牙的商业价值威胁到大象，而牛肉的商业价值却成了黄牛的护身符呢？这就涉及产权的界定问题。因为野生大象没有确定的产权，而黄牛属于私人所有。任何人都可以捕杀大象获取经济利益，而且谁捕杀的越多谁获取的经济利益越大。而黄牛生活在私人所有的牧场上，每个农场主都会尽最大努力来维持自己牧场上的牛群，因为他们能从这种努力中得到收益。

政府试图用两种方法解决大象的问题。如肯尼亚、坦桑尼亚、乌干达等非洲国家把捕杀大象并出售象牙作为一种违法行为，但由于法律实施难度较大收效甚微，大象种群仍在继续减少。而同在非洲，纳米比亚以及津巴布韦等国家则允许捕杀大象，但只能捕杀自己土地上作为自己财产的大象，结果大象开始增加了。由于私有产权和利润动机在起作用，非洲大象或许会像黄牛一样摆脱灭顶之灾。

（资料来源：郭万超、辛向阳《轻松学经济》，对外经贸大学出版社，2005年）

三、外部性

所谓外部性，就是指一个经济行为主体的经济活动对社会其他成员造成的影响而未将这些影响计入市场交易的成本与价格中。

（一）外部性的分类

1. 正外部性

正外部性也称外部经济，是指市场主体在其经济活动中得到的私人利益小于该活动带来的社会利益，包括生产的正外部性和消费的正外部性。

（1）生产的正外部性

当一个生产者采取的经济行动对他人产生了有利的影响而自己却不能从中得到报酬时，便产生了生产的外部经济或生产的正外部性。例如，上游居民种树，保护水土，使下游居民的用水得到保障，上游居民并没有因此得到报酬。

（2）消费的正外部性

当一个消费者进行的消费行为对他人产生了有利的影响而自己却不能从中得到补偿时，便产生了消费的正外部性（外部经济）。例如，当对自己的房屋和草坪进行保养而其隔壁邻居也从中得益，邻居并没有因此而支付报酬。

2. 负外部性

负外部性也称外部不经济，是指市场主体在其经济活动中付出的私人成本小于该活动所造成的社会成本，包括生产的负外部性和消费的负外部性。

（1）生产的负外部性

当一个生产者采取的行动使他人付出了代价而又未给他人以补偿时，便产生了生产的负外部性（外部不经济）。例如，企业排放的污染物，建设工地和木工装修房子所产生的噪声，以及上游伐木造成洪水泛滥和水土流失。

（2）消费的负外部性

当一个消费者进行的某种消费活动使他人付出了代价而又未给他人以补偿时，便产生了消费的负外部性（外部不经济）。例如，吸烟者的行为，公共场合随意丢弃果皮、瓜壳等，以及某人在三更半夜时大声唱卡拉 OK。

（二）外部效应对资源配置的影响

我们知道，在完全竞争条件下，市场配置资源能够达到帕累托最优。然而，在存在外部效应的情况下，经济行为人对自己造成的外部影响既不用支付费用，也不能获得收益，从而导致整个社会的资源配置达不到帕累托最优状态。

我们以外部不经济的情形为例。假定某一经济行为人采取某项活动的私人成本和社会成本分别为 C_P 和 C_S。根据假定，有 $C_P < C_S$。再假定该个体采取该行动能得到的私人利益为 V_P，且有 $C_P < V_P < C_S$。那么，个人采取该行为将获得正利润（$V_P - C_P > 0$），而社会获得的将是净损失（$V_P - C_S < 0$）。理性的个人将继续该行为，但却给社会带来不利，帕累托最优状态没有实现。具体来说，在存在外部不经济的情况下，由于私人不必为此付费，私人活动的水平常常要高于社会所要求的最优水平，或者说私人产出过度。

在上面的例子中，如果个人不采取该行为，那么他放弃的利益为（$V_P - C_P$），但社会因此而避免的损失则为（$C_S - C_P$），而（$C_S - C_P$）＞（$V_P - C_P$）。也就是说，个人的较小损失能够换来社会的较大"福利"。为了直观理解这一点，我们用图7－2来说明。

图7－2中，D或MR代表完全竞争市场中厂商的需求曲线或边际收益曲线，MC代表厂商的私人边际成本，MSC代表社会边际成本。当存在外部不经济时，私人成本低于社会成本，因而MC位于MSC的右下方。

厂商的均衡产量应该是私人边际成本曲线MC与边际收益曲线MR的交点E_1所表示的产量OQ_1，但如果厂商要支付全部社会成本，那么厂商的均衡点将是社会边际成本曲线MSC与边际收益曲线MR的交点E_2，相应的均衡产量为OQ_2。可见，如果厂商不要承担全部社会成本（如承担污染处理费用），那么该厂商提供的产品将比应有的供给多，结果是造成该产品生产规模过多，资源配置低效。

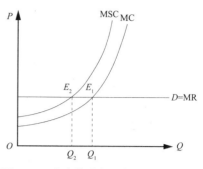

图7－2 生产的外部不经济与资源配置

四、信息不对称

信息不对称是指市场上买卖双方所掌握的信息是不对称的，即一方掌握的信息多些，一方掌握的信息少些。在现实生活中信息不对称的情况是广泛存在的，例如旧车市场、保险市场等。

信息不对称是不完全信息中的一种典型情况，它是指一些人比另外一些人具有更多的经济信息。例如，工人比雇主更清楚自己的生产能力和工作努力程度，厂商比消费者更了解自己产品的质量。信息不对称之所以存在，是因为获取信息需花费成本，而且行为主体获取充分信息的成本太大。在不完全信息或不对称信息条件下，原有的市场均衡就可能导致低效率。如果仔细观察，很多商业案例都是利用了信息不对称来操作的，房屋中介是利用了租客与房东之间的信息不对称；猎头利用了用人单位与求职者之间的信息不对称。

（一）逆向选择

逆向选择是指在买卖双方信息不对称的情况下，差的商品总是将好的商品驱逐出市场。这是合约签订之前的信息不对称，例如在二手车市场上就存在逆向选择。

在没有担保的二手车市场上，若卖者有200辆质量不同的车供出售，同时买者对二手车的需求量也正好是200辆。200辆车中有100辆是高质量车，卖者愿意接受的最低价格为80 000元，买者愿意支付的最高价格为100 000元；另外100辆是低质量车，卖者愿意接受的最低价格为40 000元，买者愿意支付的最高价格为50 000元。若买卖双方拥有完全的信息，二手车市场一定会出清。

然而，二手车的质量高低是一种私人信息，只有卖者知道，而买者不知道。假定买者知道200辆二手车中有一半是高质量车，另一半是低质量车。在交易中买到高质量车与低质量车的概率都是0.5，于是每一位买者对要购买的二手车所愿意支付的最高价格为75 000（100 000×0.5＋50 000×0.5）。在这种需求价格下，高质量的二手车必然退出市场。

当买者知道二手车市场上都是低质量的二手车时，他们所愿意支付的最高价格就是50 000元。于是，二手车市场上进行交易的都是低质量的二手车。高质量的二手车无法进行交易。

二手车市场之所以存在逆向选择，是因为买卖双方的信息不对称，存在卖者有将低质量二手车宣称为高质量二手车的激励。

(二) 道德风险

道德风险是指交易中具有信息优势的一方在合约达成以后，具有损人利己的激励，或做出损人利己的活动。例如汽车防盗保险、婚姻。

道德风险容易发生在保险市场。我们考虑一辆自行车所有者的行为。如果自行车没有被保险，那么为了防窃，所有者会自觉采取一些防范措施，如给自行车配安全锁、及时上锁等，这样虽可有效降低失窃概率，但仍有可能失窃。如果所有者购买保险的话，自行车失窃的损失将会被保险公司赔偿。假定保险公司根据现有自行车失窃概率确定保费，那么，它实际上已经假定自行车所有者已采取了相应的防窃措施，包括上锁等。但是，一旦给自行车上了保险，自行车所有者就没有动力再采取积极的防窃行为，而保险公司又不可能监督每一客户的行为。这样，自行车失窃概率将提高，从而迫使保险公司提高保费，自行车保险市场就萎缩了。

◆ 案例分析

"低价救命药"必须借助政府调节纠正市场失灵

某药企在全国范围内召回一种治疗重症肌无力的必备药物——溴吡斯的明片，造成该药品供应断货，有些患者在市场上遍寻无果。类似的状况并不少见，这类药品有一个共同点，即价格不高、临床用量少、仅有一两家企业生产。但是少了它，不是找不到替代药物，就是替代药物价格奇高无比，令患者难以承受。市场经济条件下，如何理解"低价救命药"有需求、无供给的怪现象？从生产环节看，由于发病率低、用量小，这些小众药的原料、生产线等成本难以摊薄；有些药物即使能在政策范围内提价，受到疾病发病率影响，需求量也不会有太大变化，涨价带来的收益弥补不了其他方面的"不经济"。如此，销量不稳定或持续走低进一步降低了厂家的生产意愿，最终导致低价救命药几无立足之地。世界上每一个国家都对药品产销实行管制。2007年，我国曾试行短缺药物定点生产制度，但是定点企业的积极性一直不高，配套措施不到位，各种"不经济"的难题仍让企业退避三舍。2014年，国家发改委等有关部门出台政策，对纳入国家低价药品目录的药品，取消最高零售限价，保障合理利润，并提出建立常态短缺药品储备等相关政策。2016年，有5家药企获批定点生产3类短缺药，并可以直接挂网采购。针对低价救命药短缺的状况，首先，有关部门应抓紧建立"国家短缺药品信息平台"，及时汇集药品供求信息，供企业与公众查询，帮患者免除奔波求药之苦，也让生产厂商心里有数。其次，应将医保政策与短缺药物管理体系接轨，医保管理部门通过价格谈判等手段，与药厂沟通，确定一个患者和药厂均能接受的价格并实施动态调整，来鼓励药厂维持生产。最后，国家可以对短缺药品实行定点生产，或是对其库存进行一定额度的补贴，以满足患者用药需求。

(资料来源：http://life2.jschina.com.cn/system/2016/11/04/029967134.shtml，2016-11-04)

【启示】药品是一种特殊商品，攸关人的生命，对病人属于"刚需"，具有准公共物品的性质。完全靠市场，价格低、用量小的药品有可能出现短缺，必须借助政府的"有形之手"加以调节才能纠正市场失灵，保证合理供应。

第二节 微观经济政策

在现代市场经济的发展中,市场是"看不见的手",而政府的引导被称为"看得见的手"。在经济发展的过程中,单一依靠市场的调控或者政府的全盘控制是不可行的。市场运行过程中会不可避免地出现市场失灵,私人部门已无法很好地解决资源的配置问题,这时必须有政府力量介入,进行宏观的调控等一系列手段和方式来提高资源配置效率。这便是我们这里所说的政府干预。

政府对市场进行干预和调控,就是为了克服市场失灵,弥补市场机制的缺陷或不足。

一、对垄断造成市场失灵的干预

垄断常常导致资源配置缺乏效率,垄断利润通常也被看成是不公平的。这就有必要对垄断进行政府干预。

(一)政府管制

因为垄断厂商一般会采用降低产量、提高价格的形式进行经济活动。如果管制的目的是设置障碍提高经济效率,一般采用最高限价的方式进行管制。通常情况下将平均成本作为管制价格。图 7-3 显示的是政府对自然垄断厂商实行价格管制的情况。

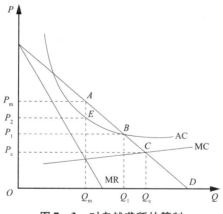

图 7-3 对自然垄断的管制

在图 7-3 中,自然垄断厂商的平均成本曲线 AC 具有不断下降的特征。因此,边际成本曲线 MC 总位于 AC 的下方。未受政府管制时的均衡点是 (P_m, Q_m),垄断厂商生产 OQ_m 数量的产品,按 P_m 的垄断价格出售,获得超额利润。现在政府实施价格管制。当管制价格为 P_c 时,产量为 Q_c,厂商的边际成本等于产品价格,达到帕累托最优,但厂商却没法补偿它的全部成本,因为价格远远低于平均成本。如果要制定零利润价格 P_1,则在这种情况下,P_1 要高于帕累托最优价格 P_c,产量 Q_1 也少于最优产量 Q_c。重要的是,在自然垄断场合帕累托最优价格 P_c 和最优产量 Q_c 上,厂商的平均收益小于平均成本,出现了亏损。因此,这种情形下,政府如果要将价格管制在最优水平,就必须补贴垄断厂商的亏损。

(二)反托拉斯政策

反托拉斯政策试图防止垄断或各种反竞争行为,以激励竞争,提高市场经济的效率。许多国家都制定了不同程度的反托拉斯法，从法律上对垄断进行管制。美国反托拉斯法的基本框架主要由以下3部法律组成。

1.《谢尔曼法》（1890年）

1890年通过的《谢尔曼法》成为美国反托拉斯法的奠基石。《谢尔曼法》第一条，限制任何"企图限制贸易"的合同、联合与共谋。第二条，禁止垄断和任何意在垄断的勾结。

但该法律条文本身与相关解释都没有明确垄断的概念和被禁止的行为，使得人们没有清晰的标准来判定有关的经济活动是合法还是非法。后来的一些法律越来越清楚地阐释了该法律条文的含义。

2.《克莱顿法》（1914年）

制定《克莱顿法》是为了澄清和强化《谢尔曼法》。《克莱顿法》禁止捆绑性销售契约（在这种契约中，如果顾客想要A商品，就必须购买B商品），规定价格歧视和排他性经营为非法。该法禁止连锁董事会（同一产业中的某个人同时是几个公司的董事），还禁止通过收购竞争对手公司的普通股票进行的兼并。这些行动本身并不一定违法，但是当这类行动实际上在明显减少竞争时，它们就违法。

3. 联邦贸易委员会法（1914年修正案）

美国于1914年成立了联邦贸易委员会（FTC），以禁止"不公平的竞争手段"和向那些违背竞争的兼并行为发出警告。1938年，FTC又被授权禁止欺骗性的不真实的广告。

尽管反托拉斯的基本法律很明确，但要在具体的经济活动中加以应用却并非易事。

二、公共选择理论

公共产品的提供影响着几乎所有居民的生活，随着人们生活水平的提高，公共产品的供需方面出现了矛盾。社会需要公共产品，又没有人提供，怎么办？政府责无旁贷地承担了提供公共产品的职责，但政府也是"巧妇难为无米之炊"。政府必须对公共产品的建立做出选择，来决定公共产品生产什么、生产多少和如何生产的问题，简称为公共选择。

（一）成本–收益分析

公共产品的生产和消费问题不能由市场上的个人决策来解决，因此，必须由政府来承担提供公共产品的任务。政府又如何来确定公共产品的最优数量呢？其中一种方法是不考虑个人对公共产品的消费偏好，只从技术上考虑成本–收益分析。根据这种方法，在公共产品生产之前应先由专家对它的收益进行评估。如果评估的结果是该公共产品的收益大于或至少等于其成本，则它就值得生产，否则便不值得。

（二）公共选择理论

在现实生活中，人们通过政府的政治过程去决定公共产品的提供。假定社会采用全体成员投票表决的方式来决定公共产品的提供，那么，公共选择理论就是用经济学来分析研究政府对公共产品的决定和选择，或者说，政府官员根据投票结果进行决策的过程分析。

首先，我们不对消费者的偏好状况设置约束条件。考虑的例子是由消费者投票决定对公共产品——国防开支的消费规模。假定社会由甲、乙、丙3个人组成；有A、B、C 3种国防开支方案。社会成员的偏好情况是：甲的偏好次序为（A，B，C），乙为（B，C，A），丙为（C，A，B）。

如果社会对国防开支方案允许多次投票的话，就有可能出现不同的结果。如果对A、B

投票,甲、丙将选 A,即有 2/3 的人选 A;如果对 B、C 投票,则 2/3 的人选 B;如果对 A、C 投票,则又会有 2/3 的人选 C。这就是说,虽然采用多数决定制,但每一种方案均可能"胜出"。最终哪一种方案被选中,关键取决于对哪两种方案进行投票。也就是说,多数通过制不一定会保证公共产品的最优提供数量。

由此我们可以得到结论:尽管在公共产品的提供问题上存在市场失灵,但政府对公共产品的决策即使在民主的多数决定制下也不一定达到最优。这一结论对政府进一步完善政治制度和提高效率提出了更深入的努力方向。

阅读与思考

公地的悲剧

加勒特·哈丁是美国著名生态经济学家,于 1968 年在《科学》期刊发表著名文章《公地悲剧》,呼吁关注由个人行为而造成对公共资源的影响,引发广泛关注。

何为"公地悲剧"?为何会发生"公地悲剧"?"公地悲剧"是一种涉及个人利益与公共利益对资源分配有所冲突的社会陷阱。公地作为一项公共的资源,每个人都可以自由地、无限制地使用。而人的欲望是无限的,每个人都是理性的人,都会追求个人利益的最大化,但资源却是有限的,从而在无偿获取资源的情况下造成了资源的枯竭。过度砍伐的森林、过度捕捞的渔业资源及污染严重的河流和空气都是"公地悲剧"的典型例子。之所以叫悲剧,是因为每个人都知道过度使用会造成资源枯竭,但每个人都抱着侥幸心理,从而加剧悲剧的发生。

公地悲剧的最典型例子就是牧民与草地的故事。当草地向牧民完全开放时,每一个牧民都想多养一头羊,因为多养一头羊会增加一只羊的利润,尽管会导致平均草量下降,使整个草地的羊的单位收益下降。但对于单个牧民来说,他增加一头羊是有利的。单个牧民获得利益,但资源的亏损却转嫁到所有牧民的身上。理性的牧民必然能看到这一点、进而增加羊的数量。当所有的牧民都看到这一点、都增加一头羊,那么草地将被过度放牧,从而不能满足羊的需要,导致所有牧民的羊都饿死。这个故事就是公共资源的悲剧。就像在免费通行的情况下,公路作为一种资源势必被无数车辆的巨大需求所吞噬,结果就是所有人都堵在路上。

经济学家亚当·斯密认为:我们不需要关注公众的利益,当我们每个人都追求自己的利益时,就会有"一只看不见的手",在无形当中推动公共利益。

显然,公地悲剧就是一个反例。从经济学的角度讲,造成公地悲剧的原因在于:人追求个人利益最大化。首要的目的就是利己,虽说利己不一定损人,但有些结果在短期是无法呈现的。难道那只"看不见的手"失效了?其实不是,每个人追求个人利益最大化还是必要的,不然就没有生产的动力。我们不能只看到放牛过多给这些牧民带来的悲剧,也应该看到养牛带来的经济效益(耕地、牛肉、奶制品)。当然,问题还有更好的解决方法。这是因为,人们在追求利益最大化的同时也会追求损失最小化,他们见到资源耗散(牛群过大、草场退化)时就会想办法组织起来形成一些规则,阻止资源进一步耗散。存在公地悲剧是事实,但是合理的制度或规范(每家只允许放两头牛)可以改变悲剧,制度的依据就是损失最小化,这就是一种博弈:利益最大和损失最小的博弈。

(资料来源:www.jianshu.com)

三、政府解决外部效应的政策

外部效应造成了资源配置的失当,因而是市场失灵的一个重要来源。为此,政府的干预就具有了一定的合理性。经济学家提出了政府解决外部效应的3个政策方法。

(一) 征税和补贴

具体说来,就是对造成负外部性的个体征税(庇古税),其数额等于或接近该个体给社会其他成员造成的损失,而对生产正外部性的个体给予适当的补贴,使其私人收益等于或接近于社会收益。无论是正的或负的外部性,通过以上措施可以使得个人的成本与收益等于相应的社会成本和收益,从而实现社会资源的最优配置。这种方法是由英国经济学家庇古提出来的,它是解决外部性问题的传统思路与方法之一。按照庇古的观点,政府可以通过税收和补贴来矫正价格,即通过适当的税收和补贴,使得个人行为的成本和收益分别等于社会成本和收益。

(二) 企业合并和内在化

一个企业(或个体)对另外一个企业有外部性,如果是正的外部性,则第一个企业的产量会低于社会的最优产量,如果是负的外部性,产量会高于社会的最优产量。但是,如果两个企业合并,合并后的企业会认识到原来在两个企业之间存在正的或负的外部性,从而将外部性内在化,则原来的外部性就会消失,那么,私人的社会成本等于社会成本,私人收益等于社会收益,于是资源的配置就实现了最优的配置。这就是所谓的一体化或内部化的解决办法。

(三) 确定产权

通常情况下,外部性导致资源配置的低效率,是由于产权不明确。产权就是对某种资源的排他性使用权。美国芝加哥大学的经济学家罗纳德·科斯(R. H. Coase)认为,在一个完全竞争的经济社会里,如果人们对产权有明确的规定,在发生重大的外部效应时,人们就可以用较低的成本或者不费成本地进行谈判协商,那么有关各方会适当地考虑自己的行为给他人带来的影响,资源有效配置仍是可能的。

例如,工厂产生大量的噪声影响了附近居民的生活质量。科斯认为,在产权明确的情况下,无论是工厂享有产生噪声的权利,还是居民享有宁静的生活环境的权利,外部性问题都会得到妥善解决。如果工厂有权利产生噪声,则附近居民可以通过搬家或同工厂协商并支付一定的费用向工厂购买舒适生活环境。同样,如果权利被确定给附近居民一方,则工厂会减少噪声,或者工厂搬迁,或者向居民支付一定的费用作为对居民的补偿。总之,在产权得到明确的情况下,外部性得到解决,私人成本或收益与社会成本或社会收益之间不再存在差别。我们通过一个例子来进一步说明,假设有一家工厂,它的烟囱冒出的烟尘使得周围的居民受到了损失,损失合计为375元。现在有两种解决办法:一种是在工厂的烟囱上安装一个除尘器,费用为150元;另一种是给周围的居民提供烘干机,使他们不用在户外晒衣服,成本为250元。显然,第一种方法比较好,因为成本较低。按照科斯定理,只要产权明确,无论这产权属于谁,即不论是给予工厂排放烟尘的权利还是给予周围居民不受烟尘污染的权利,只要居民协商费用为0,最终的结果必然是选择第一种方法解决这个问题。如果权利属于工厂,居民会选择大家出钱给工厂安装一个除尘器;如果权利属于居民,则工厂自己出钱买一个除尘器安装在烟囱上。这说明，不管哪方当事人被赋予某种产权，结果都将是相同的。

以上原理就是著名的科斯定理（Coase Theorem），该理论概括起来就是说，只要产权是明确的，并且其交易成本为零或很小，则无论在开始时将产权赋予谁，市场均衡的最终结果都是有效率的。交易成本是为实现市场交易而支付的费用，包括搜寻买者和卖者、谈判、签订和履行合同等行为所做的努力和花费的时间与精力。

科斯定理表明，对有明确规定的产权的转让可以促进经济效率。但是实际上它不能说明市场机制总能解决外部不经济问题并达到最优配置。因为科斯定理的有效性有两个前提条件：一是涉及外部效应的当事人为数很少；二是谈判协商费用很低。现实生活中，涉及外部效应的当事人往往很多，成分复杂，意见很难一致，而且谈判协商的费用也可能很高。考虑前面提到的工厂烟尘的例子，如果有许多居民，要协调所有的居民以便与工厂协商几乎是不可能的。因为交易成本有时会很高，以至于难以成交。如果协商的费用大于100元，居民会自己买烘干机，而不是给工厂买除尘器，尽管除尘器更便宜。由此可见，当交易费用不为0时，即使产权明确，解决问题采用的方法也并不是最有效率的方法。所以事实上市场机制在遇到外部效应问题时往往无能为力。但科斯定理说明了政府在界定私人产权方面应起重要作用。

例如：在一条河的上游和下游各有一个企业，上游企业排出的工业废水经过下游企业，造成下游企业的河水污染，为此两个企业经常争吵，上游与下游企业各自都强调自己的理由。一条河的上游和下游各有一个企业，那么怎样使上游企业有排污的权利，下游企业有河水不被污染的权利？

分析：按照科斯理论，有两个办法解决这个问题：一是两个企业要明确产权；二是两个企业可以合并。明确产权后上游企业有往下游企业排污的权利；下游企业有河水不被污染的权利。上下游企业进行谈判，上游企业要想排污将给予下游企业一定的赔偿，上游企业会在花钱治污与赔偿之间进行选择。总之，只要产权界定清晰并可转让，那么市场交易和谈判就可以解决负外部性问题，私人边际成本与社会边际成本就会趋于一致。

除明确产权的办法外，还有使有害的外部性内部化的办法。按照科斯定理，通过产权调整使有害的外部性内部化，将这两个企业合并成一家，合并为一家以后必然会减少上游对下游的污染，因为是一个企业，有着共同的利益得失，上游企业对下游企业的污染会减少到最小限度，即把上游生产的边际效益等于下游生产的边际成本。

四、不完全信息的对策

逆向选择和道德风险是不对称信息条件下两种低效率的形式，而不对称信息的存在是由于信息的获取需要太大的成本。然而，真正的问题是：政府对于市场的某种干预是否能够改进效率？在市场机制不能解决问题时，就需要政府在信息方面进行调控。信息调控的目的主要是保证消费者和生产者能够得到充分的和正确的市场信息，以便他们能够做出正确的选择。

（一）逆向选择的对策

1. 声誉与标准化

高质量产品的销售者要想按较高的价格销售产品，就必须提高自己产品的声誉，使消费者相信这些产品确实是高质量的。你到百货公司购物或者到一家特定的饭店吃饭，都是因为它们的声誉好。至于路边的饭店或旅馆,对许多人来说,仅仅是偶尔光顾一次,谈不上什么声誉。为了让人们相信它们提供的产品的质量,可以采用标准化生产。例如,肯德基快餐店提供的产品在全球任何地方都一样,你到该店能够购买到自己所预期的产品,而其他的小吃店能否提供更好的产品则是很难说的。

2. 具有信息优势的一方向另一方传递与交易相关的信号

以劳动市场为例。工人对自己的劳动的质量,例如知识、能力、努力程度以及责任感等的了解比厂商多。这些情况,厂商只有在工人被雇用了一段时间以后才能了解,而在工人被雇用时是不了解的。厂商常常不愿意先雇用工人,然后根据他们在工作中的表现解雇那些生产率低的工人,因为这样做代价比较高。许多岗位需要一定的岗前培训,要投入很高的费用。另外,在一些国家不得无故解雇工人,否则需要支付一定的解雇费用。

(二)道德风险的对策

① 仅仅支付部分保险费,当事人也要承担一定的损失。
② 确定基本工资,其余工资根据工作业绩来确定。

(三)其他政策

① 打击假冒伪劣商品,维护市场秩序,防止"劣品驱逐良品"事件的发生。
② 要求企业依法公布有关产品品质信息,使得消费者更放心地选择购买。
③ 政府定期检查并公布有关产品合格信息,对检验不合格产品勒令下架。

政府可以通过以上途径对市场失灵进行干预。但是,如果政府不能有效地承担或履行这一责任,那么在市场失灵的同时还会出现"政府失灵",也会导致资源配置无效。

本章知识结构

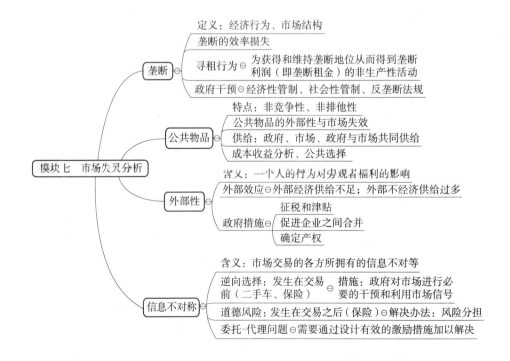

思考与练习

一、单项选择题

1. 可用（　　）来描述一个养蜂主与邻近的经营果园的农场主之间的影响。
   A. 外部不经济　　　B. 外部经济　　　C. 外部损害　　　D. 以上都不对
2. 某人的吸烟行为属于（　　）。
   A. 生产的外部经济　　　　　　　　B. 消费的外部不经济
   C. 生产的外部不经济　　　　　　　D. 消费的外部经济
3. 如果上游工厂污染了下游居民的饮水，按照科斯定理（　　），问题可妥善解决。
   A. 不管产权是否明确，只要交易成本为零
   B. 不论产权是否明确，交易成本是否为零
   C. 只要产权明确，且交易成本为零
   D. 只要产权明确，不管交易成本有多大
4. 解决外部不经济可采取（　　）。
   A. 征税的方法　　　　　　　　　　B. 通过产权界定的方法
   C. 通过将外部性内在化的方法　　　D. 以上各项均可
5. "搭便车"现象是对下面哪个问题的一种形象的描述？（　　）
   A. 社会福利问题　　B. 公共选择问题　　C. 公共产品问题　　D. 市场失灵问题
6. 某一活动存在外部经济是指该活动的（　　）。
   A. 私人利益大于社会利益　　　　　B. 私人成本小于社会成本
   C. 私人利益小于社会利益　　　　　D. 私人成本大于社会成本
7. 政府进行市场干预的理由在于（　　）。
   A. 税收　　　　B. 反托拉斯法　　　C. 外部性　　　D. 以上都是
8. 以下（　　）不是公共产品的特征。
   A. 非排他性　　　B. 竞争性　　　C. 外部性　　　D. 由政府提供
9. （　　）最准确地说明了产生污染的生产是缺乏效率的。
   A. 社会总成本高于私人成本　　　　B. 社会边际成本高于私人边际成本
   C. 产量大于社会最优产量　　　　　D. 忽略了外在成本
10. 公共产品的定价（　　）。
    A. 由市场供求决定　　　　　　　　B. 由垄断组织通过竞争决定
    C. 用成本－收益分析法进行评估　　D. 由购买者决定
11. 关于科斯定理，正确的论述是（　　）。
    A. 科斯定理阐述的是产权和外部性的关系
    B. 科斯定理假设没有政府干预
    C. 科斯定理一般在涉及交易主体数目较少时才较为有效
    D. 以上各项都正确

二、判断题

1. 买者与卖者之间的信息存在差别就是信息的不对称性。（　　）
2. 公共物品的存在引起了搭便车问题。（　　）
3. 科斯定理指出，如果产权明晰且交易成本很低，那么就不会存在外部性问题。
（　　）

4. 价格管制就是政府要对所有商品的价格进行控制。（   ）
5. 外部性问题是由私人产权的缺位造成的。（   ）
6. 市场失灵是指市场完全不好。（   ）
7. 任何个人都消费同等量的公共产品。（   ）
8. 政府所提供的任何物品都是公共产品。（   ）

三、问答题
1. 什么是市场失灵？其原因有哪些？
2. 外部影响如何导致资源配置无效？
3. 在居民住宅占去了一个城镇的东部后，有几家厂商定位在西部。每家厂商生产相同的产品，并在生产中排放有害气体，对社区居民产生不利的影响。
（1）为什么存在厂商产生的外部性？
（2）你认为私下讨价能够解决这一外部性问题吗？
（3）社区可能会怎么样决定空气质量的有效水平？
4. 用公共物品的特点说明公共物品生产上市场是怎么样失灵的？
5. 什么是科斯定理？西方经济学者为什么会认为明确产权的办法可以解决外部经济效果？

四、实训题
1. 请你观察和列举生活中的一些重要的公共产品，并注意区分它们与私人物品的差异。
2. 从外部性影响方面，谈谈环保问题。

下 篇
宏观经济学

模块八

认识宏观经济学

【学习目标】

知识目标：
➤ 了解宏观经济学发展演变
➤ 熟悉宏观经济学解决的问题
➤ 掌握宏观经济学的基本概念及研究方法

能力目标：
➤ 能够运用宏观经济学不同的研究方法分析经济增长、就业失业、通货膨胀及国际收支等经济问题

素质目标：
➤ 培养学生宏观经济思维，增强对国家、社会的使命感与责任感
➤ 通过比较中国与西方发达国家的宏观经济发展历程，使学生建立起道路自信、制度自信、理论自信、文化自信，明确自身所处新时代中华民族伟大复兴的使命担当

第一节 宏观经济学概述

"宏观（Macro-）"希腊文表示"大"的含义。"宏观经济学"一词，最早是由挪威经济学家弗里希 1933 年提出的。宏观经济学是研究一国经济总体运行情况的科学，分析总体的经济现象，并研究政府如何通过经济政策来影响宏观经济的运行。因此，宏观经济学又被称为总体经济学、大经济学，是微观经济学的对称。宏观经济学是以国民经济总过程的活动为研究对象，着重考察和说明国民收入、就业水平、价格水平等经济总量是如何决定的、如何波动的，故又被称为总量分析或总量经济学。

在宏观层面，我们不去考虑个体的差异，而是把经济主体划分为家庭、企业和政府这三个部门，并研究它们之间的关系。在宏观经济学里，我们讨论家庭的消费和投资，并认为所有的家庭都是无差异的，从而可以视家庭为一个单独完整的经济部门；我们讨论企业，而不去考虑它生产的是汽车还是食品；我们分析政府的政策和行为，而不去区别是中央政府还是地方政府。

在宏观经济学里，各种市场被归结为 3 类：商品市场、货币市场和劳动力市场。在商品

市场上，发生着对有形产品和无形服务的需求和供给；所有的金融资产都在货币市场上交换，储蓄在这里转化为投资，利率作为资金的价格，调节着资金的供给（储蓄）和资金的需求（投资）；而劳动力市场则是作为劳动力供给方的家庭和作为劳动力需求方的企业和政府进行交易的地方。

三类经济部门在三类市场上相互发生作用，这构成了宏观经济学分析的总体框架，我们将在这个框架内分析经济运行的整体情况，以及政府应该采取何种政策来调节经济的发展。

宏观经济学与微观经济学既有区别又有联系。首先，两者均采用了实证分析法，都属于实证经济学。其次，两者互为补充。宏观经济学是从宏观角度分析国民经济，微观经济学是从微观角度分析国民经济，两者互为补充，共同促进社会资源的最优化。最后，微观经济学是宏观经济学的基础。宏观经济学是在微观经济学基础上发展起来的，但宏观经济学并不是微观经济学的简单加总。

宏观经济学与微观经济学的区别主要有：第一，研究对象不同。微观经济学以家庭、厂商等单个经济单位为主要研究对象；宏观经济学则以整个国民经济为主要研究对象，从整体角度分析国民经济的运行规律与特点。第二，研究方法不同。微观经济学的研究方法是个量经济，即研究经济变量的单项数值；宏观经济学的研究方法则是总量分析，即运用平均量或个量的总和来分析整体经济运行情况。第三，基本假设不同。对微观经济学的研究是基于完全理性、充分信息等基本假设，假设"看不见的手"能够自由调节实现资源配置最优化；宏观经济学假设市场机制是不完善的，政府有能力通过"看得见的手"调整市场机制的缺陷。第四，基本内容不同。微观经济学的中心理论是价格理论，围绕这一中心理论还涉及生产理论、分配理论、市场理论、产权理论、消费者行为理论等；宏观经济学的中心理论是国民收入决定理论，具体包括开放经济理论、失业与通货膨胀理论、经济周期与经济增长理论等。

第二节　宏观经济学的研究方法

宏观经济学是一门内容极其复杂的学科，这一方面是由于该学科至今仍然处于不断发展的变化之中，其理论内容充满了存有争议的问题和观点；另一方面是由于新的分析方法和新的研究角度被不断地引入该学科，在宏观经济学中形成了不同的流派和表达方式。所以，在学习宏观经济学的时候，注意并把握其研究方法是十分必要的。

一、总量分析

总量分析是对宏观经济运行总量指标及其影响因素、变动规律等进行的分析，如对国民生产总值、投资额、消费额、进出口额、物价总水平等问题的分析。

用总量分析方法分析问题时，着重于大的经济趋势和动向、整体的经济反映和效果，而不必过分关注具体的、个别的问题或经济变量。

二、均衡分析与非均衡分析

经济学中的均衡是指经济事物中的有关变量在一定条件的相互作用下所达到的一种相对静止的状态。均衡分析是宏观经济学常用的方法，是分析各种经济变量之间的关系，说明均衡的实现及其变动。它包括局部均衡与一般均衡。目前占主导地位的凯恩斯宏观经济学所采用的基本是均衡分析方法。但是，从哲学的观点出发，均衡是相对的，而非均衡则是绝对的，这在宏观经济中可以得到充分的证实。现实生活中更多存在的是非均衡状态，即价格偏离均衡状态。

一般来说，非均衡分析认为经济现象及其变化的原因是多方面的、复杂的，不能单纯用有关变量之间的均衡与不均衡来加以解释，而主张以历史的、制度的、社会的因素等作为分析的基本方法。即使是量的分析，非均衡分析方法也不是强调各种力量相等时的均衡状态，而是强调各种力量不相等时的非均衡状态。可以看出，非均衡分析是对均衡分析的一种深化和发展。正因为如此，非均衡分析方法在宏观经济学中日益受到重视。

三、静态分析、比较静态分析与动态分析

静态分析是研究变量在同一时期内的相互关系，是对经济运行的一种初步的比较简单的分析方法。它主要说明短期经济运行情况，而不能说明经济运行的变化过程。在宏观经济学中，利用静态分析方法可以使我们初步地掌握经济现象运动的规律，为深入经济学分析奠定良好的基础。

比较静态分析是从静态分析发展而来的，说明从一种均衡状态变动到另一种均衡状态的过程。即原有的条件变动时，均衡状态发生了什么相应的变化，并把新旧状态进行比较。

动态分析是研究经济变量在不同时期的变动规律，是对经济运行的一种长期分析，说明长期经济情况并能解释经济运行过程及变化动因。在宏观经济学中，对经济增长、通货膨胀、经济周期等问题的分析都采用了动态分析方法。

静态分析与动态分析的基本区别在于：前者不考虑时间因素，而后者考虑时间因素。换句话来说，静态分析考虑一定时期各种变量之间的相互关系，而动态分析考虑各种变量之间

在不同时期的变动情况。静态分析和动态分析也有一定联系，这种联系表现在：静态分析是动态分析的基础，它为动态分析提供基础数据，便于准确分析经济运行规律；而动态分析则是静态分析的发展和延伸。一般来说，先进行静态分析，在静态分析的基础上进行动态分析。

四、存量分析与流量分析

存量分析是指对一定时点上已存在的有关经济总量的数值及其对其他有关经济总量的影响进行分析。

流量分析则是指对一定时期内有关经济总量的产出、投入（或收入、支出）的变动及其对其他有关经济总量的影响进行分析。

在宏观经济学的研究中，存量分析和流量分析都是十分重要的研究方法，可以同时使用并相互支撑。过去的宏观经济学研究中比较侧重于流量分析，但是，当前宏观经济学越来越强调采用存量分析方法，并且着手用统计学来解决存量统计中的问题。

第三节 宏观经济学的产生和发展

20世纪30年代,随着凯恩斯的《就业、利息和货币通论》一书出版,宏观经济分析才在凯恩斯的收入和就业理论的基础上,逐渐发展成为经济学中的一个独立的理论体系。宏观经济学经历了几个重要的发展时期,在整个形成和发展的过程中,不同学派既互相对立和争辩又互相修正和融合,形成了丰富复杂的理论体系。

一、宏观经济学的发展历程

宏观经济学的形成和发展,大体经历了3个时期。

(一) 萌芽时期

从17世纪中叶到20世纪30年代凯恩斯的《就业、利息和货币通论》发表,这一时期是宏观经济学的萌芽时期。

在宏观经济学的萌芽时期,有很多杰出的经济学家,诸如古典经济学思想的系统建立者亚当·斯密、古典经济学思想的创始人配第、古典经济学的集大成者李嘉图、新古典主义洛桑学派的创始人瓦尔拉斯、剑桥学派的创始人马歇尔等,他们在其研究领域及其著作中提出了一些研究宏观经济运行的思想观点和政策措施的建议,有的还提出了一些很有见地的具体理论。但是,就其总体而言,在这一时期,宏观经济学这一范畴的术语革命尚未产生,更谈不上形成系统和成熟的宏观经济学理论,甚至对宏观经济学研究的方法、对象、目标等都没有明晰的认识,因而只能称为宏观经济学的萌芽时期。

(二) 凯恩斯主义宏观经济学的创建和形成、完善时期

从1936年凯恩斯的《就业、利息和货币通论》发表到20世纪70年代的时期,这一时期通常分为两个阶段。

第一个阶段是凯恩斯革命与现代宏观经济学的建立,即从1929—1933年大危机国家干预经济并实施各种政策、形成大量的宏观经济学实践为发端,到1936年凯恩斯发表著名的《就业、利息和货币通论》,建立和形成最初的系统的宏观经济学理论体系,标志着宏观经济学的正式产生。

第二个阶段是凯恩斯主义学派宏观经济学的发展和完善时期。凯恩斯理论形成后,在资本主义国家得到了广泛的应用,但是,随着社会的经济发展条件的不断进步,需要对宏观经济学的理论进行相应的创新。因此,相当一部分经济学家以凯恩斯理论为基础,对宏观经济学进行了修正和完善。其中比较突出的如包括萨缪尔森、R.哈德、A.汉森等人的新古典综合派和以罗宾逊夫人、希克斯等人为代表的新剑桥学派的"两个剑桥之争",特别是美国经济学家萨缪尔森那部至今还十分畅销的《经济学》教科书,可以说集中体现了这一时期的凯恩斯主义宏观经济学的发展和完善。

(三) 非凯恩斯主义宏观经济学形成和发展时期

20世纪70年代以后,由于资本主义经济发展出现了诸如滞胀等许多问题,使得凯恩斯主义宏观经济学开始走下神坛,并且引发了一大批新的经济学家重新认识和分析宏观经济问题。在这样一个过程中,形成了一些非凯恩斯主义宏观经济学派。其中包括以弗里德曼为首

的货币主义学派、以卢卡斯为代表的理性预期学派、以蒙代尔等人为代表的供给学派等。当然，这一时期的凯恩斯主义宏观学派为了保持其曾经有过的统治地位，也在继续修改自己的理论，并吸收了其他非凯恩斯主义学派的观点，这就是一般所称的现代主流经济学。特别是到了20世纪80年代以后，曼昆、罗默等一批年轻的美国教授和经济学家们力主"宏微合流"，同时试图把现代主流经济学和非凯恩斯主义宏观经济学派整合起来，形成了全新的新凯恩斯主义经济学。

二、宏观经济学流派

宏观经济学自产生以来可以说是流派纷呈，并且能够"各领风骚数十年"。特别是由于美国在现代宏观经济研究中的中心地位，宏观经济学的两大流派之争尤为突出，并且被形象地说成是"海水边"与"湖水边"的经济学家之争，"海水边"经济学家主要指在哈佛大学、麻省理工学院和斯坦福大学的新凯恩斯主义经济学家，这几所学校位于大西洋和太平洋沿岸；"湖水边"的经济学家主要指在芝加哥大学和明尼苏达大学的新古典宏观经济学家，这两所学校位于五大湖沿岸。

这两派经济学家在分析长期中的宏观经济问题时并没有重大分歧，都认为：长期中通过市场机制调节可以实现充分就业均衡；长期经济增长取决于由技术进步和资本累积决定的生产率提高；长期中的物价水平取决于货币数量多少。他们的分歧主要在短期宏观经济分析和由此得出的政策主张上。

新凯恩斯主义经济学家认为，短期中市场机制的调节是不完善的，难以实现充分就业的均衡。例如，当劳动需求减少时，工资不能迅速下降，这时劳动的供给大于需求，就有失业。在物品市场上，由于价格黏性，物品的供给不一定总等于需求。例如，当物品需求减少时，价格不能迅速下降，这时物品的供给大于需求，就出现衰退。在资本市场上，由于信息不对称存在信贷配给，这时利率也无法使资本市场总保持均衡。

这种短期中市场调节的不完善性会引起经济周期波动与失业，因此，为了稳定经济，政府必须用经济政策调节经济。简言之，新凯恩斯主义是主张国家干预经济的。

新古典宏观经济学家则认为，无论在短期还是长期中，市场机制的调节是完善而及时的。因此，总能实现充分就业的均衡，他们把这种状态称为市场出清。具体来说，在劳动市场上工资是有伸缩性的，随劳动供求关系的变动而迅速变动，使劳动市场处于供求均衡状态。同样，在资本市场上利率的调整使资本市场均衡。因此，保持宏观经济稳定的方法是让市场机制充分发挥作用，而不是政府的干预。简言之，新古典宏观经济学是主张自由放任的。

整个宏观经济学的历史就是国家干预与自由放任这两个学派争论的历史，也正是这种争论推动了宏观经济学的发展。这两派有对立也有一致，有争论也有互相吸引。无论他们的观点如何，都会深化我们对宏观经济学的认识，改善经济政策。"海水"之中有"湖水"，"湖水"之中亦有"海水"，从分歧到融合，变排斥为包容，构成了当前宏观经济学发展的鲜明特点。

（一）凯恩斯革命

古典经济学认为资本主义经济是和谐的、完全竞争的、充分就业的经济，依靠市场机制的完善性、自发性调节经济运行。萨伊提出著名的"萨伊定律"，即"供给创造需求"。但是，20世纪30年代资本主义国家的一场浩大的经济危机使古典经济学的理论遭到了重创。

在这样的特定条件下,为了适应当时的社会和经济发展需要,凯恩斯不但放弃了传统的经济学研究方法,改从总量和宏观的视角研究经济,而且承认资本主义经济中存在失业,指出有效需求不足是失业的原因,并且明确认为市场的自发作用不能保证资源的有效利用,也不可能实现充分就业水平。因此,唯一的方法只能是用国家干预的经济政策代替古典经济学的放任经济政策,从而形成了以国民收入决定理论为中心、以国家干预为政策基础的凯恩斯主义宏观经济学,完成了对传统的微观经济学的革命。这次革命史称"凯恩斯革命",在西方经济学史上也被看作一次重大的变革或革命。凯恩斯主义的支持者把它与哥白尼在天文学上、达尔文在生物学上、爱因斯坦在物理学上的革命相类比,称之为西方经济学说的一场"革命"。

(二)新古典综合派

新古典综合派也被称为"美国凯恩斯主义"。主要代表人物有萨缪尔森、汉森、希克斯、托宾、索洛等人。新古典综合派在经济理论上的最显著特征是:在宏观层面接受凯恩斯的理论,在微观层面采用传统的新古典经济学理论,力图为凯恩斯的宏观经济理论寻找合适的微观基础,把均衡方法引入凯恩斯宏观经济分析。因而其理论呈现出明显的综合性特征。

萨缪尔森是新古典综合派最主要的代表和奠基人,1970年获诺贝尔经济学奖。他几乎在经济学的各个领域都有建树和发展,曾经当选为美国经济学会会长、经济计量学会会长、国际经济学会会长等。他的《经济学》是当今世界上影响最大的经济学教科书之一。

新古典综合派的主要理论贡献有:希克斯和汉森提出了 IS-LM 模型;提出了经济增长理论中的两个著名模型——哈罗德-多马模型和索洛-斯旺模型(新古典增长模型);提出了乘数-加速模型;推进通货膨胀和失业问题的研究;建立了开放的宏观经济模型。

(三)货币主义学派

现代货币主义是 20 世纪 50 年代中期在美国出现的一个重要的经济学流派,芝加哥大学经济学教授弗里德曼是该学派最著名的代表人物。其他代表人物还有安德森、罗宾斯和帕金等。该学派的最重要特征是将货币看作最重要的宏观经济变量,基于货币的角度来展开宏观经济理论分析,反对凯恩斯主义的政府干预,主张经济自由。

自 20 世纪 50 年代后期开始,弗里德曼就打着对抗"凯恩斯革命"的旗帜,提出所谓"现代货币数量论",重新强调货币政策的重要作用,抨击凯恩斯扩张的财政政策会造成滞胀,并主张自由汇率制或浮动汇率制,但是,弗里德曼的理论在当时并没有什么大的影响。直至 20 世纪 70 年代以后,由于资本主义经济中出现滞胀,即失业和通货膨胀并存,并且日趋严重,货币主义理论才开始流行起来。

货币学派的基本观点是:货币供给对名义收入变动起决定作用;短期中,货币供给可以影响实际就业和国民收入;长期中,货币数量不影响就业和实际国民收入;私人经济具有内在稳定性,国家干预反而导致宏观经济的严重失衡。

(四)供给学派

供给学派亦称"供给经济学""供给方面经济学",是着重从供给方面考察经济现状和寻求对策的一种经济理论。20 世纪 70 年代出现于美国,主要代表有蒙代尔、拉弗、吉尔德等。

第二次世界大战后,凯恩斯主义占据了经济学的统治地位,西方国家普遍依据凯恩斯的理论制定政策,对经济进行需求管理,并取得了较大效果。于是凯恩斯主义盛极一时。但是，凯恩斯主义人为地扩大需求，最后导致 70 年代西方经济出现生产停滞、失业严重，同时物价持续上涨的"滞胀"局面。于是经济学界纷纷向凯恩斯主义提出挑战，并研究替代的理论和政策。供给学派就是在这样的背景下兴起的。该学派的先驱者是加拿大籍的美国哥伦比亚大学教授芒德尔。70 年代初，他多次批评美国政府的经济政策，提出同凯恩斯主义相反的论点和主张。1974 年他反对福特政府征收附加所得税控制物价的计划，主张降低税率、鼓励生产，同时恢复金本位、稳定美元价值来抑制通货膨胀。

该学派认为，生产的增长决定于劳动力和资本等生产要素的供给和有效利用。个人和企业提供生产要素和从事经营活动是为了谋取报酬，对报酬的刺激能够影响人们的经济行为。自由市场会自动调节生产要素的供给和利用，应当消除阻碍市场调节的因素。这个学派的主要代表人物之一拉弗把供给经济学解释为："提供一套基于个人和企业刺激的分析结构。人们随着刺激而改变行为，为积极性刺激所吸引，见消极性刺激就回避。政府在这一结构中的任务在于使用其职能去改变刺激以影响社会行为。"

主要论点和主张：大幅度降低个人和企业纳税的税率，以增加个人储蓄能力，刺激人们工作的积极性，提高对企业的投资能力和投资积极性；取消国家对经济的过多干预，加强劳动和商品市场上的竞争；实行货币管理，使货币的增长与经济的增长相适应；减缓政府预算支出的增长速度，逐步实现预算平衡；削减社会福利支出。

(五) 理性预期学派

理性预期学派也被称为新古典宏观经济学，是 20 世纪 70 年代从现代货币主义学派中分离出来的一个经济学流派。该学派的主要代表人物有卢卡斯、萨金特、巴罗和普雷斯科特等人。

20 世纪 60 年代中期以后，随着经济滞胀现象的加剧，作为主流学派的新古典综合理论开始受到其他学派的抨击与非难，理性预期理论应运而生。虽然该学派至今仍然没有形成一整套完善的理论，但其所倡导的革命对经济学界的影响却越来越大。以卢卡斯为代表人物的理性预期学派认为人们可做出合乎理性的预期，知道自己的行为，价格具有完全伸缩性。据此提出，政府干预经济无论是从长期来看还是从短期来看，都是无效的。应该发挥预期在模型中所起的作用，加强理性预期，作为政府制定政策的依据。特别是 2002 年以来，诺贝尔经济学奖越来越多地倾向于预期和实证的行为经济学、实验经济学等，更是充分肯定了理性预期学派理论的革命性作用。该学派的特点是：基于人们的理性预期来进行理论分析，反对政府干预，比现代货币主义更为激进地强调经济自由。

(六) 新凯恩斯主义

新凯恩斯主义是 20 世纪 80 年代出现的一个主张政府干预经济的新的学术流派。其代表人物有斯蒂格利茨、阿克洛夫、费尔普斯、曼昆、罗默、伯南克等人。

新凯恩斯主义继承了凯恩斯政府干预的基本思想理念，以对工资黏性和价格黏性的分析，论证了市场常处于非出清状态，因此，尽管存在理性预期，政策干预仍是有效、必要的。理论特征是：反对恢复新古典经济学的传统；反对凯恩斯主义宏观理论与新古典微观理论的机械结合，试图给凯恩斯主义的宏观经济学建立一个不同于新古典传统的微观基础。

政策主张主要有：抑制价格黏性，修复市场机制；国家干预劳工合同，增加工资弹性，减少失业；国家干预信贷市场，利用贷款补贴或贷款担保降低市场利率。

本章知识结构

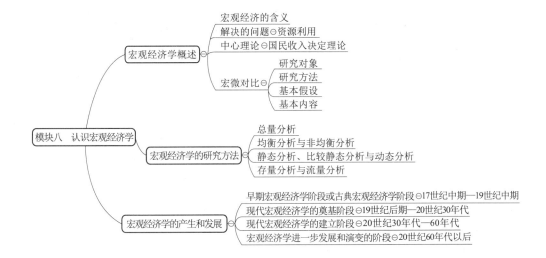

思考与练习

1. 宏观经济学和微观经济学的研究对象有何不同?
2. 宏观经济理论包括哪些内容?
3. 简要解释凯恩斯对宏观经济学所做的贡献。

模块九

国民收入核算

【学习目标】

知识目标：
➢ 了解国民收入核算的指标体系
➢ 熟悉 GDP 的组成及核算方法
➢ 掌握 GDP、GNP 的概念

能力目标：
➢ 能够用三种方法计算 GDP
➢ 能够全面客观评价 GDP

素质目标：
➢ 培养学生对社会主义制度的认同感和爱国之情，深化学生对习近平新时代中国特色社会主义思想以及社会主义核心价值观中的"富强""文明""和谐"等核心元素的认知，树立可持续发展的理念

第一节 国民收入核算

在宏观经济的所有指标中，最重要的指标是国内生产总值（GDP）。这个指标不仅与经济增长和经济周期概念有关，而且能帮助政策制定者判断宏观经济的运行状态。人们关注一国经济发展水平时也会看这一指标。

◆ **案例分析**

居民收入实际增长继续跑赢 GDP

国家统计局 2017 年 1 月 20 日公布，初步核算，2016 年我国国内生产总值首次迈上"70 万亿"台阶，为 744 127 亿元，按可比价格计算，比上年增长 6.7%。"2016 年，面对错综复杂的国内外经济环境，在以习近平同志为核心的党中央坚强领导下，全国上下坚持稳中求进工作总基调，以推进供给侧结构性改革为主线，国民经济运行缓中趋稳、稳中向好，实现了'十三五'良好开局。"国家统计局局长宁吉喆说。

2016 年中国经济总量首次突破 70 万亿元，一、二、三、四季度 GDP 分别同比增长 6.7%、6.7%、6.7%、6.8%，全年经济增速为 6.7%。2017 年 1 月 16 日，国际货币基金

组织发布最新《世界经济展望》报告估计,中国 2016 年经济增速为 6.7%,印度为 6.6%,中国经济增速有可能重回世界第一。此外世界银行预测,2016 年,全球经济增速为 2.4% 左右,按 2010 年美元不变价计算,2016 年中国经济增长对世界经济增长的贡献率达到 33.2%。中国仍然是世界经济增长的第一引擎。

经济运行逐渐向好的同时,百姓的"获得感"也在提升。2016 年,扣除人口总量自然增长因素后的人均 GDP 实际增速为 6.1%。2016 年全国居民人均可支配收入 23 821 元,比上年名义增长 8.4%,扣除价格因素实际增长 6.3%。"全国居民人均可支配收入实际增速高于人均 GDP 实际增速 0.2 个百分点,居民人均收入增速继续跑赢人均 GDP 增速。"国家统计局住户办主任王萍萍说。2016 年全国居民人均可支配收入为 23 821 元,2011—2016 年全国居民人均可支配收入名义增长 11 301 元,扣除物价水平,累计实际增长 62.6%。

(资料来源:http://news.sohu.com/20170121/n479267975.shtml,2017 - 01 - 21)

【启示】2016 年中国经济增长 6.7% 的动力,主要在于经济运行中的生产稳、物价稳、投资稳、消费稳以及出口也在趋稳等因素共同作用的结果。

一、国内生产总值(GDP)与国民生产总值(GNP)

国内生产总值(Gross Domestic Product,GDP),是指一国在一定时期内所生产的全部最终产品与劳务的市场价值的总和。

在理解这一定义时,我们要注意以下几个问题。

第一,GDP 是一个市场价值概念。为了解决现实经济中不同产品和服务的实物量一般不能加总的问题,人们转而考虑这些产品和服务的货币价值。一种物品的货币价值可以用该物品的单位价格乘以该物品的数量来表示。这意味着,GDP 一般是用某种货币单位来表示的。例如,2019 年中国的 GDP 约为 92.72 万亿元人民币。

第二,GDP 衡量的是最终产品和服务的价值,中间产品和服务价值不计入 GDP。所谓最终产品和服务是指直接出售给最终消费者的那些产品和服务。它与中间产品和服务的概念不同。后者是指由一家企业生产出来被另一家企业当作投入品的那些产品和服务。举例来说,面包是最终产品,而面粉则是中间产品。把 GDP 核算的产品限定为最终产品的用意是,避免价值核算中的重复计算问题,以使 GDP 指标能真实地反映经济的成果。

第三,GDP 是一国(或地区)范围内生产的最终产品和服务的市场价值。也就是说,只有那些在指定的国家(或地区)生产出来的产品和服务才被计算到该国(该地区)的 GDP 中。例如,美国的耐克公司在中国生产的旅游鞋,其市场价值应该计入中国的 GDP,而不是美国的 GDP。同样的,中国的海尔公司在美国生产的电冰箱,其市场价值则应该计入美国的 GDP,而不是中国的 GDP。

第四,GDP 衡量的是一定时期内的产品和服务的价值。这段时期或者是一个季度,或者是一年。这意味着 GDP 属于流量,而不是存量。

国民生产总值(Gross National Product,GNP),是指一定时期内本国公民所生产的最终产品和劳务的价值的总和,它以人口为统计标准。

国内生产总值(GDP)是指 1 年内在本国领土所生产的最终产品的价值总和。它以地理上的国境为统计标准。这也就是说,国内生产总值应包括本国与外国公民在本国所生产的最终产品的价值总和。

这两者之间的关系为,国民生产总值=国内生产总值+本国公民在国外生产的最终产品的价值总和-外国公民在本国生产的最终产品的价值总和。例如,中国海尔在美国工厂创造的价值计入中国的GNP以及美国的GDP。

如果本国公民在国外生产的最终产品的价值总和大于外国公民在本国生产的最终产品的价值总和,则国民生产总值大于国内生产总值;反之,如果本国公民在国外生产的最终产品的价值总和小于外国公民在本国生产的最终产品的价值总和,则国民生产总值小于国内生产总值。在分析开放经济中的国民生产总值时,名义GDP和实际GDP这两个概念是很重要的。

二、名义国内生产总值和实际国内生产总值

国内生产总值(GDP)是通过核算所有最终产品和劳务的市场价值得到的,因此,一国GDP的变动由两个因素造成:一是所生产的物品和劳务的数量的变动;二是物品和劳务的价格的变动。如果只依据这一个指标,就会造成一个问题:当GDP增长时,我们不知道是什么原因引起的,可能是数量增加了,可能是价格增加了,也可能是数量和价格同时增加。

研究宏观经济的最终目的是实现经济的稳定增长,提高整个社会的福利水平。衡量福利水平的重要依据就要看该社会可供使用的产品和劳务数量,数量越多就可以实现更高的福利水平。从这个意义来说,GDP不是一个衡量社会福利的完美指标。但是GDP增长也可能是由价格引起的,而产品和劳务的数量并没有增加,这种情况下GDP的增长就不能反映整个社会福利水平的提高。为此为了弄清楚GDP变动究竟是由产量还是由价格变动引起,我们就要区分名义GDP和实际GDP的概念。

名义GDP是用生产物品和劳务的当年价格计算的全部最终产品的市场价值。实际GDP是用从前某一年作为基期价格计算出来的全部最终产品的市场价值。具体做法是先选定某年的价格水平,比如以某年的价格水平作为固定不变的基期价格,然后用基期价格乘以各年的产品数量,得到实际国内生产总值(表9-1)。通过把价格固定在基期水平得到实际GDP,就能够衡量不同年份经济中产品和劳务数量的变化,从而反映社会福利的实际改善。这是很有必要的,因为名义GDP增长率与实际GDP增长率可能存在较大的差距,在通货膨胀严重的年份更是如此。某年名义GDP和实际GDP的计算方法如下面的公式所示,Q_i代表数量,P_i代表价格,P_i'代表以某年为基期计算的不变价格。

$$某年名义GDP = \sum_{i=1}^{n}(Q_i \times P_i) \tag{9.1}$$

$$某年实际GDP = \sum_{i=1}^{n}(Q_i \times P_i') \tag{9.2}$$

表9-1 中国2019年名义GDP和实际GDP

单位:亿元

指标	2019年第一季度	2019年第二季度	2019年第三季度	2019年第四季度
国内生产总值当季值(名义)	218 062.8	242 573.8	252 208.7	278 019.7
国内生产总值当季值(实际)	197 123.0	218 585.4	227 899.1	248 038.7

资料来源:中国国家统计局网站(http://www.stats.gov.cn/)

三、国内生产总值的计算方法

GDP 通常被看作反映宏观经济运行状态的一个重要指标。衡量或核算 GDP 一般有 3 种方法：生产法、收入法和支出法。生产法是通过加总经济各产业部门的增值得到国内生产总值；收入法是通过加总经济中各种生产要素取得的收入得到国内生产总值；支出法通过加总一国经济体内购买各种最终产品的支出得到国内生产总值。

GDP 是经济社会中在一定时期内生产的全部最终产品的市场价值。因此，从理论上讲，将所有最终产品市场价值加总就可以得到 GDP 了。我们知道最终产品的价值等于整个生产过程中价值增加之总和，因此 GDP 可以通过核算各行各业在一定时期内生产的价值增值来求得，这种方法被称为生产法。那为什么 GDP 可以通过支出法和收入法得到呢？这是因为 GDP 既可以被视为总收入，也可以被视为总支出。

从生产的角度来看，产出的价值全部以工资、利息、地租、利润等形式支付给劳动和资本等生产要素的提供者，构成他们的收入。从总量上来看，作为一个经济体所有的产出价值之和，GDP 必然与这个经济体的总收入相等，当然也就可以通过加总所有部门的收入得到总收入，从而得到 GDP 的值。从需求的角度来看，由于未卖出的产品被视为企业的存货投资，当不存在政府以及对外贸易时，我们可以认为所有产出的产品要么在当期被消费完，要么留存为未来投资。所有经济部门的消费和投资构成这个经济体的总支出，在数量上必然与 GDP 相等，从而可以通过加总所有对最终产品的支出得到 GDP。

可见，总支出和总收入可以理解为分别从支出和收入的角度对总产出进行衡量，对一个经济体来说，其总产出必然等于总支出，也必然等于总收入，即：

$$总产出 = 总支出 = 总收入$$

运用支出法和收入法核算经济体中的总支出和总收入，就能够得到国内生产总值。

从理论上说，通过 3 种方法都能得到 GDP，而且结果应该是相同的。但是在实际中，由于生产法需要明确的标准来区分最终产品和中间产品，这在实际过程中很难操作，而且即使真的能按照产品差别来划分最终产品，最终产品的清单也是为数众多的一长串。在这种情况下，用它们乘以各自的价格并加总实际上是不可能的。因此往往采用收入法和支出法来核算 GDP。

用支出法核算 GDP，就是通过核算在一定时期内整个社会购买最终产品的总支出即最终产品的总卖价来计量 GDP。运用支出法核算 GDP 时，需要明确谁是最终产品的购买者，在现实生活中，产品和劳务的最后使用除了居民消费，还有企业投资和政府购买及出口。因此，用支出法核算 GDP 时，就是核算经济社会（指一个国家或一个地区）在一定时期内消费、投资、政府采购以及出口这几方面的支出总和。

1. 消费支出

消费支出指家庭做出的购买各种最终产品和劳务的支出，包括各种耐用消费品（汽车、电脑等）、非耐用消费品（鞋子、休闲服装等）和劳务（如医疗、旅游、理发等），但是其中并不包括建造购买房宅的支出，这部分支出算作固定资产投资支出。消费支出在 GDP 中占的比重最大，一般能占到一半左右，宏观经济分析中通常用字母 C 来表示。2019 年中国居民人均消费支出及其构成如图 9 – 1 所示。

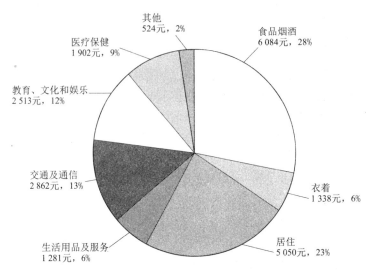

图 9–1　2019 年中国居民人均消费支出及其构成

资料来源：中国国家统计局网站（http://www.stats.gov.cn/）

2. 投资支出

投资指增加或更换资本资产（包括厂房、住宅、机械设备及存货）的支出。注意，宏观经济学中的投资是指对物质资本的购买支出，不包括金融资本（例如股票、债券）。投资支出可以分为固定资产投资（Fixed Investment）和存货投资（Inventory Investment）。固定资产投资指投资于长期存在并投入使用的资产，包括家庭建造购买新的住所、企业购买新的机器设备等投资支出；存货投资指的是企业购买自己的产品，留存以在将来出售。固定投资是指可以长期存在的投资，与存货投资相对而言。

投资是一定时期内增加到资本存量中的资本流量，而资本存量则是经济社会中某一时间点上的资本总量。由此，新增资本被称为净投资。资本存量也将逐年磨损，这种由于资本物品损坏造成的价值减少称为折旧，折旧不仅包括生产中资本物品的有形磨损，还包括资本老化带来的无形磨损。而对已有资本的更换则被称为重置资本，两者合称为总投资。总投资减折旧等于净投资，因此有：

净投资 = 总投资 − 折旧 = 当年年终资本存量 − 上年年终资本存量

年终资本存量 = 上年年终资本存量 − 当年折旧 + 当年总投资

一般来说，总投资都是正的数值，但是存货投资既可以为正，也可以为负。宏观经济分析中通常用字母 I 表示投资支出。

3. 政府购买

政府对物品和劳务的购买是指各级政府购买物品和劳务的支出。根据国际通用的定义，政府购买包括政府消费和投资，政府购买只是政府支出的一部分，政府支出还包括转移支付和公债利息等，其中政府转移支付主要指各种社会福利支出和救济金支出。这部分政府支出都不计入 GDP，原因是转移支付只是把收入从一些人或一些组织转移到另一些人或另一组织，并没有相应的物品或劳务的交换发生。

宏观经济分析中通常用字母 G 表示政府的购买性支出。在我国的统计体系里，政府购买被称为政府消费，与私人消费一起并入最终消费项。

4. 净出口

产品、劳务和资本的国际流动使得世界各国的经济联系变得越来越紧密，并深刻地影响到一国的宏观经济运行，一国在进口外国的产品和劳务的同时，也向外国出口本国的产品和劳务。进出口往往不是平衡的，我们用净出口衡量产品和劳务的出口与进口的差额，以 X 表示出口，M 表示进口，NX 表示净出口，则有 $NX = X - M$。

净出口为正，表示外国存在对本国产品的净需求，是外国对本国的净支出，构成本国的净收入；净出口为负，表示本国对外国产品存在需求，是本国对外国的支出，构成外国的净收入。

把上述 4 个项目加总，用支出法计算 GDP 的公式可以写成：

$$GDP = C + I + G + NX$$
$$= C + I + G + (X - M)$$

(9.3)

2017—2019 年中国的支出法国内生产总值如表 9 – 2 所示。

表 9 – 2 2017—2019 年中国的支出法国内生产总值

单位：亿元

指标	2017 年	2018 年	2019 年
支出法生产总值	828 982.8	915 774.3	994 927.4
最终消费	456 518.2	506 134.9	551 494.6
1. 居民消费	320 689.5	354 124.4	385 895.6
城镇居民消费	251 844	276 915.9	
农村居民消费	68 845.5	77 208.5	
2. 政府消费	135 828.7	152 010.6	165 599.0
3. 资本形成总额	357 886.1	402 585.1	428 627.8
固定资本形成总额	348 300.1	393 847.9	422 018.8
存货变动	9 586.0	8 737.3	6 609.0
4. 货物和服务净出口	14 578.4	7 054.2	14 805.0
最终消费率/%	55.1	55.3	55.4
资本形成率/%	43.2	44.0	43.1

资料来源：中国国家统计局网站（http://www.stats.gov.cn/）。

收入法（Income Approach）是从收入的角度来核算国内生产总值，通过把生产要素所有者的收入加总起来得到总收入。为了理解 GDP 和收入之间的关系，这里以汽车零售商的增值为例进行说明。汽车零售商的增值就是汽车销售收入和批发成本的差额，这些差额必定会成为某些人的收入。差额的一部分是汽车零售商支付给售货员和技工的工资，一部分是汽车零售商使用陈列室和车库而付给房主的租金，还有一部分是汽车零售商为存货周转而贷款所必须支付给银行的利息。

差额剩余部分是利润，这就是汽车零售商的收入。这样，全部增值以工资、租金、利息和利润的形式出现在收入流中。因为一个国家内部的所有企业的增值之和为该国的 GDP，所以上述所有的收入之和也必定等于 GDP。

用收入法核算国内生产总值应该包括以下项目：

①工资、利息和租金等这些生产要素的报酬。工资包括所有对工作的酬金、津贴和福利费，也包括工资收入者必须缴纳的所得税及社会保险税。利息在这里指人们给企业所提供的货币资金所得的利息收入，如银行存款利息、企业债券利息等，但政府公债利息及消费信贷利息不包括在内。租金包括出租土地、房屋等租赁收入及专利、版权等收入。

②非公司企业主收入，如医生、律师、农民和小店铺主的收入。他们使用自己的资金，自我雇用，其工资、利息、利润、租金常混在一起作为非公司企业主收入。

③公司税前利润，包括公司所得税、社会保险税、股东红利及公司未分配利润等。

④企业转移支付及企业间接税。这些虽然不是生产要素创造的收入，但要通过产品价格转嫁给购买者，故也应视为成本。企业转移支付包括对非营利组织的社会慈善捐款和消费者呆账。企业间接税包括货物税或销售税、周转税。

⑤资本折旧属于重置投资，企业总会用收入的一部分来进行陈旧资本的更新，应该加入 GDP。

综上所述，在收入法下，国内生产总值 GDP 可以表示为：

GDP = 员工收入 + 非公司企业主收入 + 租金和利息收入 + 公司利润 + 企业间接税 + 资本折旧

四、国民收入核算的指标体系

在国民收入核算中，除了国内生产总值和国民生产总值之外，还有另外 4 个重要的总量，即：国民生产净值、国民收入、个人收入、个人可支配收入，这些总量与国民生产总值有密切的关系，从不同的角度反映了整体经济的运行状况。下面介绍这些总量及其与国民生产总值之间的关系。

1. 国内生产总值（GDP）和国民生产总值（GNP）

国内生产总值计量的是一定时期内一个国家的所有的生产活动的价值。国内生产总值中的"总"字意指在计算各个生产单位的产出时，未扣资本耗费即折旧，如果扣除资本耗费，那就是国内生产净值。

国民生产总值是指一个国家或地区的所有常住单位在一定时期内，在国内和国外所生产的最终成果和提供的劳务价值。

2. 国内生产净值（NDP）和国民生产净值（NNP）

国内生产净值（NDP）衡量的是国内经济活动的净价值，等于从国内生产总值里减去资本折旧。这是因为国内生产总值中的私人国内总投资计量的是一国资本存量的总增加额，没有考虑到磨损和老化产生的损失，因此要减去这部分损失，以计算出私人国内净投资。即：

NDP = GDP − 资本折旧

因为资本折旧是经济活动的成本，减去折旧得到的就是净价值。类似地，国民生产净值（Net National Product，NNP）通过从国民生产总值里减去资本折旧得到。即：

NNP = GNP − 资本折旧

3. 国民收入（NI）

国民收入（National Income，NI）衡量的是一国投入使用的各种生产要素取得的报酬总和。生产要素指投入的资本、劳动等,报酬的形式包括工资、租金、利息和利润。从国内生产净值中扣除间接税和企业转移支付加政府补助金,就得到一国生产要素在一定时期内提供生产性服务所得报酬的总和意义上的国内收入。间接税和企业转移支付虽构成产品价格,但不成为要素收入;相反,政府给企业的补助金虽不列入产品价格,但成为要素收入。故前者应扣除,后者应加入。即:

$$NI = NDP - 企业间接税 - 企业转移支付 + 政府补助金$$

4. 个人收入(PI)

个人收入(Personal Income,PI)指家庭和非公司企业获得的收入。生产要素报酬意义上的国民收入并不会全部成为个人的收入。因此,从国民收入计算出个人收入时,要从其中减去三个挣到的但实际并未得的项目。首先是减去社会保险金(由雇主和工人各自支付的部分都要减去)。其次,由于国民收入包括了全部公司利润,而股票持有者只以股息形式分得其中的一部分,因此必须从公司利润项下减去公司所得税和未分配利润两个项目,才是实际支付给个人的收入。此外,人们得到的转移支付并不是他们在本期挣得的,因此没有包括在本期的国民收入中,但是转移支付又是在本期实际得到的,因此必须加到个人收入中才能得出个人收入总额,即:

$$PI = NI - 未分配利润 - 公司所得税 - 社会保险税 + 政府转移支付$$

5. 个人可支配收入(DPI)

个人可支配收入(Disposable Personal Income,DPI)指家庭和非公司企业可以自由支配的收入,通过从个人收入里减去个人所得税得到。即:

$$DPI = PI - 个人所得税$$

2015—2019 年全国居民人均可支配收入及其增长速度如图 9 - 2 所示。

图 9 - 2　2015—2019 年全国居民人均可支配收入及其增长速度

资料来源:https://www.sohu.com/

第二节 国民收入流量循环模型

从支出法、收入法与生产法所得出的国民生产总值的一致性,可以说明国民经济中的一个基本平衡关系。总支出代表了社会对最终产品的总需求,而总收入和总产量代表了社会对最终产品的总供给。因此,从国民生产总值的核算方法中可以得出这样一个恒等式:

$$总需求 \equiv 总供给$$

我们先从两部门经济入手,研究国民经济的收入流量循环模型与国民经济中的恒等关系,进而研究三部门与四部门经济。

一、两部门经济中的收入流量循环模型与恒等关系

两部门经济指由家庭和企业这两种经济单位所组成的经济,也是一种最简单的经济。两部门模型的分析虽然简单,却是全部循环流量模型分析的基础,并且是更为复杂的经济分析的起点。这是在没有政府干预的完全市场经济中这一假设情况下,假定家庭拥有全部资源,而厂商生产全部产品和劳务,相应地便有两种市场:生产要素市场和产品市场。在生产要素市场上,生产要素的拥有者——家庭把其生产要素出卖给生产者——厂商;在产品市场上(商品和劳务),厂商把其生产的产品卖给家庭。这样,便形成了如图9-3所示的家庭部门和厂商部门的两部门经济循环流量模型。如果家庭把一部分收入用来购买厂商生产的各种产品与劳务,把另一部分收入储蓄起来;如果厂商在家庭的消费支出之外又获得了其他来源的投资,通过金融机构把居民户的全部储蓄都转化为厂商的投资,即储蓄等于投资,经济仍然可以正常运行下去。

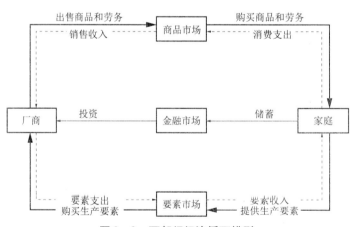

图9-3 两部门经济循环模型

我们来分析这种经济中总需求与总供给的关系。在包括家庭与厂商的两部门经济中,总需求分为家庭的消费需求与厂商的投资需求。消费需求与投资需求可以分别用消费支出与投资支出来代表,消费支出即为消费,投资支出即为投资。所以:

$$总需求 = 消费 + 投资$$

如果以 AD 代表总需求,以 C 代表消费,以 I 代表投资,则可以把上式写为:

$$AD = C + I \tag{9.4}$$

总供给是全部产品与劳务供给的总和,产品与劳务是由各种生产要素生产出来的,所

以，总供给是各种生产要素供给的总和，即劳动、资本、土地和企业家才能供给的总和。生产要素供给的总和可以用各种生产要素相应地得到的收入的总和来表示，即用工资、利息、地租和利润的总和来表示。工资、利息、地租和利润是居民户所得到的收入，这些收入分为消费与储蓄两部分。所以：

$$总供给 = 消费 + 储蓄$$

如果以 AS 代表总供给，以 C 代表消费，以 S 代表储蓄，则可以把上式写为：

$$AS = C + S \tag{9.5}$$

总需求与总供给的恒等式就是：

$$AD \equiv AS \tag{9.6}$$

或

$$C + I \equiv C + S \tag{9.7}$$

如果两边同时消去 C，则可以写为：

$$I \equiv S \tag{9.8}$$

二、三部门经济中的收入流量循环模型与恒等关系

三部门经济是指由厂商、家庭与政府这三种经济单位所组成的经济。在这种经济中，政府的经济职能是通过税收与政府支出来实现的。政府通过税收和支出与家庭及厂商发生联系，这时收入流量循环的模型如图 9-4 所示。

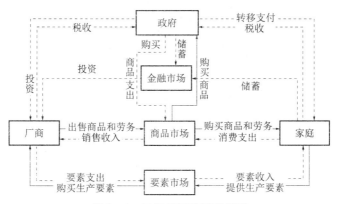

图 9-4　三部门经济循环模型

三部门经济中的收入流量循环即家庭、厂商与政府之间的经济联系。这时，经济要正常运行下去，不仅要求储蓄等于投资，而且还要政府来自家庭与厂商的税收和向家庭与厂商的支出相等。所以：

$$总需求 = 消费 + 投资 + 政府支出$$

如果以 G 代表政府支出，则可以把上式写为：

$$AD = C + I + G \tag{9.9}$$

三部门经济的总供给中，除了家庭供给的各种生产要素之外，还有政府的供给。政府的供给是指政府为整个社会生产提供了国防、立法、基础设施等"公共物品"。政府由于提供了这些"公共物品"而得到相应的收入——税收。所以，可以用政府税收来代表政府的供给。即：

$$总供给 = 消费 + 储蓄 + 税收$$

如果以 T 代表政府税收,则可以把上式写为:
$$AS = C + S + T \tag{9.10}$$
三部门经济中总需求与总供给的恒等就是:
$$AD \equiv AS \tag{9.11}$$
或
$$I + G \equiv S + T \tag{9.12}$$

三、四部门经济中的收入流量循环模型与恒等关系

四部门经济是指由厂商、家庭、政府和国外这 4 种经济单位所组成的经济。在这种经济中,国外的作用是:作为国外生产要素的供给者,向国内各部门提供产品与劳务,对国内来说,这就是进口;作为国内产品与劳务的需求者,向国内进行购买,对国内来说,这就是出口。这时,收入流量循环的模型如图 9-5 所示。

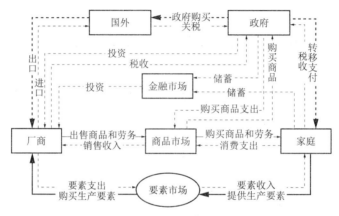

图 9-5 四部门经济循环模型

四部门经济中的收入流量循环即家庭、厂商、政府与国外之间的经济联系。这时,经济要正常运行下去,不仅要储蓄等于投资,政府税收等于支出,而且要所有的出口与所有的进口相等。

在四部门经济中,总需求不仅包括家庭的消费需求、厂商的投资需求与政府的需求,还包括国外的需求。国外的需求对国内来说就是出口,所以可以用出口来代表国外的需求。即:

$$总需求 = 消费 + 投资 + 政府支出 + 出口$$

如果以 X 代表出口,则可以把上式写为:
$$AD = C + I + G + X \tag{9.13}$$

四部门经济的总供给中,除了家庭供给的各种生产要素和政府的供给外,还有国外的供给。国外的供给对国内来说就是进口,所以可以用进口来代表国外的供给。这样,

$$总供给 = 消费 + 储蓄 + 政府税收 + 进口$$

如果以 M 代表进口,则可以把上式写为:
$$AS = C + S + T + M \tag{9.14}$$

四部门经济中总需求与总供给的恒等就是:
$$AD \equiv AS \tag{9.15}$$

或

$$I+G+X \equiv S+T+M \quad (9.16)$$

在国民收入核算中，这种恒等式是一种事后的恒等关系，即在1年的生产与消费之后，从国民收入核算表中所反映出来的恒等关系。这种恒等关系也是国民收入决定理论的出发点。但在1年的生产活动过程中，总需求与总供给并不总是相等的。有时总需求大于总供给，也有时总供给大于总需求。在国民收入决定理论中，我们将详细分析总需求与总供给的这种关系。

本章知识结构

思考与练习

一、单项选择题

1. 国内生产总值是（　　）的市场价值。
   A. 一年内一个国家所有交易
   B. 一年内一个国家生产的所有商品和服务
   C. 一年内一个国家交换的所有最终商品和服务
   D. 一年内一个国家生产且交换的所有最终商品和服务

2. 下列哪一项应当记入当年国内生产总值核算？（　　）
   A. 当年生产的一辆汽车　　　　B. 去年生产而在今年销售出去的汽车
   C. 在二手市场转卖的一辆旧车　　D. 一辆报废的汽车

3. 一国的国内生产总值小于国民生产总值，则国外净要素收入（　　）。
   A. 大于0　　　　　　　　　　B. 小于0
   C. 等于0　　　　　　　　　　D. 可能大于0也可能小于0

4. 国内生产总值和国内生产净值的差额为（　　）。
   A. 间接税　　B. 直接税　　C. 折旧额　　D. 个人可支配收入

5. 下列哪一项属于经济学上所说的投资？（　　）
   A. 某人购买的价值10万元的债券　　B. 某企业发行的价值5万元的股票
   C. 某企业新建的一所工厂　　　　　D. 以上都是

6. 下列变量中哪一项属于存量？（　　）
   A. 消费支出　　　　　　　　B. 国内生产总值

C. 某人拥有的全部金融证券的价值　　D. 政府购买支出

7. 实际 GDP 是通过（　　）得到的。

A. 当期 GDP 乘以 GDP 缩减指数　　B. 当期 GDP 除以 GDP 缩减指数

C. 当期 GDP 乘以基期价格　　D. 当期 GDP 除以基期价格

8. 假设第 1 年即基年有当期产出为 10 000，如果第 8 年价格缩减指数翻了一倍而实际产出增加了 50%，则第 8 年的当期产出等于（　　）。

A. 2 000　　B. 30 000　　C. 40 000　　D. 15 000

9. 如果某国的资本存量在年初为 1 000 亿美元，在本年度生产了 100 亿美元的资本品，资本耗费补偿为 30 亿美元，那么，这个国家在本年度的总投资和净投资分别为（　　）亿美元。

A. 1 100 和 30　　B. 1 100 和 70　　C. 100 和 30　　D. 100 和 70

10. 政府的社会保障支出属于（　　）。

A. 政府购买支出　　B. 转移支付　　C. 消费支出　　D. 投资支出

11. 按照支出法核算 GDP 包括的项目有（　　）。

A. 工资　　B. 利息　　C. 利润　　D. 消费

12. 下列哪一项不属于公司间接税？（　　）

A. 消费税　　B. 公司利润税　　C. 营业税　　D. 货物税

13. 若 $C = 3\,000$ 亿美元，$I = 500$ 亿美元，$G = 200$ 亿美元，$X = 80$ 亿美元，$M = 30$ 亿美元，则 GDP 等于（　　）亿美元。

A. 3 500　　B. 3 700　　C. 3 750　　D. 3 780

14. 用收入法计算 GDP 等于（　　）。

A. 厂商收入 – 产品中间成本

B. 工资 + 利息 + 地租 + 利润 + 间接税 + 折旧

C. 工资 + 利息 + 中间产品成本 + 间接税 + 利润

D. 消费 + 投资 + 政府支出 + 净出口

15. （　　）不是要素收入。

A. 总统薪水　　B. 股息

C. 公司对灾区的捐献　　D. 银行存款取得利息

16. 若个人收入为 $550，所得税为 $80，消费为 $430，个人储蓄为 $40，那么个人可支配收入为（　　）。

A. $500　　B. $480　　C. $470　　D. $440

二、简答题

1. 比较国内生产总值和国民生产总值，并说明两者关系。
2. 为什么要区别名义国内生产总值和实际国内生产总值？
3. 经济学中的流量和存量的关系是什么？财富和收入是流量还是存量？
4. 为什么人们购买债券和股票，对个人来说可算是投资，但在经济学上不能称为投资？
5. 为什么间接税应当计入 GDP？
6. 假定有张某和李某两人。张某为李某提供服务，应得报酬 200 美元；李某为张某提供服务，应得报酬 100 美元。张某和李某两人结算，张某收取李某 100 美元。核算 GDP 时，应计入多少？

三、论述题

1. 试述国内生产总值（GDP）的两大主要核算方法。
2. 简述国内生产净值与国内生产总值这两个指标的优缺点。

四、计算题

1. 假定某国有 A、B、C 三厂商，A 厂商年产 5 000，卖给 B、C 和消费者，其中 B 买 200，C 买 2 000，其余 2 800 卖给消费者。B 年产 500，直接卖给消费者。C 年产 6 000，其中 3 000 由 A 购买，其余由消费者购买。

   （1）假定投入品在一次生产中都用光，计算价值增加额。
   （2）计算 NDP。
   （3）如果只有 C 厂商有 500 折旧，计算 GDP。

2. 假定一国有下列国民收入统计资料：国内生产总值 4 800，总投资 800，净投资 300，消费 3 000，政府购买 960，政府预算盈余 30（以上单位：亿美元）。试计算：（1）国内生产净值；（2）净出口；（3）政府税收减去政府转移支付后的收入；（4）个人可支配收入；（5）个人储蓄。

3. 假定国内生产总值是 5 000，个人可支配收入是 4 100，政府预算赤字是 200，消费是 3 800，贸易赤字是 100（以上单位：亿美元）。试计算：（1）储蓄；（2）投资；（3）政府支出。

4. 假定一个经济体系中，消费为 1 000，储蓄为 100，政府支出为 300，如果政府预算是平衡的，请计算 GDP。

5. 假设储蓄 $S = 200$，预算赤字为 50，贸易赤字为 10，则投资为多少？

模块十

国民收入决定模型

> 【学习目标】
>
> **知识目标：**
> - 了解简单国民收入决定理论
> - 熟悉 IS 曲线（产品市场的均衡）和 LM 曲线（货币市场的均衡）
> - 掌握乘数理论；掌握 AD 和 AS 的概念和基本原理
>
> **能力目标：**
> - 能够运用 IS-LM 模型分析政府的宏观经济政策
> - 能够用总供求模型去分析经济波动
>
> **素质目标：**
> - 客观地认识和评价中国经济发展形势和所面临的问题，深刻领会经济建设过程中坚持和贯彻习近平新时代中国特色社会主义思想的重要性

第一节 简单的国民收入决定模型

国民经济核算是对宏观经济运行结果的衡量，而国民收入决定理论则是对国民收入决定原理和决定因素的理论阐述。以凯恩斯经济理论为基础的短期经济波动涉及 4 个市场：产品市场、货币市场、劳动市场和国际市场。本节撇开其他市场，仅分析以产品市场为代表的简单国民收入决定理论和模型。

一、均衡国民收入决定的实现

凯恩斯主义的均衡国民收入决定原理认为：均衡国民收入决定于总需求和总供给的相等，但在短期内或经济萧条中，总供给处于充裕状态或基本无法变动状态，因此，总需求成为唯一决定因素，即总需求水平决定均衡国民收入水平。凯恩斯主义的总需求框架由 4 个部分构成：消费、投资、政府支出和国外净需求（净出口）。

为了进一步说明一个国家的生产或收入如何决定，要从最简单的经济关系开始，为此需要先做一些假设：假设所分析的经济中不存在政府，也不存在对外贸易，只有家庭部门（居民户）和企业部门；假设不论需求量为多少，经济社会均能以不变的价格提供相应的供

给量；折旧、税收和公司的未分配利润为零，则有：$Y = GDP = NDP = NI = PI = DPI$。

在上述假设条件下，经济社会的均衡产量或者说均衡国民收入就取决于总需求水平。与总需求一致的国民收入（支出）就是均衡国民收入（支出），如图 10-1 所示。这里的总需求是指整个社会意愿的有效需求，而不是国民经济统计中的现实总需求；经济社会的产量或 NI 决定于总需求，和总需求相等的收入称为均衡收入。均衡产出是和总需求相一致的产出，也就是经济社会的收入正好等于全体居民和企业想要有的支出。由于两部门经济中没有政府和对外贸易，总需求就只有居民消费和企业投资构成，于是均衡产出可用公式表示为：$y = c + i$，这里，y，c 和 i 都是用小写字母表示，分别代表了剔除了价格变动的实际收入或产出、实际消费和实际投资。还要指出的是，c 和 i 代表的是意愿消费和投资的数量，而不是国民收入构成公式中实际达到的消费 C 和投资 I。

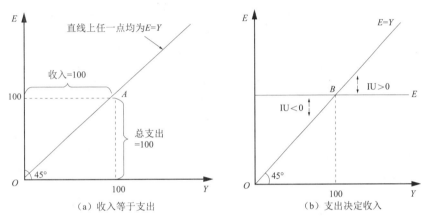

图 10-1　收入与支出关系

均衡产出或收入的条件为：$E = Y$。计划支出等于计划消费加计划投资，即：$E = c + i$。生产创造的收入等于计划消费加计划储蓄，即 $Y = c + s$，因此就有 $c + i = c + s$，等式两边消去 c，即：

$$i = s \tag{10.1}$$

需要再次说明，这里的投资等于储蓄，是指经济要达到均衡，计划投资必须等于计划储蓄。而国民收入核算中的 $i = s$，则是指实际发生的投资（包括计划和非计划存货投资在内）始终等于储蓄。前者为均衡的条件，即计划投资不一定等于计划储蓄，只有二者相等时，收入才处于均衡状态；而后者所指的实际投资和实际储蓄是根据定义而得到的实际数字，从而必然相等。

二、均衡国民收入的决定因素：消费、储蓄和投资

（一）消费和消费函数

消费（Consumption）是人们使用商品和劳务以满足各种需要的经济行为和活动。消费是 GDP 中的最大组成部分。消费包括：耐用消费品，如汽车、家用设备等；非耐用消费品，如食品、服装、能源等；服务，如住房、医疗、娱乐、教育等。

消费量是由什么决定的呢？在现实生活中，影响消费水平的因素有很多，如收入水平、商品价格水平、利率水平、收入分配状况、消费者偏好、家庭财产状况、消费信贷状况、消费者年龄构成、社会保障制度、风俗习惯等。在影响收入的各种因素中，收入是具有决定性

意义的因素,收入的变化决定消费的变化。随着收入的增加,消费也会增加,但消费的增加不及收入的增加多。收入和消费两个经济变量之间的这种关系叫作消费函数或消费倾向。消费函数(Consumption Function)是指反映消费支出与影响消费支出的因素之间的函数关系式。如果用 C 代表消费,用 Y 代表收入,则消费函数可以表示为:

$$C = f(Y) \tag{10.2}$$

消费与收入的关系还可以用平均消费倾向与边际消费倾向来说明。

平均消费倾向(Average Propensity to Consume,APC)又称消费倾向,是指任一收入水平上消费支出在可支配收入中的比率,用公式表示为:

$$APC = C/Y \tag{10.3}$$

边际消费倾向(Marginal Propensity to Consume,MPC),是指增加的消费和增加的收入之间的比率,也就是增加的 1 单位的收入中用于增加的消费部分的比率。如果用 ΔC 表示消费增加量,用 ΔY 表示收入增加量,则边际消费倾向可以用公式表示为:

$$MPC = \Delta C/\Delta Y = dC/dY \tag{10.4}$$

消费随着收入的增加而增加,但消费的增加不如收入增加的多,这就是边际消费倾向递减规律。平均消费倾向也呈递减走向,如图 10 - 2 所示。

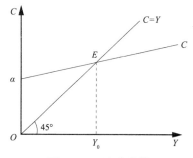

图 10 - 2 消费曲线

如果消费和收入之间存在线性关系,则边际消费倾向为一常数,如图 10 - 2 所示,横轴 OY 代表收入,纵轴 OC 代表消费。图中 45°线是支出相抵线,直线上任意一点都表示 $C = Y$(收入等于消费)。消费曲线 C 向右上方倾斜,表示随着收入的增加,消费也增加。C 与 45°线相交于 E 点,E 点是收支相抵点。在 E 点之左,消费大于收入,有负储蓄;在 E 点之右,消费小于收入,有正储蓄。当收入等于零时,消费为 α,α 表示不依存于收入的消费,称为自发消费。这时消费函数可以表示为:

$$C = \alpha + \beta Y \tag{10.5}$$

式中,α 为自发消费部分;β 为边际消费倾向;β 和 Y 的乘积表示收入引致的消费。因此,整个公式的经济含义是:消费等于自发消费与引致消费之和。

当消费函数为线性时,APC > MPC。从公式上看:

$$APC = \frac{C}{Y} = \frac{\alpha + \beta Y}{Y} = \frac{\alpha}{Y} + \beta \tag{10.6}$$

在这里,β 是 MPC,由于 α 和 Y 都是正数,因此,APC > MPC。随着收入增加,α/Y 的值越来越小,APC 逐渐趋近于 MPC。

消费函数或消费曲线的特点:

① 在收支相抵的可支配收入水平,$Y = C$。

② 在低于收支相抵的可支配收入水平，消费曲线位于45°线之上，$Y<C$，过剩的消费支出由以前的储蓄或借债解决，存在"负储蓄"。

③ 在高于收支相抵的可支配收入水平，消费曲线位于45°线之下，$Y>C$，可支配收入大于计划的消费支出的量就是储蓄。

④ 消费曲线总是从左下方向右上方倾斜，具有正的斜率。

在收支相抵点，APC = 1；在低于收支相抵的可支配收入水平，APC > 1；在高于收支相抵的可支配收入水平，APC < 1；APC 的值即为原点到消费曲线某一点的射线的斜率。MPC 在任何可支配收入水平都是大于零而小于 1。

（二）储蓄函数

储蓄与决定储蓄的各种因素之间的依存关系，称为储蓄函数，是现代西方经济学的基本分析工具之一。由于在研究国民收入决定时，假定储蓄只受收入的影响，故储蓄函数又可定义为储蓄与收入之间的依存关系。一般说来，在其他条件不变的情况下，储蓄随收入的变化而同方向变化，即收入增加，储蓄也增加；收入减少，储蓄也减少。但二者之间并不按同一比例变动。设 S 代表储蓄，Y 代表收入，则储蓄函数的公式为：

$$S = f(Y) \tag{10.7}$$

线性储蓄函数为：$S = -\alpha + (1-\beta)Y$，这是因为 $S = Y - C$，$C = \alpha + \beta Y$，故：

$$S = Y - C = Y - (\alpha + \beta Y) = -\alpha + (1-\beta)Y \tag{10.8}$$

在横轴为收入 Y，纵轴为消费 C 或储蓄 S 的坐标中，储蓄函数如图 10 - 3 所示。储蓄曲线向右上方倾斜，表明储蓄随收入的增加而增加。OA 为 $-\alpha$，表示收入为 0 时储蓄的减少量，即储蓄是自发消费的来源。B 点是储蓄曲线与横轴的交点，表示收入为 OB 时全部的收入都用于消费，此时的储蓄为 0；位于储蓄曲线上横轴以上的点如 C 点，表示存在正储蓄，而位于储蓄曲线上横轴以下的点如 D 点，表示存在负储蓄。

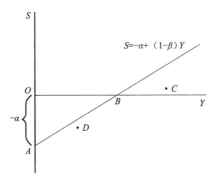

图 10 - 3　线性的储蓄曲线

储蓄曲线上任意一段弧或任一点的斜率就是边际储蓄倾向，所以，线性的储蓄曲线上任意一段弧或任一点的斜率都相等，都等于数值不变的边际储蓄倾向。储蓄曲线上任何一点与原点连线的斜率表示储蓄在收入中所占的比率，就是平均储蓄倾向。即：

$$\text{MPS} = \frac{\Delta S}{\Delta Y} \tag{10.9}$$

$$\text{APS} = \frac{S}{Y} \tag{10.10}$$

例如收入由 100 元增加到 120 元，消费由 80 元增加到 94 元。边际储蓄倾向 MPS =

$(26-20)/(120-100) = 0.3$,MPC $= 14/20 = 0.7$。

收入100元中,80元用于消费,其余20元用于储蓄,平均储蓄倾向 APS $= S/Y = 0.2$,消费函数和储蓄函数互为补数,如图10-4所示。二者之和等于收入,即:

$$C = \alpha + \beta Y$$
$$S = -\alpha + (1-\beta)Y$$
$$C + S = \alpha + \beta Y - \alpha + Y - \beta Y = Y$$

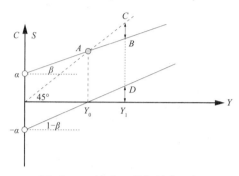

图10-4 消费函数与储蓄函数

$$\text{MPC} + \text{MPS} = \frac{\Delta C}{\Delta Y} + \frac{\Delta S}{\Delta Y} = 1 \quad (10.11)$$

$$\text{APC} + \text{APS} = \frac{C}{Y} + \frac{S}{Y} = 1 \quad (10.12)$$

(三)消费理论

1. 现期收入假定下的消费函数理论

(1)绝对收入假说

绝对收入假说即凯恩斯的消费函数理论。凯恩斯认为,在短期中,消费取决于收入,实际消费支出是实际收入的稳定函数。消费与收入之间的关系就是消费倾向,边际消费倾向是正值,但小于1。边际消费倾向随收入增加而递减,边际消费倾向小于平均消费倾向。

绝对收入假说的中心:消费取决于绝对收入水准;边际消费倾向递减。

(2)相对收入假说

相对收入假说由美国经济学家杜森贝利提出。他认为消费者会受到自己过去的消费习惯和周围的消费水准的影响而决定消费,因此消费是相对决定的。按他的看法,消费与所得在长时期维持一固定的比率,故长期消费函数是从原点出发的直线,但短期消费函数则为有正截距的曲线。不论从时间数列或从横断面观察都是如此。先从时间数列来观察,杜森贝利认为,依照人们习惯,增加消费容易,减少消费则难。因为一向过着相当高的生活水准的人即使收入降低,多半也不会马上因此降低消费水准,而是会继续维持相当高的消费水准,故消费固然会随收入的增加而增加,但不易随收入的减少而减少。因此,就短期观察时,可发现在经济波动过程中,收入增加时低收入者的消费会赶上高收入者的消费,但收入减少时,消费水平的降低相当有限。

因此,短期消费函数不同于长期消费函数。长期消费函数为 $C = \beta Y$,短期消费函数为 $C = \alpha + \beta Y$。这样,杜森贝利将短期消费函数的正截距的产生归因于经济周期各阶段的不同消费行为。杜森贝利理论的核心是消费者易于随收入的提高增加消费,但不易随收入之降低而减少消费,以致产生有正截距的短期消费函数。这种特点被称为"棘轮效应",即上去容易下来难。

总之，杜森贝利认为短期消费函数之所以有正截距，是由于消费者决定当期消费时不能摆脱过去的消费习惯。使当期消费决定于当期收入及过去的消费支出水平。杜森贝利的相对收入消费理论的另一方面内容是指消费者的消费行为要受周围人们消费水准影响，这就是所谓"示范效应"。如果一个人的收入增加了，周围人或自己同一阶层人收入也同比例增加了，则他的消费在收入中的比例并不会变化，而如果别人收入和消费增加了，他的收入并没有增加，但因顾及它在社会上的相对低位，也会打肿脸充胖子提高自己的消费水平。这种心理会使短期消费函数随社会平均收入的提高而向上移动。

【资料】詹姆斯·S. 杜森贝利（James Stemble Duesenberry，1918—2009）美国著名经济学家，青年时期求学于密执安大学和哈佛大学，曾先后获得文学学士、硕士和哲学博士学位。1946 年任美国麻省理工学院讲师，从 1948 年开始在哈佛大学任教。历任助理教授、副教授、教授，并于 1972—1977 年任哈佛大学经济系主任。主要著作：《收入、储蓄和消费者行为理论》《货币与信用：冲击与控制》等。

2. 持久收入假说

持久收入假说是由美国著名经济学家弗里德曼提出来的。短期边际消费倾向小于长期边际消费倾向是因为在现期收入增加时，人们无法确定这种收入的增加是否能够持续，因此，也就不能立即根据这种收入的增加来调整消费。但是，如果这种增加能够得到持续，人们在下一期就要根据较高的收入水平来调整消费支出。这种调整的快慢取决于人们对持久收入预期的形成方式。如果预期是适应性的，这种调整就慢些；如果预期是理性的，这种调整就要快一些。弗里德曼的消费函数表示为：

$$C_t = \beta \cdot YP_t \tag{10.13}$$

式中，C_t 为现期消费，β 为边际消费倾向，YP_t 为现期持久收入。

【资料】米尔顿·弗里德曼（Milton Friedman，1912—2006），1912 年出生在美国纽约的一个犹太家庭里。美国当代经济学家，芝加哥大学教授、芝加哥经济学派代表人物之一、货币学派的代表人物，以研究宏观经济学、微观经济学、经济史、统计学及主张自由放任资本主义而闻名。1941—1943 年出任美国财政部顾问。1976 年获诺贝尔经济学奖。

3. 生命周期假说

莫迪利安尼等人提出该理论。人们根据预期寿命安排收入用于消费和储蓄的比例。各家庭在每一时点上的消费和储蓄决策反映了该家庭在其生命周期内谋求达到消费理想分布的努力，而各家庭的消费要受制于该家庭在其整个生命期间内所获得的总收入。按照生命周期假说，消费函数的基本形式可以写为：

$$C = \alpha WR + \beta YL \tag{10.14}$$

式中，WR 为实际财富；α 为财富的边际消费倾向，即每年消费掉的财富的比例；YL 为工作收入；β 为工作收入的边际消费倾向，即每年消费掉的工作收入的比例。

【资料】弗朗科·莫迪利安尼（Franco Modigliani，1918—2003），意大利籍美国人，1918 年出生在意大利罗马的一个犹太家庭里，1936 年获得了罗马大学的法学学士学位，1939 年移居美国。首次提出储蓄的生命周期假设，这一假设在研究家庭和企业储蓄中得到了广泛应用。1985 年获诺贝尔经济学奖。

（四）投资和资本边际效率

在简单凯恩斯模型中，投资支出和消费支出一样，是总支出的重要组成部分。因此，在分析了消费支出对总产出的影响之后，有必要进一步分析投资对总产出的影响。通过分析，我们能透彻地理解既定时期内总产出是如何在现在使用（消费）与未来使用（投资以提高未来的产出）之间进行配置的。同时，在总支出的构成中，投资比其他各项具有更大的波动性。探索投资波动背后的深层原因对理解经济波动是至关重要的。

投资意味着资本形成，即社会实际资本的增加，它表示在一定时间内资本的增量，即生产能力的增量。投资需求是总需求中的重要部分。投资需求就是总支出理论中的计划投资支出。经济学中的投资指的是实体投资而不是金融投资。金融投资指资产所有权的转移，如购买证券、土地或者其他财产等。这里关注的是实体投资，是指资本的形成及社会实际资本的增加，包括固定投资、存货投资和住房投资，如厂房、机器设备和存货的增加，新住宅的建设等。

1. 资本边际效率

厂商在考虑是否进行一项投资时，首先要考虑该项投资所需多少成本，进而考虑该项投资未来每年能带来多少收益，但是，厂商在比较投资成本和投资收益时，不能忽视一个重要的差异，即成本是现期付出的，而收益是在未来才得到的，显然二者之间是不具有可比性的。例如，某厂商今年投资 440 万美元，从明年开始每年末都有 100 万美元的收益，持续收益 5 年。这是否意味着未来 5 年的总收益为 500 万美元呢？显然不能这样计算。因为每个 100 万美元都将发生在不同的时间上，它们是不具可比性的。为使成本和收益具有可比性，需要把它们都转化成现期的价值，即现值。

现值是指现期投资的货币量。未来收益要折为现值，就是将未来收益的货币量扣除按既定比例支付的利息，余额即为未来收益的现值。为了决定某项投资是否值得，就需要计算投资的净现值。所谓净现值，是指一项投资所引起的收入流量与支付流量现值的差额。一般而言，如果一项投资的净现值是正值，该项投资就值得；如果投资的净现值是负值，则该项投资就不值得。基于此，凯恩斯提出了资本的边际效率的概念。

资本的边际效率（Marginal Efficiency of Capital，MEC）是一种贴现率，这种贴现率正好使一项资本物品的使用期各项预期收益的现值之和等于这项资本物品的供给价格或重置成本。投资的收益是关于未来的，因此判断投资是否合算要考虑按同期的银行利率计算的现值。

例如，假定本金为 100 美元，年利息率为 5%，则有：

第 1 年本利之和为 $100 \times (1+5\%) = 105$（美元）

第 2 年本利之和为 $105 \times (1+5\%) = 100 \times (1+5\%)^2 = 110.25$（美元）

第 3 年本利之和为 $110.25 \times (1+5\%) = 100 \times (1+5\%)^3 = 115.76$（美元）

以此可类推以后各年的本利之和。

如果以 r 表示利率，R_0 表示本金，R_1，R_2，R_3，$\cdots$，R_n，分别表示第 1 年、第 2 年、第 3 年……第 n 年本利之和，则各年本利之和为：

$$R_1 = R_0(1+r)$$
$$R_2 = R_1(1+r) = R_0(1+r)^2$$
$$R_3 = R_2(1+r) = R_0(1+r)^3$$
$$\cdots\cdots$$

即：
$$R_n = R_0(1+r)^n \tag{10.15}$$

现在将以上的问题逆向分析，即已知利率 r 和各年的本利和，利用以上公式求本金。仍使用以上具体数字。已知 1 年后的本利和 R_1 为 105 美元，利率 r 为 5%，则可以求得本金 R_0：

$$R_0 = R_1/(1+r) = 105/(1+5\%) = 100 \text{（美元）}$$

上式求出的 100 美元就是在利率为 5% 时、1 年后所获得的本利之和的现值。以同样的方法，可以求出以后各年本利之和的现值，这些现值都是 100 美元。从以上例子中，可以得出现值的一般公式：

$$R_0 = \frac{R_n}{(1+r)^n} \tag{10.16}$$

利用现值可以说明资本边际效率（MEC）。假定某企业花费 50 000 美元购买一台设备，该设备使用期为 5 年，5 年后该设备损耗完毕；再假定除设备外，生产所需的人工、原材料等成本不做考虑；以后 5 年里各年的预期收益分别为 12 000 美元、14 400 美元、17 280 美元、20 736 美元、24 883.2 美元，这些预期收益是预期毛收益。

如果贴现率为 20% 时，则 5 年内各年预期收益的现值之和正好等于 50 000 美元，即：
$5\,000 = 12\,000/(1+r) + 14\,400/(1+r)^2 + 17\,280/(1+r)^3 + 20\,736/(1+r)^4 + 24\,883.2/(1+r)^5$

可以计算出：$r = 20\%$，即该笔投资的资本边际效率为 20%，这就是按复利方法计算的预期利润率。上例中，20% 的贴现率表明了一个投资项目每年的收益必须按照固定的 20% 的速度增长才能实现预期的收益，故贴现率也代表投资的预期收益率。

可以将上例用一般公式表达出来，若假定资本品是在 n 年中报废，并且使用终了后还有残值，则资本边际效率计算公式为：

$$R = \frac{R_1}{1+r} + \frac{R_2}{(1+r)^2} + \frac{R_3}{(1+r)^3} + \cdots + \frac{R_n}{(1+r)^n} + \frac{J}{(1+r)^n} \tag{10.17}$$

式中，R 代表资本物品的供给价格，R_1，R_2，R_3，$\cdots$，R_n 代表不同年份的预期净收益，J 代表该资本品在 n 年年末时的报废价值，r 代表资本的边际效率。

研究资本边际效率的意义在于：作为预期收益率的资本边际效率如果大于市场利率，就值得投资；反之，如果资本边际效率小于市场利率，就不值得投资。在资本边际效率既定的条件下，市场利率越低，投资的预期收益率相对而言也就会越高，投资就越多；而市场利率越高，投资的预期收益率相对而言也就会越低，投资就越少。因此，与资本边际效率相等的市场利率是企业投资的最低参考界限，所以，可将资本边际效率与投资的反方向变动关系表示为市场利率与投资量的反方向变动关系。市场利率与投资量的反方向变动关系可用资本边际效率曲线表示。

2. 资本边际效率曲线

如果 R、J 和各年预期收益都能估算出来，就能算出资本的边际效率，如果资本边际效率大于市场利率，则此投资就值得，否则就不值得。从资本边际效率的公式中可以看出，r 的数值取决于资本物品供给价格和预期收益，预期收益既定时，供给价格越大，r 越小；而供给价格既定时，预期收益越大，r 越大。在实际生活中，每一个投资项目的资本边际效率是不一样的，每一个企业都会面临一些可供选择的投资项目，如图 10-5 所示。

图 10-5 表示某企业有可供选择的 4 个项目：项目 A 投资额为 10 万元，MEC = 10%；项目 B 投资量为 5 万元，MEC = 8%；项目 C 投资量为 15 万元，MEC = 6%；项目 D 投资额为 10 万元，MEC = 4%。如果市场利率为 10%，只有项目 A 值得投资；如果市场利率为 8% 或者稍微低些，则 A 和 B 都值得投资，投资总额为 15 万元；如果市场利率降到 4% 以下，C 和 D 也值得投资，投资总额可达到 40 万元。可见对企业来说，利率越低，投资需求量越大。图 10-5 中各个长方形顶端形成的折线就是该企业的资本边际效率曲线。

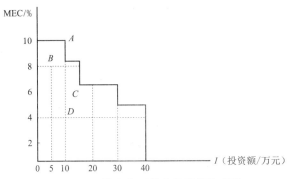

图 10-5 某企业可供选择的投资项目

一个企业的资本边际效率曲线是阶梯形的,但经济社会中所有企业的资本边际效率曲线如果加总在一起,分阶梯的折线就会逐渐变成一条连续的曲线,因为总合过程中所有起伏不平会彼此抵消而转为平滑。如图 10-6 中的 MEC 曲线。

这条资本边际效率曲线表明,投资量 I 和利息率 r 之间存在反方向变动关系:利率越高,投资量越小;利率越低,投资量越大。

3. 投资边际效率曲线

对资本边际效率曲线的分析仅仅涉及一个企业的投资活动,分析的是当利率变化、其他企业投资不受影响时一个企业的投资受利率影响的状况,并没有把这一企业的投资活动与其他企业的投资活动联系在一起。如果把一个企业的投资活动纳入所有企业都参与的整个社会范围内,在此条件下的某一特殊企业的投资与利率的数量关系会发生一些变化,该企业的资本边际效率曲线也就发生位置的移动。比如,当市场利率下降时,如果经济社会中的每个企业都增加投资,就会增加对资本品的需求,从而推动资本品的价格上升。资本品价格的上升,表现在资本边际效率式中,就是资本品供给价格 R 增大,在预期收益 R_1,R_2,R_3,…,R_n 不变的假定下,必然要求资本边际效率 r 减少,以保持等号两边的相等。由于资本品供给价格的上升而缩小后的资本边际效率就叫投资边际效率 MEI,投资边际效率低于资本边际效率是投资竞争的结果。实际投资的边际效率小于资本边际效率,即,投资边际效率曲线会低于资本边际效率曲线。因为在既定的预期投资收益率下,投资需求增加时,资本品的价格会上涨,而这会反过来要求利率(贴现率)的下降,也就是资本边际效率的下降。如图 10-6 中,MEI 曲线与 MEC 曲线都表现出了投资与利率之间的反方向变动关系 MEI < MEC。

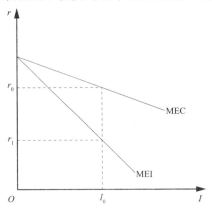

图 10-6 资本边际效率曲线和投资边际效率曲线

4. 投资函数

从投资成本角度看利率，假定投资的预期收益率（资本边际效率）不变，投资决策主要取决于新投资的预期利润率和实际利率的比较。名义利率是借贷者所支付的利率，实际利率大致上等于名义利率减去通货膨胀率。在决定投资的各种因素中，预期利润率既定时，利率就是首要因素。利率上升，则投资需求量减少；利率下降，则投资需求量增加。投资与利率间的这种关系叫作投资函数。投资需求是利率的减函数。函数可写作：

$$I = I(r) \tag{10.18}$$

线性形式为：$I = e - dr$，其中：e = 自主投资，r = 利率（实际利率），d = 投资需求对利率变动的敏感系数或利率对投资需求的影响系数，$d = \Delta I / \Delta r$ 是指利率上升（下降）一个百分点引起投资减少（增加）的数量。投资曲线如图 10-7 所示。

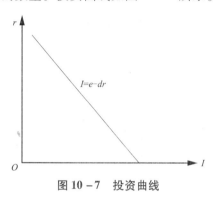

图 10-7 投资曲线

三、简单的国民收入决定模型

简单的国民收入决定模型是指在价格水平既定、利息率既定和投资水平既定的条件下，分析总需求决定国民收入水平的模型。根据需求决定产出的思想，与计划总需求相等的产出为均衡产出。

（一）两部门经济中国民收入的决定及变动

1. 两部门经济中收入的决定——消费函数

将收入恒等式和消费函数结合起来可求得均衡收入：

$$Y = C + I \text{（收入恒等式）}$$
$$C = \alpha + \beta Y \text{（消费函数）}$$

解联立方程，得到均衡收入：

$$Y = \frac{\alpha + I}{1 - \beta} \tag{10.19}$$

例如：$C = 1\,000 + 0.8Y$，自发投资为 600 亿元，则均衡收入：$Y = (1\,000 + 600)/(1 - 0.8) = 8\,000$（亿元）

表 10-1 数据表明，$Y = 8\,000$ 亿元时，$C = 7\,400$ 亿元，$I = 600$ 亿元，$Y = C + I = 7\,400 + 600 = 8\,000$（亿元），说明 8 000 亿元是均衡收入。在收入小于 8 000 亿元时，C 与 I 之和都大于相应的总供给，这意味着企业的产量小于市场需求。于是，企业增加雇用工人的数量，增加生产，使均衡收入增加。相反，收入大于 8 000 亿元时，C 与 I 之和都小于相应的总供给，这意味着企业的产量比市场需求多，产生了存货投资，这会迫使企业解雇一部分

工人，减少生产，使均衡收入减少。两种不同情况变化的结果都是产量正好等于需求量，即总供求相等，收入达到均衡水平。

表 10-1 均衡收入的决定

单位：亿元

收入 Y	消费 C	储蓄 S	投资 I
3 000	3 400	-400	600
4 000	4 200	-200	-600
5 000	5 000	0	600
6 000	5 800	200	600
7 000	6 600	400	600
8 000	7 400	600	600
9 000	8 200	800	600
10 000	9 000	1 000	600

均衡收入的决定还可用图 10-8 来表示。图中的横轴表示收入，纵轴表示消费、投资。消费曲线 C 加投资曲线 I 就得到总支出曲线 C+I，因投资为自发投资，自发投资总等于 600 亿美元，故总支出曲线 C+I 与消费曲线 C 是平行的，两条曲线在任何收入水平上的垂直距离都等于自发投资 600 亿元。总支出曲线与 45°线相交于 E 点，E 点为均衡点，E 点决定的收入是均衡收入 8 000 亿元。如果经济处于总支出曲线 E 点之外的其他点上，就出现了总供求不相等的情况，这会引起生产的扩大与收缩，直至回到均衡点。图 10-8 与表 10-1 的情况都表明：如果意愿的产出大于实际的产出，则有图 10-8 均衡点 E 左边情况；如果意愿的产出小于实际的产出，则有图 10-8 均衡点 E 右边情况。

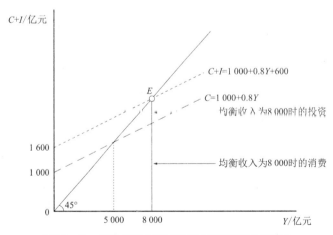

图 10-8 消费加投资和 45°线相交决定国民收入

2. 两部门经济中收入的决定——储蓄函数

用计划投资等于计划储蓄的方法求得均衡收入，将此二式联立，则有：

$$I = S = Y - C \text{（投资等于储蓄）}$$
$$S = -\alpha + (1-\beta)Y \text{（储蓄函数）}$$

求解，同样可得均衡收入：

$$Y = \frac{\alpha + I}{1-\beta}$$

例：$S = -1\,000 + (1-0.8)Y$，自发投资为600亿元，则均衡收入：$Y = (1\,000 + 600)/(1-0.8) = 8\,000$

这一结果在表10-1中也体现出来，即$Y=8\,000$亿元时，投资I与储蓄S正好相等，从而实现了均衡。可以看到，这一结果与使用消费决定均衡收入的方法得到的结果是一样的。储蓄与均衡国民收入的决定也可以用图10-9表示。图中的横轴表示收入Y，纵轴表示投资、储蓄。S为储蓄曲线，由于储蓄随收入增多而增多，故储蓄曲线向右上方倾斜。I代表投资曲线，由于投资为自发投资，自发投资又不随收入变化而变化，其值总等于600亿元，故投资曲线是一条平行线。储蓄曲线与投资曲线相交于E点，E点为$I=S$的均衡点，由E点决定的收入是均衡收入，即8\,000亿元。如果实际产量小于均衡收入水平，此时的投资大于储蓄，社会总需求大于总供给，产品供不应求，存货投资为负，企业就会扩大生产，社会收入水平就会增加，直至均衡水平。反之，实际产量大于均衡收入，此时的投资小于储蓄，社会总需求小于总供给，产品过剩，产生了非计划存货投资，企业就会缩小生产，社会收入水平因此而减少，直至均衡水平。只要投资与储蓄不相等，社会收入就处于非均衡状态，经过调整，最终达到均衡收入水平。

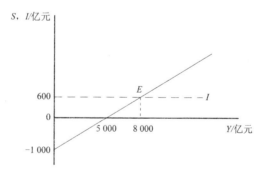

图10-9 储蓄曲线和投资曲线相交决定国民收入

由于消费函数与储蓄函数的互补关系，无论使用哪种函数方法决定收入，最后得到均衡收入的结果都是相同的。

阅读与思考

节俭悖论

"节俭悖论（Paradox of Thrift）"是凯恩斯推广而流行的一种理论，根据凯恩斯主义的国民收入决定理论，消费的变动会引起国民收入同方向变动，储蓄的变动会引起国民收入反方向变动。但根据储蓄变动引起国民收入反方向变动的理论，增加储蓄会减少国民收入，使经济衰退，是恶的；而减少储蓄会增加国民收入，使经济繁荣，是好的，这种矛盾被称为"节俭悖论"。如图10-10所示，增加储蓄或减少消费，储蓄曲线S向上平移至S'，α减少；储蓄曲线S向上偏转至S''，β减少。萧条时期强调储蓄，会使萧条更萧条。这里的节俭是指消费减少或储蓄增加。引起个人财富增加的节俭却导致了国民收入的减少。节俭悖论的产生是由于投资没有随着储蓄的增加而增加。节俭悖论仅仅是短期内储蓄无法转化为投资时产生的一种现象。在长期，储蓄终将转化为投资，节俭悖论也就不存在了。

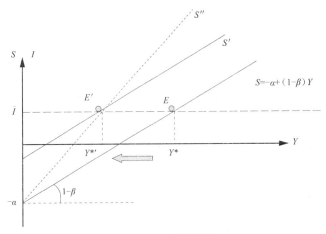

图 10-10 节俭悖论

(二) 三部门经济中的国民收入决定

我们已经讨论了两部门经济中国民收入的决定问题，现在我们引入政府部门，考察引入政府部门以后，会怎样影响总供给和总支出，从而影响均衡收入。政府的作用包括为经济发展创造一个良好的条件、对社会财富进行再分配、保障社会公平。当经济出现波动时，政府将运用各种政策对经济进行调控，使得经济回归到正常的发展轨道，实现经济增长、充分就业、低通货膨胀和国际收支平衡的目标。财政政策是政府部门的主要调控手段，运用财政政策就是政府部门通过调整自身的收入和支出，来影响经济中的总需求水平，从而实现理想的政策目标。政府部门的收入主要通过税收取得，政府部门的支出包括购买性支出和转移支付。

政府部门主要对家庭部门和企业部门的收入征税，筹集资金以满足政府开支和社会发展的共同需要。税收具有强制性、无偿性和固定性的基本特征，从不同的角度可以对税收进行不同的分类，在这里，我们可以把税收分为定量税和比例税两种形式。定量税指无论收入多少，税收总额不变，税收与收入没有关系；比例税指按照收入的多少征税，税收总额占收入的一定比例，这个比例就是税率，税率由政府部门决定。政府部门可以分别以定量税或比例税的方式征税，还可以采用定量税与比例税相结合的方式征税。政府部门征税会带来可支配收入的减少，进而降低总支出水平，收缩总需求。政府部门的支出则会提高总需求的水平。其中，政府部门进行购买性支出，购买产品和劳务，直接促成总需求的提高；政府进行转移支付，实际上是国民收入的再分配，把国民收入的一部分从边际消费倾向较低的富人手里转移到边际消费倾向较高的穷人手里，增长他们的可支配收入，间接带来总需求水平的提高。

与两部门经济的情况相比较，由于政府部门的存在，三部门经济的总支出发生了很大的变化。从总支出即总需求的角度看，国民收入由消费、投资、政府购买支出构成，因此，三部门经济的国民收入均衡条件是国民收入等于消费、投资、政府购买支出之和，即：

$$Y = C + I + G$$

在这里，税收可以分为两种情况：一种为定量税，即税收不随收入而变动，用 T 来代表；另一种是比例所得税，即随收入增加而增加的税收量。为简化起见，下面只讨论定量税的情况。

假设消费函数为 $C = \alpha + \beta Y_d$，定量税为 T，投资为 I，政府购买为 G，Y_d 表示居民可支配收入，可通过收入减去税收加上政府转移支付求出，用公式可表示为：$Y_d = Y - T + t_r$，在这里忽略政府转移支付的影响，因此：$Y_d = Y - T$，根据均衡方程式 $Y = C + I + G = \alpha + \beta Y_d + I + G = \alpha + \beta(Y - T) + I + G$，整理后得到：

$$Y = \frac{1}{1-\beta}(\alpha + I + G - \beta T) \qquad (10.20)$$

（三）四部门经济中的国民收入决定

世界各国的经济是通过国际贸易、国际资金流动紧密相连的，进出口是一国经济活动的重要组成部分，对一国的经济有着深远的影响。对于我国来说，在相当长的一段时期内，国内需求不旺，进口成为拉动经济增长的重要力量，考察对外经济部门的作用对我国尤其有意义。

进口是本国对外国产品和劳务的需求，意味着本国收入的一部分将支付给外国。进口产品可能是用来消费，也可能是用来投资，比如购买一瓶法国香水是消费行为，航空公司购买一台波音飞机是进行投资；进口也包括购买国外的劳务，比如中国学生到英国去旅游便是消费英国提供的旅游服务，这也属于进口。进口受到一系列因素的影响，包括本国收入、消费习惯、经济结构等，其中收入是主要的影响因素，一般来说，收入越高，对进口的需求就会越大；反之，收入越低，对进口的需求就越小。进口需求函数可以表示为：

$$M = M_0 + \gamma Y$$

其中，M_0 表示自发进口，即和收入没有关系或者说不取决于收入的进口部门，是本国无法生产的必需品，一般是为了维持经济社会正常运行必须要进口的资源等；γ 是边际进口倾向，表示收入每增加 1 元进口会增加多少。γ 是一个大于 0、小于 1 的常数，表示进口与收入是正相关关系。

出口是外国对本国产品和劳务的需求，意味着本国收入有一部分来自国外。本国的出口便是外国的进口，主要由外国的收入、消费习惯、经济结构等因素决定。显然出口的变动也将影响国民收入，而一国均衡的国民收入主要受到净出口的影响，即：

$$Y = C + I + G + NX$$

其中，NX 指净出口，为出口和进口的差额：$NX = X - M$，这是总需求的一部分。当国民收入水平提高时，一般可假定 NX 会减少，而国民收入水平下降时，NX 会增加。这是因为，在 $NX = X - M$ 中，出口 X 是由外国的购买力和购买需求所决定的，本国难以左右，因而一般假定为一个外生变量，即 $X = \overline{X}$，而进口却会随着本国收入提高而增加。反之亦然。

有了净出口后，国民收入决定的模型可以表示如下：

$$Y = C + I + G + (X - M)$$

把上式中的各个组成部分进行分解：

$$C = \alpha + \beta Y_d$$

因为 $Y_d = Y - T + t_r$，其中，T 为总税收，t_r 为政府转移支付。

假定投资既定，$I = \overline{I}$；假定政府购买既定，$G = \overline{G}$；假定政府转移支付既定，$t_r = \overline{t_r}$；假定出口既定，$X = \overline{X}$。根据 $M = M_0 + \gamma Y$，经整理，得到四部门经济的均衡的国民收入表示为：

$$Y = \frac{1}{1 - \beta + \gamma}(\alpha + \overline{I} + G - \beta T + \beta \overline{t_r} + \overline{X} - M_0) \qquad (10.21)$$

四、乘数理论

乘数的概念最早是由英国经济学家卡恩在 1931 年提出的，后来被凯恩斯加以利用，成为凯恩斯主义和其他宏观经济学流派用来分析宏观经济的一个重要的工具。

乘数效应通常是指自变量的变化对因变量具有倍数作用，即因变量的改变量是自变量增量的倍数。乘数效应也称倍数效应或放大效应。在国民收入理论中，乘数效应是指国民收入的变动量与引起这种变动的注入量之间的比率。

◆ 案例分析

破窗经济与乘数效用

一个流氓打破了一家商店的窗玻璃。店主无奈只能再买一块，为此花了 200 美元。玻璃店的店主把这 200 美元中的 80% 即 160 美元用于其他支出。得到这笔支出的人收入增加 160 美元，又把其中的 80% 支出……如此循环下去，最后整个经济中的收入增加了 1 000 美元。流氓打破玻璃不仅无过，反而有"功"，因为刺激了经济发展。这就是所谓的破窗经济。

破窗经济说明最初投资增加（店主买玻璃）会引起经济中相关部门收入与支出增加的连锁反应，从而使最后国民收入的增加大于最初投资的增加。这种过程被称为乘数效应。最后国民收入的增加量与最初投资增加量的比称为乘数。由于国民经济各部门之间相互关联，某一部门投资的增加一定会引起其他部门收入与支出的增加，所以，乘数必定大于 1。乘数的大小取决于得到收入的部门支出多少，即边际支出倾向的大小（如果支出用于消费也可以用边际消费倾向的概念）。边际支出倾向是增加的支出在增加的收入中所占的比例（边际消费倾向是增加的消费在增加的收入中所占的比例）。例如，增加的收入为 200 美元，增加的支出为 160 美元，则边际支出倾向为 0.8（如果支出的 160 美元为消费，就是边际消费倾向为 0.8）。乘数是 1 减边际支出倾向（或边际消费倾向）的倒数。在上例中，当边际支出倾向为 0.8 时，乘数为 5，所以，最初投资增加 200 美元，最后使国民收入增加了 1 000 美元。

破窗经济的例子所揭示的是现实中存在的乘数原理。但要注意两点：一是乘数原理的作用是有条件的，只有经济中资源没有得到充分利用，乘数才起作用，最初投资的增加才能起到使国民收入数倍增加的作用。衰退时期，政府采用扩张性财政政策增加政府支出正是利用乘数的作用。但如果经济已实现了充分就业，最初投资的增加就不会引起这种乘数效应，只会引起通货膨胀。二是乘数也是一把"双刃剑"，投资增加会引起国民收入成倍增加，投资减少也会引起国民收入成倍减少。所以，乘数效应会加剧经济波动。

当然，尽管破窗经济形象地说明了乘数原理，但我们并不是要把打破窗户作为最初的投资刺激，因为这毕竟是一种浪费行为。我们要以有经济效益的投资引起乘数效应，即不能用浪费刺激经济。"流氓破坏有功"是谬论。我们也不能把自然灾害看作是刺激经济的好事，灾害毕竟会使经济蒙受不必要的损失，何况经济中可以刺激投资的好事还是很多的。当前我国政府实行积极的财政政策扩大基础设施、环保等工程投资就是对经济的有利刺激。经济学家用破窗经济的例子无非是要形象地说明乘数原理，如果把它理解为"破坏有功"，那就歪曲其本意了。

（摘自梁小民《宏观经济学纵横谈》，三联书店，2002 年）

（一）投资乘数

假定社会的边际消费倾向是 0.8。因此，若投资增加 1 000 亿美元，则最后国民收入将增加 5 000 亿美元。其过程是：

$$1\,000 + 1\,000 \times 0.8 + 1\,000 \times 0.8 \times 0.8 + \cdots + 1\,000 \times 0.8^{n-1}$$

$$= \frac{1}{1-0.8} \times 1\,000 = 5\,000（亿美元）$$

上例中，投资增加 1 000 亿美元，最后国民收入增加了 5 倍，即：$\frac{1}{1-0.8} = 5$

下面我们来推导一下这个公式，r 即上例提到的边际消费倾向。

$$1 + r + r^2 + r^3 + r^4 + \cdots + r^n + \cdots = \frac{1}{1-r}$$

上面是一个无穷几何级数，我们来推导一下这个公式。

我们设 x 等于上式，即：

公式 1：$x = 1 + r + r^2 + r^3 + r^4 + \cdots + r^n + \cdots$

我们再将等式两边乘以 r，则公式为：

公式 2：$rx = r + r^2 + r^3 + r^4 + \cdots + r^n + \cdots$

我们用公式 1 减去公式 2，得到公式 3：$x - rx = 1$，整理移项得到公式：

$$x = \frac{1}{1-r} \tag{10.22}$$

投资乘数就是收入变化量与带来这个变化的投资支出变化量的比率。

如图 10-11 所示，假设经济处于均衡点 Y_1，如果企业对自己未来的盈利能力很乐观，并增加了 ΔI 的厂房、机器设备等支出。这个投资支出的增加使得 A_1E_1 直线上移了 ΔI，也就是从原来的直线 A_1E_1 移动到 A_2E_2，新的产出均衡点处于 Y_2。假设在总支出函数中，计划投资、政府购买和进出口都是常数。那么总支出函数的形状就是由消费函数的形状决定。假设线性消费函数为：$C = \alpha + \beta Y$，其中 β 为边际消费倾向，ΔI 的自动支出增加导致 GDP 增加了 $\Delta Y = K_I \times \Delta I$，$K_I$ 为投资乘数，$K_I = 1/(1-\beta)$。

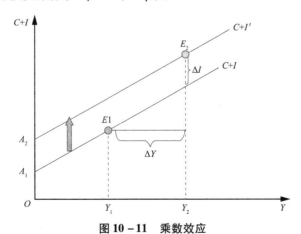

图 10-11 乘数效应

我们来推导一下：

$Y_1 = (\alpha + I_1 + G - \beta T)/(1-\beta)$，$Y_2 = (\alpha + I_2 + G - \beta T)/(1-\beta)$

$$\Delta Y = Y_2 - Y_1 = (I_1 - I_2)/(1-\beta) = \Delta I/(1-\beta)$$
$$K_I = \Delta Y/\Delta I, \quad K_I = 1/(1-\beta)$$

投资乘数的形成过程可以理解为一种无穷的递推连锁反应过程。边际消费倾向 β 越大，乘数值越大。注意乘数公式 $1/(1-\beta)$ 只是最简单的表述，因为它忽略了真实世界的复杂性，比如 GDP 增加对出口、通货膨胀和利率的影响，即实际收入增加相对要小。

（二）政府支出乘数

总支出中，每一项增加都能产生乘数效应，形成不同的乘数。除了投资乘数外还有政府支出乘数、税收乘数、转移支付乘数等。

政府购买支出乘数是指收入变动与引起收入变动的政府购买支出变动的比率。用 K_G 表示政府购买支出乘数，ΔY 表示收入变动，ΔG 表示政府购买支出变动，则：

$$K_G = \frac{\Delta Y}{\Delta G} \tag{10.23}$$

在政府起作用的三部门经济中，国民收入均衡条件是国民收入等于消费、投资、政府购买支出之和，即：

$$Y = C + I + G \tag{10.24}$$

在这里，税收有两种情况：一种为定量税，即税收量不随收入而变动，用 T 来表示；另一种为比例税，即随着收入增加而增加的税收量。为简化起见，下面只讨论定量税的情况。

已知消费函数为：$C = \alpha + \beta Y_d$，则三部门经济的总支出或总需求为：

$$Y = C + I + G = \alpha + \beta(Y - T) + I + G \tag{10.25}$$

整理，得定量税下的均衡国民收入的公式为：

$$Y = \frac{1}{1-\beta}(\alpha + I + G - \beta T) \tag{10.26}$$

假定除 G 之外，组成收入的其他因素保持不变，当政府购买支出从 G_0 变为 G_1 时，收入分别为：

$$Y_0 = \frac{\alpha_0 + I_0 + G_0 - \beta T_0}{1-\beta}$$

$$Y_1 = \frac{\alpha_0 + I_0 + G_1 - \beta T_0}{1-\beta}$$

$$Y_1 - Y_0 = \Delta Y = \frac{G_1 - G_0}{1-\beta} = \frac{\Delta G}{1-\beta}$$

$$\frac{\Delta Y}{\Delta G} = K_G = \frac{1}{1-\beta} \tag{10.27}$$

可见，政府购买支出乘数等于 1 减去边际消费倾向 β 的倒数，与边际消费倾向 β 成正比。由于 $1-\beta>0$，故 $K_G>0$，即收入变动与政府购买支出变动呈同方向变动关系。

（三）税收乘数

税收乘数是指收入变动与引起收入变动的税收变动的比率。因为税收变动有比率变动与定量变动两种情况，因此税收乘数也有两种情况：比例税情况下的税收乘数与定量税情况下的税收乘数。我们只讨论定量税情况下的税收乘数。

若其他条件不变，只有税收 T 变动，则从 T_0 变为 T_1 时的收入分别为：

$$Y_0 = \frac{\alpha_0 + I_0 + G_0 - \beta T_0}{1 - \beta}$$

$$Y_1 = \frac{\alpha_0 + I_0 + G_0 - \beta T_1}{1 - \beta}$$

$$Y_1 - Y_0 = \Delta Y = \frac{-\beta T_1 + \beta T_0}{1 - \beta} = \frac{-\beta \Delta T}{1 - \beta}$$

$$\frac{\Delta Y}{\Delta T} = K_T = \frac{-\beta}{1 - \beta} \tag{10.28}$$

式中,K_T表示税收乘数,ΔY表示收入变动,ΔT表示税收变动,税收乘数为负值表示收入随税收增加而减少,随税收减少而增加。其原因是税收增加,表明人们可支配收入减少,从而消费会相应减少,因而税收变动和总支出变动方间相反,税收乘数的绝对值等于边际消费倾向与1减边际消费倾向之比。

(四) 政府转移支付乘数

政府转移支付的增加,会增加居民的可支配收入,社会消费因此而增加,从而国民收入增加。所以,政府转移支付也具有乘数作用。

政府转移支付乘数是指收入变动与引起收入变动的政府转移支付变动的比率。用K_{t_r}表示政府转移支付乘数,ΔY表示收入变动,Δt_r表示政府转移支付变动,t_r表示政府转移支付,有了政府转移支付后,$Y_d = Y - T + t_r$,因此:

$$Y = C + I + G = \alpha + \beta Y_d + I + G$$
$$= \alpha + \beta(Y - T + t_r) + I + G$$
$$Y = \frac{\alpha + I + G + \beta t_r - \beta T}{1 - \beta} \tag{10.29}$$

若其他条件不变,只有t_r变动,则从t_{r0}变为t_{r1}时的收入分别为:

$$Y_0 = \frac{\alpha_0 + i_0 + G_0 + \beta t_{r0} - \beta T_0}{1 - \beta}$$

$$Y_1 = \frac{\alpha_0 + I_0 + G_0 + \beta t_{r1} - \beta T_0}{1 - \beta}$$

$$Y_1 - Y_0 = \Delta Y = \frac{\beta t_{r1} - \beta t_{r0}}{1 - \beta} = \frac{\beta \Delta t_r}{1 - \beta}$$

$$\frac{\Delta Y}{\Delta t_r} = K_{t_r} = \frac{\beta}{1 - \beta} \tag{10.30}$$

可见,政府转移支付乘数等于边际消费倾向β与1减去边际消费倾向β的倒数的乘积。政府转移支付乘数与边际消费倾向β成正比,且政府转移支付乘数为正值,表明收入变动与政府转移支付变动成正比。

(五) 平衡预算乘数

平衡预算乘数是指政府支出和政府收入同时以相等的数量增加或减少时,国民收入变动与政府收支变动的比率。

用K_b表示平衡预算乘数,ΔY表示政府支出和政府收入同时以相等的数量变动时国民收入的变动量,则:

$$\Delta Y = K_G \Delta G + K_T \Delta T = \frac{1}{1-\beta}\Delta G + \frac{-\beta}{1-\beta}\Delta T$$

由于假定 $\Delta G = \Delta T$,因此:

$$\Delta Y = \frac{1}{1-\beta}\Delta G + \frac{-\beta}{1-\beta}\Delta G = \frac{1-\beta}{1-\beta}\Delta G = \Delta G$$

$$\Delta Y = \frac{1}{1-\beta}\Delta T + \frac{-\beta}{1-\beta}\Delta T = \frac{1-\beta}{1-\beta}\Delta T = \Delta T$$

$$\frac{\Delta Y}{\Delta G} = \frac{\Delta Y}{\Delta T} = \frac{1-\beta}{1-\beta} = 1 = K_b$$

K_b 即平衡预算乘数,其值为 1。

(六) 对外贸易乘数

对外贸易乘数是一国在既定的边际消费倾向作用下,由于对外贸易收入而增加的该部门消费会通过国民经济的产业链增加相关部门的收入和消费,最终对国民经济增长和国民收入产生倍加效果。

由曾推导出的四部门中均衡收入决定公式 $Y = \frac{1}{1-\beta+\gamma}(\alpha - \beta T + \beta \bar{t_r} + \bar{I} + \bar{G} + \bar{x} - M_0)$ 可以得到:

$$\frac{\mathrm{d}Y}{\mathrm{d}\bar{X}} = \frac{1}{1-\beta+\gamma}$$

对外贸易乘数表示出口增加 1 单位引起国民收入变动多少。在 β 与 T 既定的条件下,对外贸易乘数取决于 γ,二者呈反方向变动关系。由于 $\gamma = \frac{\Delta M}{\Delta Y}$,即增加的收入中有一部分用于进口而未用于国内需求,对外贸易乘数就小于政府购买支出乘数 $\frac{1}{1-\beta}$。这是因为,有了对外贸易之后,不仅出口会变动,而且投资、政府支出、税收的变动对国民收入变动的影响,与封闭经济相比也发生了变化。

第二节 宏观经济均衡:IS-LM 模型

上一节我们介绍了产品市场均衡下国民收入的决定问题,那只是简单的产品市场均衡,这是因为我们在讨论产品市场均衡时,没有考虑货币因素的影响,并假设利率和投资都是不变的,没有考虑利率对投资的影响。而投资是总需求中重要的组成部分,本身也是活跃的经济变量,所以应该将其考虑到产品市场均衡的问题中来。

市场经济不仅是产品经济,还是货币经济;不仅有产品市场,还有货币市场;而且这两个市场是相互影响,相互依存的。产品市场上总支出或总收入增加了,需要使用的货币的交易量增加了,在利率不变时,货币需求会增加;如果货币供给量不变,利率会上升;而利率上升,会影响投资支出,反过来对产品市场产生进一步的影响。产品市场上的国民收入和货币市场上的利率水平正是在这两个市场相互影响中被共同决定的。凯恩斯主义经济学的一个重要特点就是说明产品市场和货币市场并非相互独立,货币对经济并非中性。本节主要分析产品市场、货币市场是如何同时达到均衡的,为分析宏观经济政策效果提供有力的工具。

一、产品市场的均衡:IS 曲线

产品市场的均衡是指产品在市场上的供给和需求都相等时的情况。这种情况与微观经济学部分的市场均衡基本相似,只是这里的供给和需求是宏观经济总量,而不是微观经济中的个量。产品市场的均衡既体现供给与需求相等的关系,也对应于一定的价格水平。所以,产品市场的均衡是在一定价格水平上的均衡,但是在本节特别是 IS 曲线中,价格并不是最重要的问题,因为 IS 曲线探讨的所有情况都是产品市场处于均衡时的情况,只是均衡的水平不同而已。所以在本节中,我们假设价格不变。

(一) IS 曲线的含义

当投资与储蓄相等时,国民收入与利率之间的关系呈反方向变动关系。IS 曲线上的任何一点投资和储蓄都是相等的,代表产品市场是均衡的,如图 10 – 12 所示。

在两部门经济中,消费函数为:$C = \alpha + \beta Y$,储蓄函数为:$S = -\alpha + (1-\beta)Y$,投资函数为:$I = e - dr$,均衡条件为:$I = S$ 或者 $Y = C + I$,得:

$$Y = \frac{\alpha + e - dr}{1 - \beta} \text{ 或 } r = \frac{\alpha + e}{d} - \frac{1-\beta}{d}Y \tag{10.31}$$

举例说明:消费函数 $C = 500 + 0.5Y$;投资函数 $I = 1\,250 - 250r$,根据公式可得:$Y = 3\,500 - 500r$。当 $r = 1$ 时,$Y = 3\,000$;当 $r = 2$ 时,$Y = 2\,500$;当 $r = 3$ 时,$Y = 2\,000$;当 $r = 4$ 时,$Y = 1\,500$……

如果以横轴代表收入,纵轴代表利率,则可得到一条反映利率和收入之间相互关系的曲线(如图 10 – 12 所示),这条曲线上任何一点都代表利率和收入的组合,因为我们是在产品市场均衡条件下来分析 I 为变量时国民收入 Y 的决定,因此,利率和收入的组合下,投资和储蓄都相等,即 $I = S$,从而

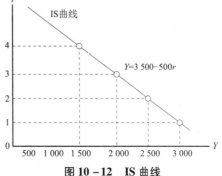

图 10 – 12 IS 曲线

产品市场是均衡的,这条曲线称为 IS 曲线。由图 10-12 可以看出,IS 曲线是向右下方倾斜的曲线。

(二) IS 曲线推导

运用投资函数、储蓄函数和 $I=S$ 的均衡条件,分 4 个象限推导出 IS 曲线的图形,如图 10-13 所示。

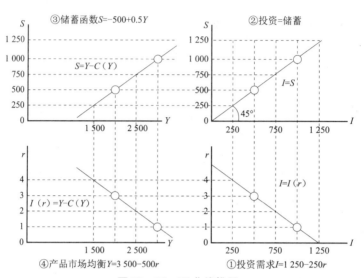

图 10-13 IS 曲线推导

IS 曲线推导过程可以分为如下 4 个步骤:

象限①:$I=1\,250-250r$,横轴为 I,纵轴为 r。

象限②:投资等于储蓄 $I=S$,横轴仍为 I,纵轴为 S,自原点成 45°的倾斜直线,例如,利率为 3% 时,$I=500$,则 S 也等于 500。

象限③:$S=-500+0.5Y$,横轴为 Y,纵轴为 S,当 $S=500$ 时,Y 应为 2 000;如果利率下降到 2%,则 I 上升到 750,则均衡的 S 也为 750,从而 Y 应为 2 500。

象限④:$I(r)=Y-C(Y)$,横轴为 Y,纵轴为 r,得到 r 和 Y 的组合,当 $r=3\%$ 时,$Y=2\,000$,当 $r=2\%$ 时,$Y=2\,500$,将满足产品市场均衡条件的利率和收入各个组合连接起来,得到 IS 曲线,表示在任一给定的利率相对应的收入水平上,投资恰好等于储蓄。

(三) IS 曲线的斜率

两部门 IS 曲线可以转化为:$r=\dfrac{\alpha+e}{d}-\dfrac{1-\beta}{d}Y$,故 $\dfrac{1-\beta}{d}$ 为 IS 曲线斜率的绝对值,即 IS 曲线的斜率取决于 β 和 d。

β 一定,d 越大,投资对利率变化敏感,IS 斜率的绝对值越小,IS 曲线越平缓,国民收入对利率的变化也相应地越敏感。

d 一定,β 越大,乘数 K 越大,投资的变化量和一个较大的乘数相乘,国民收入变化越大,IS 斜率的绝对值越小,IS 曲线平缓。

西方学者认为,影响 IS 曲线斜率大小主要是投资对利率的敏感程度 d,原因是边际消费倾向 β 比较稳定。

(四) IS 曲线的变动

利率不变,外生变量正向冲击(C,I,G,$X-M$ 的增大)导致总产出 Y 增加。IS 水平右移;利率不变,外生变量负向冲击(C,I,G,$X-M$ 的减少)导致总产出 Y 减少,IS 水平左移。不论从公式推导还是从几何推导来看,投资函数与储蓄函数的变动都会使 IS 曲线发生移动。我们可以分几种情况讨论 IS 曲线的移动。

1. 投资变动的影响

无论自发投资 e 的变动还是引致投资 dr 的变动,都会使得投资需求 I 发生变化。如果投资需求 I 增加,意味着在每一个利率水平上投资支出都会增加,这将会使收入 Y 增多,进而导致 IS 曲线向右移动。IS 曲线向右移动的幅度等于投资乘数与投资增量之积,即移动幅度为 $\Delta Y = K_I \cdot \Delta I$。相反,如果投资需求 I 减少,意味着在每一个利率水平上投资支出都会减少,这将导致收入 Y 减少,IS 曲线就向左移动,移动幅度为投资乘数与投资增量之积,即移动幅度为 $\Delta Y = K_I \cdot \Delta I$。

2. 储蓄变动的影响

假如人们的储蓄意愿增加了,这表明人们更节俭了,则消费 C 减少,并导致收入 Y 减少,于是 IS 曲线就向左移动,移动幅度为投资乘数与储蓄增量之积,即移动幅度为 $\Delta Y = K_I \cdot \Delta S$。反之,人们的储蓄意愿减少,则消费 C 会增加,并导致收入 Y 增加,于是 IS 曲线就向右移动,移动幅度为投资乘数与储蓄增量之积,即移动幅度为 $\Delta Y = K_I \cdot \Delta S$。

3. 政府支出变动的影响

政府购买支出 G 最终是要转化为消费 C 与投资 I 的。政府购买支出 G 增加,会使消费 C 与投资 I 增加,进而增多国民收入 Y,因此,IS 曲线就向右移动,移动幅度为政府购买支出乘数与政府购买支出增量之积,即移动幅度为 $\Delta Y = K_G \cdot \Delta G$。反之,政府购买支出 G 减少,IS 曲线就向左移动,移动幅度为政府购买支出乘数与政府购买支出增量之积,即移动幅度为 $\Delta Y = K_G \cdot \Delta G$。

4. 税收变动的影响

政府增加税收 T,会导致 IS 曲线向左移动。这是因为,一笔税收的增加如果增加了企业负担,则会使投资减少,于是这笔增税无疑是减少投资需求,从而使 IS 曲线向左移动;同样,一笔税收的增加如果增加了居民个人的负担,则会使他们的可支配收入减少,从而使他们消费支出相应减少,也会使 IS 曲线向左移动。移动幅度为税收乘数与税收增量之积,即移动幅度为 $\Delta Y = -K_T \cdot \Delta T$。税收 T 减少,IS 曲线则向右移动,移动幅度为税收乘数与税收增量之积,即移动幅度为 $\Delta Y = -K_T \cdot \Delta T$。

5. 政府转移支付变动的影响

政府转移支付实际上等于增加了人们的收入,因此,在边际消费倾向为正的情况下可以增加消费,从而增加国民收入 Y,并导致 IS 曲线向右移动,移动的幅度为政府转移支付乘数与转移支付增量之积,即移动幅度为 $\Delta Y = K_{t_r} \cdot \Delta t_r$。

二、货币市场的均衡:LM 曲线

在总需求决定国民收入的模型中,我们隐含着这样一个假定:投资是一个外生变量。我们放松这一假定,需要研究影响投资大小的最重要因素——利率。均衡利率水平是如何决定的?对此不同的经济学流派的回答不尽相同。凯恩斯主义经济学认为,均衡利率水平主要是由货币市场的供求状况决定,因此我们有必要对货币市场进行详尽的分析,为国民收入决定的一般均衡分析提供可靠的理论基础。

(一) 均衡利率的决定

凯恩斯认为,利率是由货币市场上的货币需求和货币供给共同决定的。

1. 货币的需求动机

货币、股票、债券、房产等都是人们持有财富的形式,其中只有货币具有交易媒介的功能,因此人们愿意把财富的一部分以货币的形式持有,这就形成了对货币的需求。凯恩斯认为个人与企业需要货币出于三种动机,并且将这三种动机称为"流动性偏好"。根据凯恩斯的观点,人们持有货币的需求可以分为三种。

(1) 交易动机的货币需求。人们对货币需求的第一个动机是交易动机,即人们持有货币是为了用于交易。用于交易目的的货币需求取决于人们交易的数量和规模,交易数量和规模随着收入的变化而变化。货币的交易需求随着收入水平的变化而变化,它是收入的函数。

(2) 谨慎动机或预防性动机的货币需求。谨慎动机是指人们为了预防意外的支出而持有一部分货币的动机,例如为了支付医疗费用、应付各种事故等。由于个人对于意外事件的看法不同,所以对谨慎需求的货币数量可能不同,但从整个社会来说,因为谨慎动机而需要的货币量与收入密切相关,因此也可以把它视为收入的函数。

由于货币的交易需求和谨慎需求都可以看作收入的函数,因此我们可以把这两种货币需求放在一起,用 L_1 表示,用 Y 表示实际国民收入,那么货币需求和实际收入的关系可以用函数式表示为:

$$L_1 = L_1(Y) \text{ 或 } L_1 = kY \tag{10.32}$$

上式中的 k 表示两个动机所需货币量同实际收入的比例关系,或称为两个动机的货币需求关于收入变动的系数。

(3) 投机动机的货币需求。投机动机是指人们为了抓住购买有价证券的有利机会而持有一部分货币的动机。凯恩斯认为人们持有货币的第三个动机是投机动机,这正是凯恩斯的货币需求理论与古典学派的货币需求理论的根本区别所在。

人们持有货币可以方便地用于支付各种交易,即获得了比较高的流动性,但是却不能产生利息收入;而持有债券等生息资产能够获得利息收入,并可以通过生息资产的低买高卖获取价差收入,但是流动性比较低。在这里,投机活动是指人们比较这两种财富持有形式的成本和收益,在适当的时机买进或卖出债券以获利。

假定财富的形式有两种,一种是货币,一种是有价证券。人们在货币与有价证券之间进行选择以确定保留财富的形式。对货币与有价证券进行选择,就是利用利率与有价证券价格的变化进行投机。有价证券的价格与有价证券的收益成正比,与利率成反比,用 P 代表有价证券价格,R 代表有价证券收益,r 代表利率水平,即:

$$P = \frac{R}{r} \tag{10.33}$$

可见,有价证券的价格会随着利率的变化而变化,人们对有价证券和货币的选择也就随利率的变化而变化。比如一张年利息为5元的债券如果价格为100元,则利率为5%;如果价格为50元,则利率为10%。市场利率越高,则意味着有价证券的价格越低,当预计有价证券的价格不会再降低而是将要上升时，人们就会抓住有利的机会，用货币低价买进有价证券，以便今后证券价格升高后高价卖出，于是，人们手中出于投机动机而持有的货币量就会减少。相反，市场利率越低则意味着有价证券的价格越高，当预计有价证券的价格再也不会上升而将要下降时，人们就会抓住时机将手中的有价证券卖出，于是，人们手中出于投机动机而持有的货币量就会增加。由此可见，对货币的投机需求取决于利率，其需求量与利率成反比。

根据这种关系，如果用 L_2 表示货币的投机需求，用 r 表示利率，则货币的投机需求与利率的函数关系可表示为：

$$L_2 = L_2(r) \text{ 或 } L_2 = -hr \tag{10.34}$$

上式中的 h 为货币的投机需求量对实际利率的反应程度，可以称作货币需求的利率弹性。

2. 流动性陷阱（凯恩斯陷阱）

凯恩斯认为同其他资产相比较，货币具有使用方便和灵活的特点，因此货币需求也称为流动偏好。

利率降到一定程度后，人们预计利率不可能再下降（利率水平处于社会公认的最低点），即预计有价证券的价格不可能再上升，会将持有的有价证券全部换成货币，以免证券价格下跌时遭受损失。这时，人们对货币的需求趋向于无穷大。

3. 货币需求函数

前面我们已经对货币需求的三个动机进行了分析，对货币的总需求就是对货币的交易需求与对货币的投机需求之和，因此，货币的需求函数 L 就表示为：

$$L = L_1 + L_2 = kY - hr \text{ 或 } L = L(Y, r) \tag{10.35}$$

这是实际货币需求函数，名义货币需求函数表达为 $L = (kY - hr)P$，P 代表价格指数。货币需求函数 L 由 L_1 和 L_2 组成，向右下方倾斜，货币需求量随利率下降而增加。如图 10-14 所示，L_1 表示满足交易动机和预防动机的货币需求曲线，它与利率无关，因而垂直于横轴；L_2 表示满足投机动机的货币需求曲线；L 曲线包括 L_1 和 L_2 在内的全部货币需求，表示在一定收入水平上货币需求和利率的关系。图 10-15 代表不同收入的货币需求曲线。

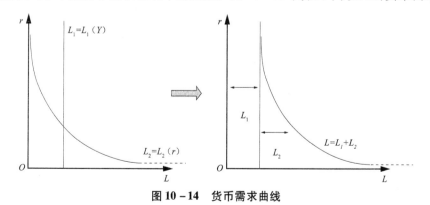

图 10-14 货币需求曲线

4. 货币供给

货币供给是一个存量概念，指某一国或货币区的银行系统向经济体中投入、创造、扩张（或收缩）货币的金融过程。

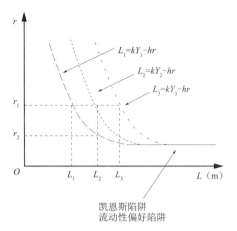

图 10-15 不同收入的货币需求曲线

$M_1 = $ 硬币 + 纸币 + 银行活期存款

$M_2 = M_1 + $ 定期存款

$M_3 = M_2 + $ 其他短期流动资产

狭义货币供给（M_1）：全部纸币、硬币、活期存款及相应信用。

广义货币供给（M_2、M_3）：狭义货币供给、定期存款及其他短期流动资产。

M 代表名义货币供给，m 代表实际货币供给，P 为价格指数，则有：

$$P = \frac{M}{m} 及 m = \frac{M}{P} \tag{10.36}$$

货币供给量主要由中央银行决定，取决于国家的经济政策，是一个外生变量，与利率的大小无关，所以货币的供给曲线是一条垂线，如图 10-16 所示。

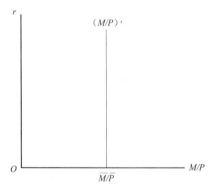

图 10-16 货币供给曲线

5. 均衡利率的形成

当货币供给和货币需求相等时，货币市场将出现均衡，这种出清的货币市场的利率为均衡利率。因此货币的供给与需求决定利率。在图 10-17 中，作为垂线的货币供给曲线 m 与向右下方倾斜的货币需求曲线 L 在 E 点相交，交点已决定了利率的均衡水平 r_0，它表示只有当货币需求与货币供给相等时，货币市场才达到了均衡状态。因而，均衡利率就是货币供给数量与需求数量相等时的利率。

货币市场的调节会使货币供求关系发生变化，从而形成均衡利率。图 10-17 说明了均衡利率的形成。如果市场利率 r_1 低于均衡利率 r_0,说明货币需求大于货币供给,人们感到手持货币量少,此时人们就会售出手中的有价证券。随着证券供给量的增加,证券价格就会下降,利率相应就会上升,货币需求也会逐步减少。货币需求的减少、证券价格的下降与利率的上升一直持续到货币供求相等、均衡利率 r_0 的形成为止。反之,如果市场利率 r_2 高于均衡利率 r_0,说明货币需求小于货币供给,人们认为手持货币量太多,此时,人们就会利用手中多余的货币购买有价证券。随着证券需求量的增加,证券价格就会上升,利率也就会下降,货币需求会逐步增加。货币需求的增加、证券价格的上升与利率的下降会一直持续到货币供求相等、形成均衡利率 r_0 为止。只有当货币供求相等时,利率才会相对静止不变。

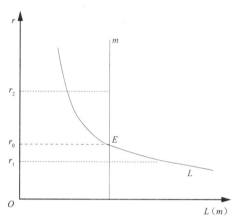

图 10-17 均衡利率的决定与形成

上述分析的货币市场均衡是在货币供给、收入水平等因素不变的基础上得出的。若这些因素发生变化,则均衡状态及均衡利率也会随之变化。

西方经济学家认为,货币供给量是国家用货币政策来调节的,因而是一个外生变量,其大小与利率高低无关,但利率的高低却与货币供给量的大小密切关联。当货币供给和货币需求给定时,均衡的利率就被确定了。当货币供给改变时,均衡利率必定随之改变。在其他条件不变的情况下,货币供给量增加,促使利率下降;货币供给量减少,促使利率提高。

在其他条件不变时,收入水平的变化会导致货币交易需求的变化。当收入水平提高时,货币交易需求增加,促使利率提高;反之,当收入水平下降时,货币需求量减少,促使利率下降。

(二) LM 曲线的含义及推导

1. LM 曲线的含义

LM 曲线就是表示在货币市场达到均衡的条件下既定收入与均衡利率之间存在函数关系的一条轨迹线。

2. LM 曲线的推导

货币市场均衡时有:

$$m = L \text{ 或 } M/P = L$$
$$m = L_1(Y) + L_2(r) \text{ 或 } M/P = L_1(Y) + L_2(r)$$
$$m = kY - hr \text{ 或 } M/P = kY - hr$$

可得:
$$Y = \frac{m}{k} + \frac{h}{k} \cdot r \text{ 或 } r = -\frac{m}{h} + \frac{k}{h} \cdot Y \tag{10.37}$$

当货币市场均衡时,收入与利率之间同方向变动,LM 曲线向右上方倾斜。

利用四象限推导 LM 曲线图形,用图 10-18 来描述。

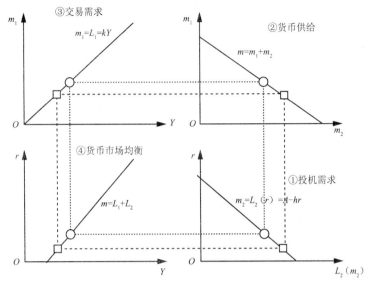

图 10-18 LM 曲线的推导

在图 10-18 中,象限①:$m_2 = L_2(r) = A - hr$,横轴为 $L_2(m_2)$,纵轴为 r。

象限②:货币供给为一定量 m 时,横轴表示货币投机需求 m_2,纵轴表示货币交易需求 m_1。$m = m_1 + m_2$,则 $m_1 = m - m_2$,或者 $m_2 = m - m_1$,该曲线与横纵轴均成 45°。

象限③:$m_1 = L_1 = kY$,横轴为收入 Y,纵轴为货币交易需求 m_1,第一象限确定的 m_2 可以通过第二象限计算出 m_1,进而得到与 m_1 相对应的收入水平 Y。

象限④:$m = L_1 + L_2$,横轴为收入 Y,纵轴为利率 r,得到 r 和 Y 的组合,将满足货币市场均衡条件的利率和收入各个组合连接起来,得到 LM 曲线,表示在任一给定的利率相对应的收入水平上,货币供给 m 恰好等于货币需求 L。

(三) LM 曲线的斜率和变动

1. LM 曲线的斜率

从 LM 曲线的公式 $r = -\dfrac{m}{h} + \dfrac{k}{h}Y$ 可以看出,LM 曲线的斜率取决于 k 与 h 的值,即取决于货币的交易需求对实际收入的反应程度 k 与货币的投机需求对实际利率的反应程度 h,LM 曲线的斜率与 k 成正比,与 h 成反比。

这一公式就是 LM 曲线的代数表达式,而 $\dfrac{k}{h}$ 是 LM 曲线的斜率,当 k 为定值时,h 越大,即货币需求对利率的敏感度越高,则 $\dfrac{k}{h}$ 越小,于是 LM 曲线越平缓。另一方面,当 h 为定值时,k 越大,即货币需求对收入变动的敏感度越大,则 $\dfrac{k}{h}$ 越大,于是 LM 曲线越陡峭。西方学者认为,货币的交易需求函数一般比较稳定,因此,LM 曲线的斜率主要取决于货币的投机需求函数。投机动机的货币需求是利率的减函数。

2. LM 曲线上的三个区域

就 LM 曲线的两个来源来看：在 $m = L_1(Y) + L_2(r)$ 中，$L_1(Y)$ 比较稳定，因此，LM 曲线斜率的大小主要取决于货币的投机需求函数 $L_2(r)$ 曲线。这一曲线可以将 LM 曲线分成三个区域，如图 10-19 所示。

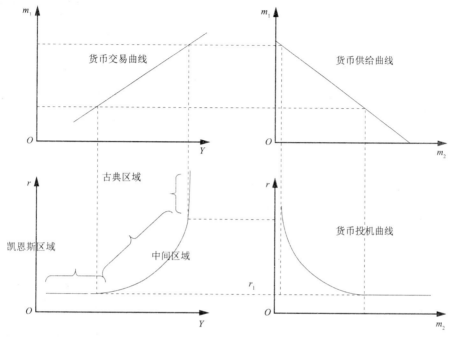

图 10-19　LM 曲线的三个区域

区域①：凯恩斯区域，斜率 $=0$，$h = \infty$。当利率很低时，投机需求无限大，此时若增加货币供给，不能降低利率，也不能增加收入。货币政策无效，财政政策有效。

区域②：古典区域和凯恩斯区域之间，斜率 >0。货币政策与财政政策混合使用。

区域③：古典区域，斜率 $=\infty$，h 接近 0。当利率很高时，货币的投机需求为 0，人们只为交易需求持有货币，不再为投机持有货币。货币政策有效，财政政策无效。

3. LM 曲线的移动

在 LM 曲线的公式 $r = -\dfrac{m}{h} + \dfrac{k}{h}Y$ 中，$\dfrac{m}{h}$ 是 LM 曲线的斜率，是 LM 曲线截距的绝对值，因此，只有 $\dfrac{m}{h}$ 的数值发生变动，LM 曲线才会移动，而由于我们这里讨论的是 LM 曲线的移动，而不是 LM 曲线的转动，因此是假定 LM 曲线的斜率不变，也就是假定 k 和 h 都不变。这样，LM 曲线移动就只能是实际货币供给量 m 变动。实际货币供给是由名义货币供给 M 和价格水平 P 决定的，因此，造成 LM 曲线移动的因素有两个。

（1）名义货币供给量 M 的变动

在价格水平不变时，M 增加，LM 曲线向右下方移动，反之，LM 曲线向左上方移动。

（2）价格水平的变动

价格水平 P 上升，实际货币供给量 m 就变小，LM 曲线向左上方移动；反之，LM 曲线向右下方移动，利率就下降，收入就增加。

三、产品市场和货币市场的共同均衡：IS-LM 模型

"IS-LM"模型是由英国现代著名的经济学家约翰·希克斯（John Richard Hicks）和美国凯恩斯学派的创始人阿尔文·汉森（Alvin Hansen）在凯恩斯宏观经济理论基础上概括出的一个经济分析模型，即"希克斯－汉森模型"，也称"希克斯－汉森综合"或"希克斯－汉森图形"。

（一）产品市场和货币市场共同均衡的含义

在 IS 曲线上，有许多利率与收入的组合可以使产品市场均衡；在 LM 曲线上，也有很多利率和收入的组合可以使货币市场均衡。但在一定的条件下，能够使商品市场与货币市场同时达到均衡的利率和收入的组合点却只有 1 个。该点组合就是 IS 曲线和 LM 曲线的交点，也就是 IS-LM 模型的均衡点，其数值可以通过求解 IS 曲线和 LM 曲线的联立方程得到。在产品市场上，利率通过投资影响收入。在货币市场上，收入通过货币需求影响利率。引入货币和利率来分析国民收入的决定，可分析财政政策与货币政策的作用及其相互关系。

（二）产品市场和货币市场的共同均衡与失衡

1. IS-LM 模型一般均衡

我们先来看 IS-LM 曲线的方程：

IS 曲线方程为：$I(r) = S(Y)$，LM 曲线方程为：$m = L_1(Y) + L_2(r)$。

假定货币供给与价格水平是给定的，那么这个二元方程组中含有两个变量，即实际收入 Y 和利息率 r，解出这个方程组就可以得到 r 和 Y 的一般解，这个解既是能够使商品市场和货币市场同时保持平衡的交点，也是 IS 曲线与 LM 曲线的交点 E，如图 10-20 所示。

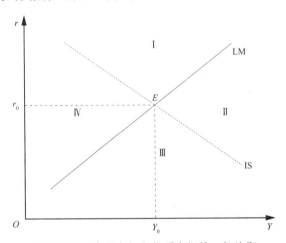

图 10-20　产品市场和货币市场的一般均衡

2. 产品市场和货币市场的非均衡状态

在图 10-20 中，IS 曲线和 LM 曲线把坐标平面平分为 4 个区域：Ⅰ区域、Ⅱ区域、Ⅲ区域、Ⅳ区域。每个区域中，产品市场与货币市场都处于非均衡状态。例如，区域Ⅰ中的任何一点：一方面在 IS 曲线右上方，因此有投资小于储蓄的非均衡状态；另一方面在 LM 曲线左上方，因此有货币需求小于供给的非均衡。其余 3 个区域中非均衡关系也可以这样推知。4 个区域的非均衡状态可用表 10-2 表示。

表 10-2　产品市场与货币市场的非均衡

区域	产品市场	货币市场
Ⅰ	$I<S$ 有超额产品供给	$L<m$ 有超额货币供给
Ⅱ	$I<S$ 有超额产品供给	$L>m$ 有超额货币需求
Ⅲ	$I>S$ 有超额产品需求	$L>m$ 有超额货币需求
Ⅳ	$I>S$ 有超额产品需求	$L<m$ 有超额货币供给

4 个区域中存在着不同的非均衡状态，经过调整，非均衡状态会逐步地趋向均衡。IS 的不均衡会导致收入变动：$I>S$ 会导致收入增加，$I<S$ 会导致收入减少。LM 的不均衡会导致利率变动：$L>m$ 会导致利率上升，$L<m$ 会导致利率下降。这种调整最终使经济趋向于均衡利率与均衡收入，如图 10-21 所示。

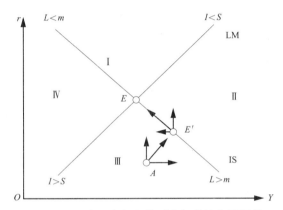

图 10-21　产品市场和货币市场非均衡的调整

非均衡的调整过程以Ⅲ区域 A 点为例。$I>S$，存在超额产品需求，导致 Y 增加，致使 A 点向右移动；$L>m$，存在超额货币需求，导致利率上升，致使 A 点向上移动；两方面的力量合起来，使 A 向右上方移动，运动至 IS 曲线上的 E' 点，从而 $I=S$。这时 L 仍大于 m，利率继续上升，E' 点再调整：利率上升导致投资减少，收入下降，E' 点左移，最后沿 IS 调整至 E 点。

（三）均衡收入和均衡利率的变动

IS 曲线与 LM 曲线的交点表示产品市场与货币市场同时实现了均衡，但这一均衡只是与意愿的需求相一致的均衡，并不一定是充分就业的均衡。这是因为意愿中的需求常常承受外部约束。一是消费者的文化氛围约束。过于节俭的消费文化氛围使消费者的意愿支出大打折扣。二是供求信息传递并被消费者完全接收的时差约束。对商品供求信息的不知道、不认同使消费者的意愿支出大打折扣。三是以效率优先为导向、按生产要素贡献的分配制度约束。这一制度必然引发基尼系数拉大、边际消费倾向降低，使消费者的意愿支出大打折扣。

图 10-22 中，IS 曲线与 LM 曲线相交于 E 点，均衡利率与均衡收入分别是 r_E、Y_E，但充分就业的收入是 Y^*，均衡收入低于充分就业的收入，即 $Y_E<Y^*$。从与意愿的需求相一致的均衡走向充分就业的均衡，需要政府运用财政政策、货币政策来调整与解决。如果政府运用增加支出或减税，或增加支出和减税双管齐下的扩张性财政政策，IS 曲线会向右移动至 IS′ 的位置，与 LM 曲线相交于 E' 点，均衡收入就增至 Y^*，从而实现充分就业的收入水平。政府也可以运用扩张性货币政策，即增加货币供给量，LM 曲线会向右移动至 LM′ 的位置，

与 IS 曲线相交于 E'' 点，均衡收入也能增至 Y^*，同样可以达到充分就业的收入水平。

从图 10-22 中也可以看到，IS 曲线和 LM 曲线的移动会改变利率与收入水平。比如，假定 LM 曲线不变，IS 曲线向右移动，会使利率上升、收入增加。这是因为 IS 曲线右移是增加消费、投资或政府支出的结果，即总支出或总需求增加，这会使得生产与收入增加，从而增加对货币的交易需求。在货币供给不变的情况下，人们只能通过出售有价证券获取货币，以用于交易所需。这样，在有价证券供给增多的情况下，有价证券价格下降，亦即利率上升。同理，也可以说明 LM 曲线不变而 IS 曲线向左移动时，收入减少、利率下降的状况。

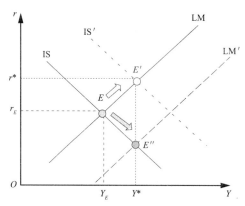

图 10-22 均衡收入和均衡利率的决定

当然，在 IS 曲线不变时，LM 曲线的移动也会引起利率与收入的变化。例如，假定 IS 曲线不变、LM 曲线向右移动，利率会下降、收入会增加。这是因为 LM 曲线向右移动，或者是货币需求不变而货币供给增加的结果，或者是货币供给不变而货币需求减少的结果。在 IS 曲线不变即产品市场供求不变的情况下，LM 曲线向右移动意味着货币供给大于货币需求，利率必然下降。利率的下降，会刺激消费与投资的增加，从而使收入增加。相反，IS 曲线不变、LM 曲线向左移动后，收入会减少、利率会上升。

如果 IS 曲线和 LM 曲线同时移动，收入和利率的变动情况由 IS 和 LM 曲线如何同时移动而定。如果 IS 曲线向右上方移动，LM 曲线同时向右下方移动，则可能出现收入增加而利率不变的情况。这就是所谓扩张性的财政政策和货币政策相结合可能出现的情况。

四、宏观经济政策分析

宏观经济政策是指国家或政府有意识、有计划地运用一定的政策工具，调节控制宏观经济的运行，以达到一定的政策目标。任何国家在一定时期内都追求一定的经济目标。为了达到一定的经济目标，政府必须掌握某些实现该目标的工具或手段。宏观经济政策就是政策制定者为了改进国民经济运行状况所进行的影响整体国民经济的一系列活动。一般包括财政政策、货币政策、收入政策等。

（一）宏观经济政策的目标

一般来说，政府制定宏观经济政策追求的目标主要有 4 个：经济持续均衡发展、充分就业、物价稳定、国际收支平衡。在每一特定时期，政府的政策目标有所侧重，但也要顾及总体目标的实现。宏观经济政策是围绕着特定目标制定的一系列政策手段和措施。

1. 经济增长

经济增长是指一定时期内经济的持续均衡增长，即在一定时期内经济社会所生产的人均产量或者人均收入的增长。它包括：一是维持一个高经济增长率；二是培育一个经济持续增长的能力。一般认为，经济增长与就业目标是一致的。经济增长通常用一定时期内实际国民生产总值年均增长率来衡量。经济增长一方面要受到各种资源条件的限制，不可能无限地增长，尤其是对于经济已相当发达的国家来说更是如此。另一方面，经济增长也要付出代价，如造成环境污染、引起各种社会问题等。因此，经济增长就是实现与本国具体情况相符的适度增长率。如何维持较高的增长率以实现充分就业，是西方国家宏观经济政策的目标之一。

2. 充分就业

充分就业是指包含劳动在内的一切生产要素都以愿意接受的价格参与生产活动的状态。充分就业包含两种含义：一是指除了摩擦失业和自愿失业之外，所有愿意接受各种现行工资的人都能找到工作的一种经济状态，即消除了非自愿失业就是充分就业；二是指包括劳动在内的各种生产要素都按其愿意接受的价格全部用于生产的一种经济状态，即所有资源都得到充分利用。失业意味着稀缺资源的浪费或闲置，从而使经济总产出下降，社会总福利受损。因此，失业的成本是巨大的，降低失业率、实现充分就业就常常成为西方宏观经济政策的首要目标。由于测量各种经济资源参与经济活动的程度非常困难，因此西方经济学家通常以劳动的失业情况作为衡量充分就业与否的尺度。但充分就业目标并不意味着百分之百的就业，它并不排除季节性、摩擦性、结构性等方面的失业。

3. 物价稳定

物价稳定是指价格总水平的稳定，它是一个宏观经济概念。由于各种商品价格变化程度不一以及由于统计上的困难，西方经济学家一般用价格指数来表示一般价格水平的变化。价格指数是以一定时期为基年表示的若干商品价格水平上升的幅度。价格指数有消费价格指数（CPI）、生产者价格指数（PPI）和国内生产总值缩减指数（GDP deflator）3 种。为了控制通货膨胀对经济的冲击，西方国家把价格稳定作为宏观经济政策的第二个目标，同样，价格稳定不是指每种商品的价格固定不变，也不是价格总水平保持不变，而是价格指数相对稳定，即不出现严重的通货膨胀。物价稳定并不是通货膨胀率为零，而是允许保持一个低而稳定的通货膨胀率。所谓低，就是通货膨胀率在 1%~3%；所谓稳定，就是指在相当时期内能使通货膨胀率维持在大致相等的水平上。这种通货膨胀率能为社会所接受，对经济也不会产生不利的影响。实际上，西方国家一般把轻微的通货膨胀的存在看作基本正常的经济现象。

4. 国际收支平衡

国际收支平衡的目标要求做到汇率稳定，外汇储备有所增加，进出口平衡。国际收支平衡不是消极地使一国在国际收支账户上经常收支和资本收支相抵，也不是消极地防止汇率变动、外汇储备变动，而是使一国外汇储备有所增加。适度增加外汇储备被看作改善国际收支的基本标志。同时，一国国际收支状况不仅反映了这个国家的对外经济交往情况，还反映着该国经济的稳定程度。随着现代化的交通工具、通信工具在生产中的广泛应用，国际经济交往日益密切，如何平衡国际收支也成为一国宏观经济政策的重要目标之一。国际收支是指一国进出口与净资本流出相等而形成的平衡。一国的国际收支状况不仅反映了这个国家的对外经济交往情况，还反映出该国经济的稳定程度。在开放经济条件下，一国国际收支出现失衡，通过汇率的变动，会对国内经济形成冲击，从而影响该国国内就业水平、价格水平和经济增长。

宏观经济政策目标既存在一致性，也存在一定的冲突。一致性体现在经济持续均衡增长,失业率低;冲突体现在经济增长快往往伴随着通货膨胀。经济处于过热状态并导致严重的通货膨胀时,政府经济政策目标应确定为稳定物价;当经济处于衰退状态时,经济政策目标应是经济增长或就业。因此,要实现宏观经济政策目标,政府必须使各种政策手段相互配合、协调一致。如果财政当局与货币当局的政策手段和目标发生冲突,就达不到理想的政策效果,甚至可能偏离政策目标更远。另外,政府在制定政策时不能追求单一目标,而应该综合考虑,否则会带来经济上和政治上的副作用。

(二) 财政政策分析

1. 财政政策的构成及其作用机制

财政政策是政府变动税收和支出,以便影响总需求,进而影响就业和国民收入的政策。国家财政由政府收入和支出两个方面构成,其中政府支出包括政府购买和转移支付,而政府收入则包含税收和公债两个部分。

政府支出是指整个国家中各级政府支出的总和,由具体的支出项目构成,主要可以分为政府购买和政府转移支付两类。政府购买是指政府对商品和劳务的购买,是一种实质性支出,有着商品和劳务的实际交易,如购买军需品、机关公用品、政府雇员报酬、公共项目工程所需的支出等都属于政府购买。而政府转移支付则是指政府在社会福利保险、贫困救济和补助等方面的支出。

政府的收入主要来源于税收和公债。税收是政府收入中最主要的部分,它是国家为了实现其职能,按照法律预先规定的标准强制地、无偿地取得财政收入的一种手段。当政府税收不足以弥补政府支出时,就会发行公债。公债是政府财政收入的又一组成部分,它是政府对公众的债务或公众对政府的债务。它不同于税收,是政府运用信用形式筹集财政资金的特殊形式。

财政政策是政府变动支出和税收以便影响总需求进而影响国民收入的政策,它包括扩张性财政政策和紧缩性财政政策。扩张性财政政策的目的在于消除或减轻经济萧条,扩大社会就业量。它可以通过扩大政府购买支出来实行,也可以通过减税的办法来实行,还可以"双管齐下",这些政策的实施既可以直接扩大社会总需求,也可以间接扩大私人消费和投资。紧缩性财政政策的目标在于减轻或消除经济生活中出现的通货膨胀,它可以通过减少政府购买支出或增加税收,或"双管齐下"的办法来实行。这种政策的作用是直接或间接地抑制总需求的增加,从而减轻通货膨胀的压力。

财政政策运用的基本原则是"逆经济风向行事"。另外,经济系统本身存在一种会减少各种干预国民收入冲击的机制,能够在经济繁荣时期自动抑制通胀,在经济衰退时期自动减轻萧条,无须政府采取行动,是经济中一种自动调节经济、减少经济波动的作用机制,自动的财政政策又称为"内在稳定器"。包括税收制度,政府转移支付制度,农产品价格支持制度。

首先是政府税收的自动变化。当经济衰退时,国民产出水平下降,个人收入减少,在税率不变的情况下政府税收会自动减少,在实行累进税的情况下,经济衰退使纳税人的收入自动进入较低的纳税档次,政府税收下降的幅度会超过收入下降的幅度,从而可起到抑制衰退的作用。反之,当经济繁荣时,失业率下降,人们收入自动增加,税收会随个人收入增加而自动进入较高的纳税档次,政府税收上升的幅度超过收入上升的幅度,从而起到抑制通货膨胀的作用。税收的这种因经济波动而自动发生变化的内在机动性和伸缩性是一种有助于减轻经济波动的自动稳定因素。

其次是政府转移支付的自动变化,它包括政府的事业救济和其他社会福利支出。当经济衰退时，失业增加，符合救济条件的人数增多，失业救济和其他社会福利支出就会相应增加，这样就可以抑制人们收入特别是可支配收入的下降，进而抑制消费需求的下降。当经济繁荣时，失业人数减少，失业救济和其他社会福利开支也会自然减少，从而抑制可支配收入和消费的增长，减轻通货膨胀的程度。

最后是农产品价格维持制度。经济萧条时，国民收入下降，农产品价格下降，政府依据农产品价格维持制度，按支持价格收购农产品，这样可使农民收入和消费维持在一定水平上。经济繁荣时，国民收入增加，农产品价格上升，这时政府减少对农产品的收购并抛售农产品，限制农产品价格上升，这样就抑制了农民收入的增长，从而也就减少了总需求的增加量。

总之，政府税收、转移支付和农产品价格维持制度都是财政制度的内在稳定器，是政府稳定经济的第一道防线。但是"自动稳定器"的作用十分有限，特别是对于剧烈的经济波动，"自动稳定器"难以扭转。当经济发生严重的萧条和通货膨胀时，它不但不能使经济恢复到没有通货膨胀的充分就业状态，而且还会起阻碍的作用。例如，当经济陷入严重萧条时，政府采取措施促使经济回升。但是当国民收入增加的时候，税收和储蓄趋于增加，政府的转移支付却减少了，使经济回升的速度减缓，这时"自动稳定器"的变化会与政府的需求背道而驰。因此，当代西方经济学家认为，要确保经济稳定，实现宏观调控的政策目标，主要靠政府斟酌使用的财政政策。

斟酌使用的财政政策是政府根据对经济情况的判断而做出财政收支调整的财政政策。例如，当政府认为总需求水平过低、经济可能出现衰退时，政府应通过削减税收、增加支出或"双管齐下"来刺激经济增长，防止可能出现的经济衰退。反之，当认为总需求水平过高，出现通货膨胀时，政府应增加税收、减少支出或"双管齐下"来抑制经济出现过热势头。前者称为"扩张性财政政策"，后者称为"紧缩性财政政策"。究竟什么时候采取扩张性财政政策、什么时候采取紧缩性财政政策，应由政府对经济发展的形势加以分析权衡，斟酌使用。这样一套经济政策就是凯恩斯主义的相机抉择的"需求管理"。调节经济的重点要放在总需求的管理方面，使总需求适应总供给。当总需求水平过低，小于总供给，出现衰退和失业时，政府应采取扩张性财政政策以刺激经济；当总需求水平过高，大于总供给出现通货膨胀时，政府应采取紧缩性财政政策以抑制总需求。简言之，就是要"逆经济风向行事"。

斟酌使用的财政政策在20世纪30年代到20世纪60年代效果不错，但之后出现的"滞胀"使它受到了怀疑。这说明斟酌使用的财政政策的作用同样具有局限性。因为在实际经济活动中存在各种各样的限制因素，影响着这种财政政策作用的发挥。

2. 财政政策效果分析

政府通过变动收入和支出对社会经济活动如就业、产出等产生的有效作用以及相应的反应就是财政政策效应。政策效果的大小因政策出台时具体情况不同而有所不同。财政政策效应的大小取决于IS曲线和LM曲线的斜率。

为了进一步认识财政政策的效应，我们先来了解一下"挤出效应"。所谓"挤出效应"是指政府支出增加引起利率上升，从而抑制私人投资（及消费）的现象。如图10-23所示，在IS-LM模型中，利率是变化的。随着IS向右上移动，国民收入增加了，因而对货币的交易需求增加，但货币供给未变动（LM未变），因而利率上升。利率的上升抑制了私人投资，由于政府支出存在"挤出"私人投资的问题，因此，新的均衡点只能处于E'。收入

不可能从 Y_0 增加到 Y_3，而只能增加到 Y_1，Y_1Y_3 部分就叫"挤出效应"。

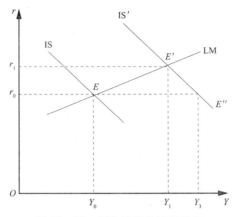

图 10-23　财政政策的挤出效应

从 IS-LM 模型看，财政政策效果大小是指政府收支变化（包括变动税收、政府购买和转移支付）使 IS 曲线变动对国民收入变动产生的影响。显然，从 IS-LM 模型来看，这种影响的大小随 IS 曲线和 LM 曲线的斜率不同而有所区别。

（1）LM 曲线不变、IS 曲线的斜率变化对财政政策效果的影响

当 LM 曲线不变时，IS 曲线斜率的绝对值越大，即 IS 曲线越陡峭，IS 曲线发生移动时，导致国民收入的变化就越大，财政政策的效果就越大；反之，IS 曲线斜率的绝对值越小，即 IS 曲线越平坦，则 IS 曲线发生移动时导致国民收入的变化就越小，财政政策效果也越小。这一结果可以用图 10-24 表示。

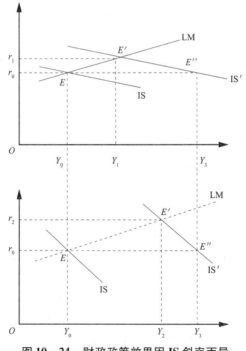

图 10-24　财政政策效果因 IS 斜率而异

图 10-24 中，假定 LM 曲线的斜率不变，即货币市场均衡情况完全相同，并且初始状

态下的均衡收入 Y_0 和利率 r_0 也完全相同。现假定政府实行一项扩张性的财政政策（增加政府支出或减少税收），增加相同的一笔支出量均为 ΔG，则会使 IS 曲线右移的距离都是 EE''，EE'' 为政府支出乘数和政府支出增加额的积，即 $EE'' = K_G \cdot \Delta G$，也就是说政府支出的增加能带动国民收入增加若干倍。在图形上，收入应该从 Y_0 增加到 Y_3，$Y_0 Y_3 = K_G \cdot \Delta G$。但实际上，收入不可能增加到 Y_3，因为如果收入要增加到 Y_3，必须假定利率 r_0 不上升。可是利率不可能不上升，因为 IS 曲线向右移动时，国民收入增加了，对货币交易需求增加，但货币供给不变（LM 曲线不变），这势必导致货币需求大于货币供给，利率必将上升，而利率的上升导致私人投资水平下降以及总需求水平进一步下降，扩张性财政政策的产出效应受到了限制，这种限制就是所谓的"挤出效应"。由于存在政府支出挤走私人投资的问题，因此新的均衡点 E'，收入不可能增加到 Y_3，而分别只能增加到 Y_1 和 Y_2。

从图中可以清楚地看到，$Y_0 Y_1 < Y_0 Y_2$，原因在于下图中 IS 曲线比较陡峭，上图中的 IS 曲线比较平坦。即 IS 曲线越平坦，财政政策效果越小；IS 曲线越陡峭，财政政策对国民收入和利率的影响越大，政策效应越大。

（2）IS 曲线的斜率不变、LM 曲线的斜率变化对财政政策效果的影响

当 IS 曲线的斜率给定不变时，财政政策的效果取决于 LM 曲线的斜率。LM 曲线斜率的绝对值越大，即 LM 曲线越陡峭，IS 曲线移动时对利率的影响越大，导致国民收入的变动越小，也就是说财政政策效果越小；反之，LM 曲线斜率的绝对值越小，LM 曲线越平坦，IS 曲线移动时将导致国民收入发生较大的变动，即财政政策效果越大。这一结果可用图 10 – 25 表示出来。

（3）凯恩斯主义极端情况下的财政政策效果极大化分析

如上所述，LM 曲线越平坦或 IS 曲线越陡峭，则财政政策效果就越大，货币政策的效果就越小。当 LM 曲线为水平线、IS 曲线为垂直线时，财政政策非常有效，货币政策完全失效，这就是凯恩斯主义的极端情况。如图 10 – 26 所示，即投资需求的利率系数 d 等于零，而货币需求利率系数为无限大，此时，政府支出的"挤出效应"为零，财政政策效果极大，而货币政策将完全失效。

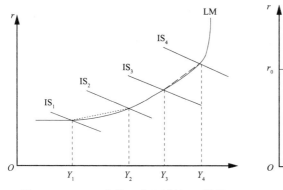

图 10 – 25　LM 曲线两个区域的 IS 效果

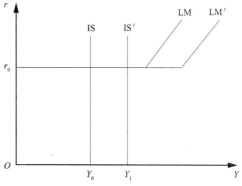

图 10 – 26　凯恩斯主义极端

（三）货币政策分析

1. 货币职能和种类

什么是货币？普遍接受的定义是：货币是人们普遍接受的，并充当交换媒介的东西。对货币的定义还有如下表述：货币是交换媒介和表示价格与债务的标准单位；货币是充当价值

单位的、其他的一切都赖于它表示价格的东西；货币是充当债务的标准单位并且为大家愿意接受的东西；等等。货币的价值取决于它对商品的购买力。货币在国内市场上的购买力称为国内价值；货币在国外市场上的购买力称为国外价值。国外价值是通过本国货币同外国货币交换的比率，即汇价汇率来反映的。

经济学家通常把货币的职能分为4个方面：①交易媒介，即货币可以作为交换的媒介，用来购买日用品，支付房租、车费、工资或用作借贷的媒介。②计价单位，即货币是价值尺度，用来表示一切物品和劳务的价格。③价值的储藏手段，即人们为了使货币的购买力保持不缩小，愿意以银行存款、股票和债券的形式进行价值储存。④延期支付，即支付手段，这也可以包含在第一个职能中。第一个职能即交换媒介是货币最基本的职能，其余3个职能为一般职能。

2. 西方国家的银行体系构成

货币政策是由中央银行代表政府通过银行体系来实施的。要知道货币政策的作用过程，有必要先了解中央银行以及它所控制的商业银行。

中央银行是国家的银行，它执行国家的金融政策，是代表政府对商业银行和其他金融机构的货币政策进行最终控制的金融机构。每一个国家都有这样的中央银行，如美国的联邦储备银行、英国的英格兰银行、法国的法兰西银行等。中央银行一般是依据议会有关法案成立的。例如，美国的联邦储备银行是根据1913年国会通过、由威尔逊总统签署的联邦储备法成立的。美国的中央银行系统是由设在华盛顿的联邦储备委员会、联邦公开市场委员会、联邦咨询委员会，以及设在纽约、芝加哥、旧金山、波士顿、费城、里奇蒙、亚特兰大、克利夫兰、圣路易斯、堪萨斯城、达拉斯和明尼阿波利斯12个区的联邦准备银行在一起构成的。联邦储备委员会由7名委员组成，实行理事会制，理事会设主席1名，委员会成员由总统征得议会同意后任命，任期14年，每两年有1人期满。

中央银行的主要职能有4个方面：①中央银行是银行的银行。商业银行是中央银行最重要的客户之一，中央银行接受商业银行的存款，同时又向商业银行发放贷款，以支配商业银行。商业银行要听取中央银行关于金融问题和货币政策的意见。②中央银行是政府的银行。中央银行通过发行国库券和公债券来管理政府的借款，政府将税收和其他收入存入中央银行，中央银行为政府记账，帮助政府办理收支事项，当政府账户出现赤字时，财政部可以向中央银行借款。政府是中央银行最重要的客户。③中央银行控制整个国家的货币供给和信用情况，这是其最为重要的职能。中央银行是国家的货币权利当局，是制定和执行货币政策的最高主管机构。④中央银行是硬币和纸币的唯一的和最终的来源。

中央银行如美国联邦储备银行，资产负债表的负债方面主要来源有联邦储备券、成员银行存款、其他存款等，资产方面的主要来源有黄金券、政府债券以及贷款、贴现和预付等。作为一种公共机构，中央银行的主要目的不是赚取利润，而是为了公共利益。当赚取利润的企图和公共利益发生矛盾时，中央银行必须选择并服从后者。当然，由于中央银行有法定的特权，还是可以获得很多利润的。

商业银行可以被认为是当今金融集团中辈分最长者。最初向银行借款的人绝大多数是为了经营商业的，所以叫作商业银行。从事盈利性货币经营活动的银行，靠发放贷款和接受存款来投放货币和收回货币。

商业银行一般是唯一办理活期存款业务的银行，因而存款的创造由商业银行的业务运营来体现。要了解商业银行体系创造存款的机制，必须先了解两个概念。银行准备金是银行为了自己的信誉与稳定，以准备存款人随时取款而保存的通货（第一准备金）。准备金的大小由法律规定，商业银行按法定准备金保留规定数额的准备金以后，剩下的部分才可用作放款。例如，假设法定准备率为10%，如果吸收了1 000万美元，那么，将1 000×10%＝100万美元作为准备金，其余900万美元方可作为贷款放出。由于留作准备金的那部分不能贷出赚取利润，那么为了预防提款风潮而储存过多的现金就不合算。因此，为了两全其美，银行保持某些可以随时销售的和在短期内变换为现金的证券，这样的证券称为"第二准备金"。

整个银行体系向企业或个人发放或收回贷款，可以扩大或缩小活期存款。例如，某企业向某商业银行申请贷款100万美元，银行只要在该企业的支票账上增加100万美元而不须给现金。这样，活期存款就增加了100万美元，整个社会的货币供给也就相应扩大。相反的情况是，企业归还贷款100万美元时也无须归还现金，而只要在他的支票账上减去100万美元就行，整个社会的货币供给也就相应缩小了。整个银行体系扩大或缩小活期存款的另一种方式是，由企业或个人买进或卖出债券。例如，某银行向某企业买进政府公债券10 000美元，这笔钱作为该企业的活期存款或银行给企业一张向本行提款的支票，存入其他银行，从而使活期存款增加10 000美元，这时整个社会的货币供给相应扩大。相反的情况会使整个社会的货币供给相应缩小。

假定法定准备率为20%，现在某企业存入第一级银行100万美元，第一级银行按法定准备率留下20万美元法定准备金后，将余下的80万美元全部贷出或买进证券，得到这80万美元款项者将它存入第二级银行，第二级银行也留下其中的20%，即16万美元作为准备金，余下的64万美元全部贷出或购买证券，这使社会上的货币供给增加64万美元。得到这笔款项者将其再存入第三级银行，第三级银行也留下20%，即12.8万美元作为准备金，余下的51.2万美元全部贷出或购买证券，这使社会上的货币供给又增加51.2万美元……以此类推下去，直到最后创造货币存款500万美元，是原始存款的5倍，新增贷款400万美元。如果以 R 表示最初存款额，D 表示存款总额，r 表示法定准备率，$0<r<1$，n 表示银行级数，则有以下计算公式：

$$D = R\left[1 + (1-r) + (1-r)^2 + (1-r)^3 + \cdots + (1-r)^n\right]$$
$$= R\left[\frac{1}{1-(1-r)}\right] = \frac{R}{r} \tag{10.38}$$

从以上公式可以看出：银行体系所能创造出来的货币与法定准备率成反比，与最初存款成正比。

上式中，$\frac{1}{r}$ 被称作货币创造乘数，它既可以使银行存款多倍扩大，又能使银行存款多倍收缩，因此，中央银行只要控制准备金和调整法定准备率，就可以对货币的供给产生重大影响。

3. 货币政策工具

与财政政策一样，货币政策一般也分为扩张性的和紧缩性的两种。扩张性的货币政策是通过增加货币供给来带动总需求的增长。当货币供给增加时，利息率会下降，取得信贷更加容易。因此，经济萧条时宜采用扩张性的货币政策。紧缩性的货币政策是通过削减货币供给的增长来降低总需求水平。在这种情况下，利息率会相应提高，取得信贷也比较困难。因此在通货膨胀比较严重时，宜采用紧缩性的货币政策。

既然货币政策是指中央银行通过变动货币供给量来影响利率，进而影响国民收入，那么，中央银行又运用哪些工具来变动货币供应量呢？一般来说主要采取以下方式。

法定存款准备率是中央银行控制货币供给量的有力工具。法定存款准备率的变化会直接影响商业银行的过度储备，引起商业银行贷款数量的变化。当法定准备率下降时，商业银行的必要储备减少，过度储备增加。过度储备是贷款的源泉，它的增加会使贷款增加，从而增加支票账户，使货币供给量增加。此外，根据货币创造乘数，法定存款准备率与货币创造乘数反相关，法定准备率的下降还会引起货币创造乘数的增大。因为必要准备率的下降意味着现存每一笔存款都可以产生更多的贷款，使货币供给量增加。反之亦然。因此，如果经济处于需求过度或通货膨胀的情况下，中央银行可通过提高法定存款准备率来收缩货币和信贷量，从而提高利率。如果经济处于衰退状态，中央银行可以通过降低法定存款准备率来增加货币供给量，使银行和金融体系的信贷扩张，从而降低利息率。

改变法定存款准备率，一方面直接影响贷款数量，另一方面又影响货币创造乘数，因而它对货币供给量的影响相当大。改变法定存款准备率通常会使货币供给量成倍地变化，所以不利于货币供给和经济的稳定。此外，中央银行频繁地改变法定存款准备率也不利于它对商业银行的管理，并且会使商业银行无所适从。因此，如果不是十分必要，法定存款准备率是不会轻易被改变的。改变法定存款准备率以扩张或收缩货币是一个强有力但却不常用的货币政策。

再贴现率是中央银行对商业银行及金融机构的放款利率。再贴现率政策是中央银行通过变动给商业银行的贷款利率来调节货币供应量。再贴现率的提高会增加商业银行潜在资金来源的成本，这会使商业银行向中央银行的借款减少，货币供应量就随商业银行准备金的减少而多倍地减少；反之，再贴现率的降低会使商业银行向中央银行的借款增加，货币供给量就会随商业银行准备金的增加而多倍地增加。

再贴现率对货币供给的影响机制可概括为：贴现率上升，贷款轻微下降，货币供给量轻微下降；贴现率下降，贷款轻微上升，货币供给量轻微上升。这里讲的轻微升降是指通过贴现率变动来控制银行准备金的效果是有限的，它往往作为补充手段，和公开市场业务政策结合在一起进行。

公开市场业务是指中央银行在金融市场上公开买卖政府债券（国库券、公债等）以控制货币供给和利率的政策行为。如果经济中出现需求过度或通货膨胀，中央银行认为需要收缩银根，则出售政府证券，使得货币回笼。这样，债券如出售给私人，购买债券的人们会从商业银行提取存款，使银行减少放贷。

扩张性的货币政策目的在于减轻或消除经济萧条和失业。包括以下3种措施：

① 降低法定准备率。法定准备率的降低（通过货币乘数作用）→增加市场上的货币量→利息率水平下降→促进企业投资→增加社会总需求→增加就业、振奋经济。

② 降低贴现率。贴现率是商业银行向中央银行借款时的利息率。贴现率下降→商业银行向中央银行借款上升→商业银行的准备金增加→放款增加→货币供给量上升→企业投资上升→社会总需求上升→恢复经济、增加就业。

③ 中央银行通过市场买进政府债务。萧条时：买进政府债券→货币投入市场→企业得到货币→存入商行→商行存款增加→市场上的货币市场增加→利息率下降→社会总需求扩大。

紧缩性的货币政策目的在于减轻或克服膨胀，包括以下3种措施：

① 提高法定准备率。法定准备率上升→银行体系所创货币下降→货币供给量下降→利息率上升→企业投资下降→社会总需求下降→通胀抑制。

② 提高贴现率。贴现率上升→商行借款减少→商行准备金减少→放款减少→货币供给量下降→利息率上升→企业投资抑制→社会总需求下降→通胀抑制。

③ 通过公开市场卖出政府债券。通货膨胀→中央银行卖出政府债券→货币回笼→购买债券的厂商与居民户会从商行提取存款→商行存款减少→商行拥有的货币减少→市场上货币流通量减少→利息率上升→总需求缩小。

此外还有其他货币政策手段：

① 道义上的劝告，又称"打招呼"，即中央银行对商业银行发出口头或书面的谈话或声明来劝说商业银行自动放宽或紧缩信用。这种手段虽无法律上的约束力，但对商业银行的行动是有一定约束作用的。

② 局部的控制。在证券信贷方面有保证金的规定就属于局部的控制，即购买证券时必须支付一定的现金比率，必须支付的最低现金叫垫头。例如，如果规定垫头为80%，则客户买进证券时必须拿出80%的现款，其余的20%可以向证券经纪人借来支付。这一手段是为了控制金融市场的活动，使之不至于影响信用，并影响货币供给量与利息率。在萧条时期，降低垫头规定，以便放松信用，增加货币供给量，降低利息率；在膨胀时期，提高垫头规定，以便紧缩信用，减少货币供给量，提高利息率。

③ 规定存款利率的最高限额，控制中央银行对定期存款所支付的最高利息率，这就可以减少定期存款，使存款更多地转向易于控制的短期存款和债券。

④ 控制分期付款的条件。中央银行规定消费者购买耐用消费品分期付款的条件，如规定应付现款的最低限与付清贷款的最长期限。这一措施的目的是调节信贷在消费信贷和其他用处之间的分配，并鼓励或限制消费。

⑤ 控制抵押贷款的条件。抵押贷款是贷款者以自有资产作抵押品的贷款。中央银行控制抵押贷款的具体措施是规定第一次付款的数量和偿还期限。这种措施对控制贷款规模、偿还可能性非常有效。

4. 货币政策效果分析

货币政策的效果是指变动货币供给量的政策对总需求进而对国民收入和利率影响的大小。货币政策的效果同样不仅取决于 IS 曲线的斜率，而且还取决于 LM 曲线的斜率。

（1）LM 曲线形状基本不变，IS 曲线的斜率变化对货币政策效果的影响

当 LM 曲线的斜率不变时，如图 10-27 所示，有两条 IS 曲线，IS_0 较陡峭，IS_1 较平坦，当货币供给增加使 LM 右移到 LM′时，IS 曲线越平坦，LM 曲线移动对国民收入变动的影响越大，货币政策效果越大；反之，IS 曲线越陡峭，LM 曲线的移动对国民收入变动的影响就越小，货币政策效果越小。原因分析：IS 较陡，表示投资的利率系数 d 较小，即投资对利率变动不敏感。因此，LM 曲线由于货币供给增加而向右移动使利率下降时，投资不会增加很大，从而国民收入也不会有较大增加；反之，IS 较平坦时，表示投资利率系数较大，货币供给增加使利率下降时，投资和收入会增加较多。

（2）IS 曲线的位置不变，LM 曲线的斜率变化对货币政策效果的影响

IS 曲线的斜率不变时，货币政策效果就取决于 LM 曲线的斜率。如图 10-28 所示，IS_0 和 IS_1 的斜率相同，货币供给增加使 LM 右移到 LM′。LM 曲线斜率越大，即 LM 曲线越陡

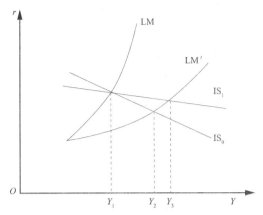

图 10-27　货币政策效果因 IS 的斜率而有差异

峭，货币政策使 LM 曲线移动导致的国民收入变动就越大，也就是说货币政策效果越大；反之，LM 曲线斜率越小，即 LM 曲线越平坦，LM 曲线的移动对国民收入产生的影响就越小，即货币政策效果就越小。原因分析：LM 较平坦，表示货币的利率系数 h 较大，货币需求受利率的影响大，利率稍有变动就会使货币需求变动很多，因而货币供给量变动对利率变动的作用较小，从而增加货币供给量的货币政策就不会使投资和国民收入有较大影响，货币政策的效果较差。

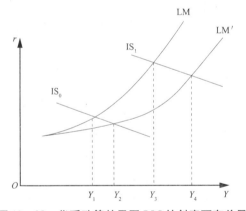

图 10-28　货币政策效果因 LM 的斜率而有差异

（四）两种政策混合使用的效果

以上分析可以看出，如果某一时期经济处于萧条状态，政府无论采取扩张性货币政策还是扩张性财政政策以及两种政策的搭配使用，都可以用于扩大总需求，增加国民收入。又由于凯恩斯区域和古典区域都是极端的情况，在实际中很少存在，因此，决策者在制定政策时既可选择财政政策也可选择货币政策，或将两种政策结合起来使用。

如图 10-29 所示，在初始点 E_0，国民收入较低，为克服萧条、实现充分就业，实行扩张性财政政策，IS_1 曲线右移，国民收入由 Y_0 增加到 Y_1，利率由 r_0 上升到 r_1；实行扩张性货币政策，LM_1 右移，国民收入由 Y_0 增加到 Y_2，利率由 r_0 下降到 r_2。两种办法都可使国民收入增加，但会使利率大幅度变化。能不能在稳定利率的同时增加国民收入呢？可采用扩张性财政政策和货币政策相混合的办法。

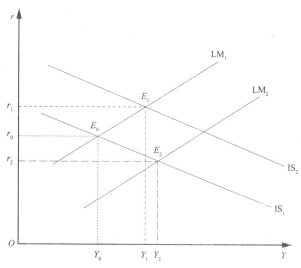

图 10-29　财政政策、货币政策单独使用

如果既想增加收入又不使利率变动,可采用扩张性财政政策和货币政策相混合的办法。如图 10-30 所示,扩张性财政政策使利率上升,同时扩张性货币政策使利率保持原有水平,投资不被挤出。IS 和 LM 移动的幅度相同,国民收入增加时,利率不变。

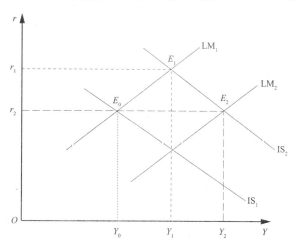

图 10-30　财政政策与货币政策混合使用

从 IS-LM 模型的分析中可以看出,能使政策效果得以最好发挥的方法是将财政政策和货币政策配合起来使用。如果政府可以有多种政策选择,就要做出权衡取舍,在实现充分就业均衡的同时,兼顾其他政策目标的实现。例如,当经济处于萧条状态但不十分严重时,可采用第一种政策组合,以扩张性财政政策刺激总需求,又以紧缩性货币政策抑制通货膨胀。因为扩张性财政政策尽管会产生"挤出效应",但对刺激总需求还是起一定的作用的,而紧缩性货币政策通过减少货币的供给量可以抑制由于货币供给量过多而引起的通货膨胀。当经济发生严重通货膨胀时,可采用第二种组合,通过紧缩货币提高利率,从货币供给方面控制通货膨胀;通过紧缩财政,降低总需求水平,从需求方面抑制通货膨胀,同时防止利率上升过高。当经济中出现通货膨胀又不十分严重时,可采用第三种组合,通过紧缩财政压缩总需求,消除财政赤字,但又通过扩张性货币政策降低利率,刺激总需求,以防止由于财政过度

紧缩引起的衰退。当经济严重萧条时，可采用第四种组合，这样能有力地刺激经济。扩张性财政政使总需求增加，但提高了利率水平，用扩张性的货币政策可以抑制利率的上升，以克服扩张性财政政策的"挤出效应"，在保持利率水平不变的情况下刺激经济。

财政政策和货币政策搭配使用的政策效应如表 10-3 所示。

表 10-3　财政政策和货币政策搭配使用的政策效应

组合	政策搭配	产出	利率
Ⅰ	扩张性财政政策和紧缩性货币政策	不确定	上升
Ⅱ	紧缩性财政政策和紧缩性货币政策	减少	不确定
Ⅲ	紧缩性财政政策和扩张性货币政策	不确定	下降
Ⅳ	扩张性财政政策和扩张性货币政策	增加	不确定

在具体考虑两种政策的搭配使用上，不仅要看到当时的经济形势，还要顾忌政治上的需要。虽然扩张性财政政策和货币政策都能够增加总需求，但两者的后果对不同的人群会产生不同的影响，也使 GDP 的组成比例发生变化。例如，实行扩张性货币政策，导致利率下降，投资增加，因而对投资部门尤其是住宅建筑部门有利。但是，若实行扩张性财政政策——减税，则有利于个人可支配收入的提高，消费支出将增加；若仍然采取扩张性财政政策——增加政府支出，比如兴办教育、对在职工人进行培训、治理环境等，则受益的人群又将不同。正因为如此，政府在做出政策的抉择时必须要考虑各行各业、各个阶层的利益，尽量协调好各种利益关系。

第三节　短期经济波动模型：AD-AS 模型

我们之前对宏观经济运行的分析始终都是在一般价格水平固定不变的假定下进行的，然而，在现实中价格水平是经常变化的，尤其是当政府实行扩张性政策时往往会引起或加剧价格水平的上涨，即加剧通货膨胀。因此，必须把价格水平及其变化引入分析之中。

本节将放宽价格水平不变的假设，考虑价格变化对总需求的影响，并引入劳动力市场，建立总供给－总需求模型，即 AD-AS 模型，来分析宏观经济一般均衡的情况。在宏观经济学中，AD-AS 模型是大多数经济学家用来分析总收入与物价水平短期波动的重要工具，是理解宏观经济现象中一些重大问题的基础。

一、总需求曲线

（一）总需求函数

在宏观经济学中，总需求（Aggregate Demand）是经济社会对产品和劳务的需求总量，这一需求总量通常以支出水平来表示。因此总需求的概念有以下 3 个含义：

①总需求是指整个社会的需求。

②总需求是一种均衡的需求。均衡的需求就是有效的需求，它不仅指整个社会对物品和劳务需求的愿望，而且指该社会对这些物品和劳务的支付能力。因此，总需求实际上就是经济社会的总支出。

③由总支出的构成可知，在封闭经济条件下，总需求由经济社会的消费需求、投资需求和政府需求构成。在不考虑国外需求的情况下，经济社会的总需求是指价格、收入和其他经济变量在既定条件下，家庭部门、企业部门和政府将要支出的数量。

总需求函数（Aggregate Demand Function）为产出（国民收入）和价格水平之间的关系，它表示在某个特定的价格水平下，经济社会需要多高水平的产出。总需求是一种均衡意义上的需求，它描述了与每一物价总水平相适应的均衡支出（私人支出和政府支出）或国民收入的关系，表明了在产品市场和货币市场同时实现均衡时国民收入与价格水平的结合，因此，总需求曲线可以从 IS-LM 模型中推导出来。

先来看一下价格水平变化导致总需求（总支出）水平的变化，共分为 4 种情况。

1. 消费需求

在以货币衡量的名义收入不变的情况下，价格水平提高意味着以实物衡量的实际收入下降，这将导致人们减少消费支出；反之，价格水平下降意味着实际收入提高，人们将因此增加消费支出。

2. 投资需求

在名义货币供给不变的情况下，价格水平的上升将导致实际货币供给的减少，带来利率水平的提高，增加投资成本，投资需求会因此而下降；价格水平的降低将导致实际货币供给的增加，使利率水平下降，从而增加经济中的投资需求。

3. 政府支出

价格水平的提高是经济中每个部门都要面对的问题。对政府部门来说，价格水平提高也会降低其实际收入水平，从而减少政府部门的支出；反之，价格水平下降则会增加政府部门的支出。

4. 净出口

一国价格水平的提高使得本国产品相对于外国产品来说变得更贵了,在这种情况下,一方面,本国居民减少对本国产品的需求,转而购买外国的产品,导致进口增加;另一方面,外国居民也减少对本国产品的需求,导致出口减少,两方面的因素造成了净出口需求的下降;如果价格水平下降,则会通过减少进口、增加出口来提高净出口需求。由此可知,某个商品的价格提高会导致对这种商品需求的减少,价格和需求之间是一种负相关关系,同样,价格水平与总需求之间也是一种负相关关系,价格水平提高会降低经济中的总需求水平,价格水平降低会提高经济中的总需求水平,一定的价格水平对应着一定的总需求水平,价格水平的变化能够影响到总需求的每一个组成部分。

(二) 总需求曲线的推导

1. 利用 IS-LM 模型推导出总需求函数

IS 曲线的方程为:$S(Y)=I(r)$,LM 曲线的方程为:$m=\dfrac{M}{P}=L_1(Y)+L_2(r)$

把 Y 和 r 当作未知数,把其他变量当作参数,对两个方程联立求解,所得到的解析式包含了 Y 和 P 两个变量,表示了不同价格与不同总需求量之间的函数关系,即总需求函数。

现用一具体例子加以说明,设某一三部门的经济中,消费函数为 $C=200+0.75Y$,投资函数为 $I=200-25r$,货币需求函数为 $L=Y-100r$,名义货币供给是 1 000,政府购买 $G=50$,求该经济的总需求函数。

先由题可得到 IS 曲线和 LM 曲线,分别是 $Y=1\,800-100r$ 和 $Y=100r+1\,000/P$,再通过 IS 和 LM 方程解联立方程组,将 Y 和 P 作为变量,求出总需求函数为 $Y=900+500/P$。

2. 利用 IS-LM 模型推导出总需求曲线

总需求曲线反映的是产品市场和资本市场同时处于均衡时,价格总水平和总产出水平的关系,总需求曲线可以从 IS-LM 图形中推导出来。

在 IS-LM 模型中,一般价格水平被假定为一个常数。在价格水平固定不变且货币供给量为已知时,IS 曲线和 LM 曲线的交点决定均衡的收入水平。现在用图 10 – 31 说明怎样根据 IS-LM 图形推导总需求曲线。

图 10 – 31 分为上下两个部分,上图为 IS-LM 图,下图表示价格水平和需求总量之间的关系,即总需求曲线。在 IS-LM 图中,当价格为 P_1 时,此时的 LM 曲线与 IS 曲线相交于 E_1,便有一均衡点 (Y_1, r_1)。将 Y_1 和 P_1 标在下图中便可得到总需求曲线上一点 D_1。现假设价格水平 P 由 P_1 降到 P_2,由此引起 LM (P_1) 移至 LM (P_2) 的位置,便形成了一个新的均衡点 (Y_2, r_2)。Y_2 和 r_2 标在下图中便可得到总需求曲线上一点 D_2。按照同样的程序,随着 P 的变化,LM 曲线和 IS 曲线可以有很多的交点,每一个交点都标志着一个特定的 Y 和 r。于是就有许多 P 和 Y 的组合,从而构成了下图一系列点,将这些点连在一起所得到的曲线便是总需求曲线 AD。

在 IS-LM 模型中,价格是唯一变动的因素。价格变动不影响产品市场均衡,即不影响 IS 曲线,但却要影响货币市场的均衡,要影响 LM 曲线。这是因为 LM 曲线中的货币供给量是实际货币供给量,且有 $m=M/P$。当名义货币供给量不变、而价格水平发生变动时,实际货币供给量就会发生变动,这一变动又会影响货币市场的利率变动,进而影响总需求的变动。

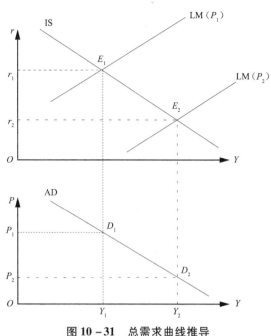

图 10-31 总需求曲线推导

从以上总需求曲线的推导中可以看出,总需求曲线反映社会的需求总量和价格水平之间反向变动的关系。总需求曲线是向右下方倾斜的,这表明,价格水平越高,需求总量越小;价格水平越低,需求总量越大。

(三) 总需求曲线的变动及影响因素

影响 IS 曲线和 LM 曲线的因素发生变动,相应的曲线就会发生移动,而模型的均衡点也会发生相应的变化。根据前面对总需求曲线的推导,IS-LM 曲线的任何变化都会反映到总需求曲线上,下面我们研究财政政策和货币政策的变化通过 IS-LM 模型对总需求曲线所产生的影响。

1. 财政政策变动对总需求曲线的影响

扩张性财政政策使总需求曲线右移,紧缩性财政政策使总需求曲线左移。如图 10-32 所示,在图中 IS 曲线和 LM 曲线相对应于一定的货币数量和价格水平 P_0,均衡点为 E_0,对应下图中 AD 曲线上的均衡点 E_0。假设政府实行扩张性的财政政策,增加政府支出,使得商品市场均衡曲线从 IS_0 的位置右移到 IS_1 的位置。在原来的价格水平下,新的均衡点为 E_1,此时,利率提高,收入增加。在下图中,也画出相应的 E_1 点,E_1 点是新的总需求曲线的 AD_1 上的一点,AD_1 曲线反映了增加政府支出对经济的影响。可见,在一定价格水平下,政府支出的增加也就意味着总需求的增加。

2. 货币政策变动对总需求曲线的影响

如果中央银行实行扩张性的货币政策,增加名义货币供给,从而增加实际货币供给,也将增加每一个价格水平上的总产出水平,使总需求曲线向右移动。如图 10-33 所示,在价格水平不变的情况下,名义货币增加导致实际货币供给增加,货币市场均衡曲线从 LM_0 的位置向右移动到 LM_1 的位置,总需求曲线相应地从 AD_0 向右移动到 AD_1 的位置。如果中央银行减少货币供给,则会使总需求曲线向左移动。

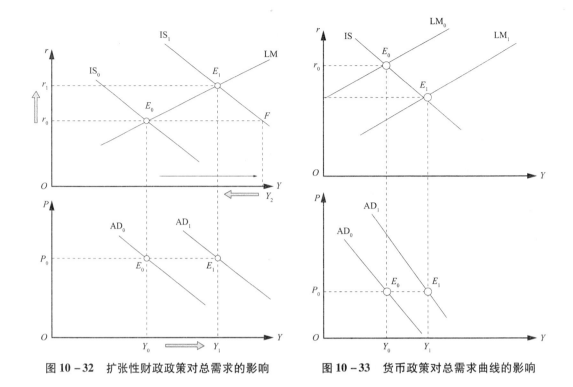

图 10-32 扩张性财政政策对总需求的影响　　图 10-33 货币政策对总需求曲线的影响

二、总供给曲线

总供给（Aggregate Supply）是经济社会的总产出（或收入总量），它描述了经济社会的资源用于生产时可能达到的产量。一般而言，总供给主要是由总量的劳动力、生产性资本存量和技术水平决定的。

总供给曲线（函数）是指总产量与一般价格水平之间的关系，即总供给曲线表示经济中厂商愿意并且能够供给的总产出量随价格变动而变动的轨迹。一般说来，短期的总供给曲线的斜率为正值，而长期的总供给曲线则是趋于垂直的。

总供给函数的几何表示就是总供给曲线。那么，总供给曲线的形状是怎样的呢？对于这个问题，西方经济学家有着不同的看法。

（一）长期总供给曲线

长期总供给曲线在宏观经济学中（凯恩斯主义）也称为古典的总供给曲线，是反映长期价格水平和长期实际国民产出数量之间关系的曲线。长期国民产出由劳动数量、资本存量和可供使用的技术来决定。价格水平变化不影响这些决定因素，所以不影响实际国民产出水平。也就是说，长期国民产出会处在充分就业水平（或称潜在国民产出水平）。如图 10-34 所示的几条 LAS 线分别表示不同水平的长期供给曲线。价格不论上涨还是下降都不影响长期供给水平。长期供给能处在潜在产出水平，一个重要的条件就是价格水平可以灵活调整，保证资源得到充分利用。当影响长期供给的几种要素发生变动后，长期供给曲线 LAS 将发生移动。这些因素也就是决定长期国民产出变化的因素，包括：①劳动数量变化；②资本数量变化；③技术进步或退步。如图 10-34 所示，从 LAS_1 到 LAS_2，再到 LAS_3，表示的是总供给增加的情形。

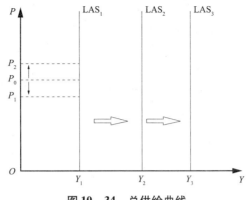

图 10 - 34　总供给曲线

（二）短期总供给曲线

短期总供给曲线 SAS，根据假设条件不同，有两种情形。

1. 极端凯恩斯主义短期总供给曲线

凯恩斯认为，在达到充分就业的总产量水平以前，生产要素是不会出现短缺的。因此，生产要素的价格也不会上升，这就使总供给曲线在达到充分就业的产量水平以前与总产量轴平行，一般价格水平不变。在达到充分就业的产量水平（或潜在产量水平）后，所有的资源都被充分利用，厂商如果打算进一步扩大生产，就只能出高价从其他厂商手中争夺资源和劳动力。由于资源的供给量不再增加，国民产出 Y_F 也不会再增加。于是最终产品的总供给价格便会在达到充分就业以后直线上升，与长期总供给曲线重合，如图 10 - 35 所示。

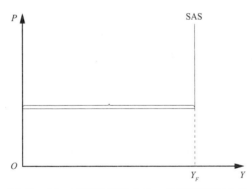

图 10 - 35　短期总供给曲线：极端凯恩斯主义

2. 常规短期总供给曲线

普通凯恩斯主义者则认为，短期总供给曲线 SAS 是向右上倾斜的。意思是说，随着一般价格水平的上升，总产出水平的供给量也会随之增加。

（1）短期供给曲线向右上方倾斜的原因

短期供给曲线向右上方倾斜，是指随着产品价格上升，生产者愿意提供更多的产品或服务，如图 10 - 36 所示。造成这一结果的主要原因是：

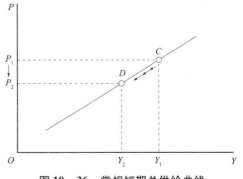

图 10 - 36　常规短期总供给曲线

第一,产品价格上升要快于成本的上升。生产者因为获利更多,所以愿意增加产品或服务的数量。简单可认为,产品价格上涨的速度要快于投入要素价格上升的速度。企业获得更多,自然愿意增加产品和服务数量。第二,当最终产品或服务价格上涨或下降时,有些厂商的价格调整迟缓。一般价格水平上升时,调价迟缓者发现产品好销,所以增加生产。而当一般价格水平下降时,部分企业的降价也比较慢,当发现销售下降时才减少生产。工资黏性与价格黏性在讨论短期供给曲线时扮演着重要角色。

(2) 价格上涨迟缓现象

为什么会出现投入品价格上涨迟缓的现象?为什么有的厂商调价慢?原因是他们无法准确预测价格变化。为什么工人和厂商不能准确预测价格水平变化,从而导致了 SAS 曲线向上倾斜呢?经济学家对这一点有 3 种最常见的解释:

第一,工资和价格的黏性。工资和价格的黏性是指工资和价格对供给与需求的变化不能及时做出反应的现象。工资合约并非随时签订,但经济形势总在变化。当工资或交易合约签订后,经济或扩张或收缩,产出随之出现扩大(或减少),但工资受制于合约并不能及时进行调整。对价格来说也是这样,购销合同签订后,经济形势发生变化,但合约不能马上就进行价格调整。这都源于预测不准。如果人们能准确预测并能使预测及时反映在工资与价格变化中,产出就不会扩大了。第二,工资调整通常较慢。工资合约签署后一般会保持一段时间,调整通常都有时间滞后性。如果工资调整慢,产品价格上涨后,企业将会使用更多的劳动来提高盈利水平。对于降低工资,企业执行更慢,因为工资下降会带来员工离职。研究发现,衰退发生后,厂商通常不加薪,而是冻结工资,并非减薪。第三,菜单成本。一些价格黏性企业一般都有产品目录,其中会列出产品价格等相关信息。如果产品的市场需求比企业预期水平高或低,他们理应按新的供求状况来调整价格。但是,产品价目单的调整并不容易,企业改变产品价目单所涉及的成本称为菜单成本。即使产品价格应该随着供求变化进行调整,但有企业考虑到菜单成本后可能不会进行调整,因为这样做自己的产品价格相对便宜,更有利于在市场中扩大需求。

(三) 总供给曲线不同特征的经济含义

① 当价格出现刚性时,经济中如果只能发生产出量的变化,这时就会出现凯恩斯萧条模型的 AS 曲线,即一条处于水平状态的 AS 曲线,如图 10-37 中①所示。

② 当价格可以发生变动时,即价格有黏性或者弹性时,经济中的总供给又分为两种情况:一是价格具有黏性或弹性,总供给发生变化时,AS 曲线是一条斜率为正值、向右上方倾斜的曲线,如图 10-37 中②所示。二是价格具有弹性,但总供给无法增加时,AS 曲线是一条垂直线,如图 10-37 中③所示。

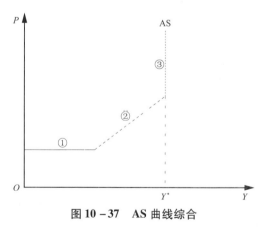

图 10-37 AS 曲线综合

三、AD-AS 模型

AD-AS 模型表明的是总供给和总价格水平(一般价格水平)之间的关系,是产品市场、货币市场和劳动市场同时均衡的模型。

（一）AD-AS 模型的基本类型

常规 AD-AS 模型，如图 10-38 所示。

极端的短期 AD-AS 模型，其主要特征是供给曲线呈水平形状，经济中的总产量水平主要由总需求方面的力量来决定，如图 10-39 所示。

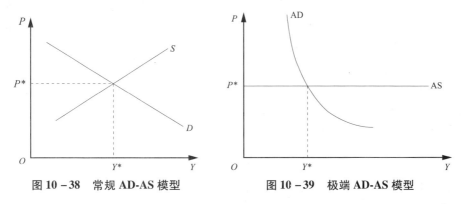

图 10-38　常规 AD-AS 模型　　　图 10-39　极端 AD-AS 模型

充分就业时的 AD-AS 模型，其主要特征是总供给曲线呈垂直状。供给量无法增加。总需求水平的变动将会只影响物价水平，而不影响总产量水平，如图 10-40 所示。

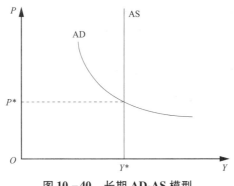

图 10-40　长期 AD-AS 模型

（二）AD-AS 模型的应用

由于经济情况千变万化，不能对它们一一加以解释，因此可以将它们分为 3 种情况：宏观经济的短期目标、总需求曲线移动的后果和总供给曲线移动的后果。下面顺次加以说明。

1. 宏观经济的短期目标

在短期中，宏观经济试图达到的目标是充分就业和物价稳定，即不存在非自愿失业，同时，物价既不上升也不下降，如图 10-41 所示。

该图表明：当总需求曲线 AD 和总供给曲线 AS 相交于 E_0 时，产量 Y 处于充分就业水平 Y_f，价格为 P_0，而此时的 P 既不会上升也不会

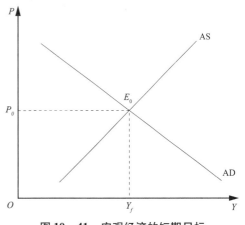

图 10-41　宏观经济的短期目标

下降。E_0点表示宏观经济的短期目标,即充分就业和价格稳定。然而,只有在偶然的情况下,AD 和 AS 才能相交于 E_0 点,经济中许多因素都会移动 AD 和 AS 的位置,使二者的交点脱离 E_0。下面分别论述总需求曲线 AD 和总供给曲线 AS 的移动情况。

2. 总需求曲线移动的后果

总需求曲线移动的后果可以用图 10-42 加以说明。该图表明,在某一时期,AD 与 AS 相交于代表充分就业的 E_0 点。在 E_0 点的产量为 Y_f,价格水平为 P_0。这时,由于总需求减少,AD 向左移动到 AD_1 的位置,这样,AD_1 和 AS 相交于 E_1 点。这表明,经济社会处于萧条状态,其产量和价格分别为 Y_1 和 P_1,二者均低于充分就业的数值。然而,AS 的形状表明,二者下降的比例并不相同。在小于充分就业的水平时,越是偏离充分就业,经济中过剩的生产能力就越来越多,价格下降的空间就越来越小,这说明:价格下降的比例要小于产量下降的比例。为了简化图形,我们没有做出 AD_1 向右移动到 AD 的情况,这一情况代表经济处于过热的状态。这时的生产能力比较紧缺,产量增加的可能性越来越小,而价格上升的压力越来越大。也就是说,在 E_0 的右方,AD 向右方的距离越大,价格 P 上升的比例要高于产量上升的比例。

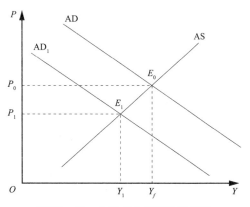

图 10-42 总需求曲线移动的后果

3. 总供给曲线移动的后果

总供给曲线移动的后果可以由图 10-43 表示出来。在该图中,AD 和 AS_0 相交于充分就业的 E_0 点。这时的产量和价格水平顺次为 Y_f 和 P_0。此时,如果由于某种原因,如大面积的粮食歉收或石油供给的紧缺、原料价格猛涨等,AS 曲线由 AS_0 向左移动到 AS_1,使 AD 与 AS_1 相交于 E_1 点。那么 E_1 点可以表示滞胀的状态,其产量和价格水平顺次为 Y_1 和 P_1,即表示失业和通货膨胀的并存。进一步说,AS 向左偏离 AS_0 的程度越大,失业和通货膨胀也会越严重。但是,失业的下降比例和价格上涨的比例二者之间相对关系却并不明确。当生产技术的突然提高使 AS_0 向右移动时,产量增加,而价格水平则会下降。然而,必须注意的是:在短期内,生产技术虽然有可能突然提高,但是,要想很快得到它的成果却是很困难的。因此在短期 AS_0 向右移动是非常少见的,甚至只是一种理论上的想象而已。

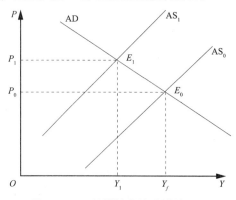

图 10-43 总供给曲线移动的后果

本章知识结构

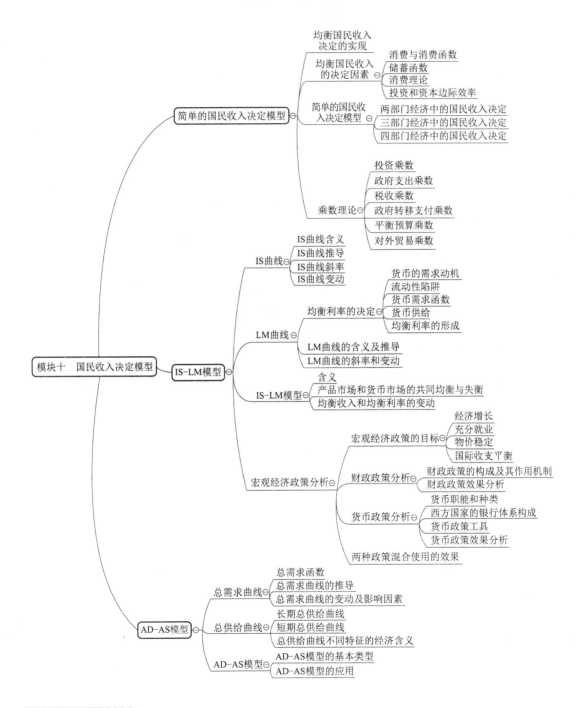

思考与练习

一、单项选择题

1. 构成国民经济简单循环的是（　　）。
   A. 厂商与居民　　B. 政府与居民　　C. 出口与进口　　D. 投资与储蓄

2. 消费曲线位于45°线上方表明，储蓄是（　　）。
   A. 正数　　　　　　B. 零　　　　　　C. 负数　　　　　　D. 不能确定
3. 边际消费倾向与边际储蓄倾向之和（　　）。
   A. 是大于1的正数　　　　　　B. 是小于1的正数
   C. 等于1　　　　　　D. 等于零
4. 在边际储蓄倾向等于20%的时候，边际消费倾向等于（　　）。
   A. 20%　　　　　　B. 80%　　　　　　C. 30%　　　　　　D. 120%
5. 下列哪项的增加可能会引起国民收入均衡水平的提高？（　　）
   A. 进口　　　　　　B. 计划投资和消费　　　　C. 税率　　　　　　D. 私人储蓄
6. 人们在工作期间储蓄是为了在退休时消费，同时消费受财产影响的观点被称为（　　）。
   A. 凯恩斯的消费理论　　　　　　B. 生命周期理论
   C. 持久收入理论　　　　　　D. 相对收入理论
7. 凯恩斯提出的消费理论是（　　）。
   A. 绝对收入假说　　　　　　B. 持久收入假说
   C. 生命周期假说　　　　　　D. 预期收入假说
8. 根据凯恩斯的理论，下列变量随着收入增加而递减的有（　　）。
   A. 边际消费倾向　　B. 边际储蓄倾向　　C. 平均消费倾向　　D. 平均储蓄倾向
9. 如果消费函数为 $C = 100 + 0.8(Y - t)$，并且税收和政府购买支出同时增加1美元，则均衡收入将（　　）。
   A. 保持不变　　　　B. 增加3美元　　　　C. 增加1美元　　　　D. 下降4美元
10. 假定其他条件不变，厂商增加投资将引起（　　）。
    A. 国民收入的增加，但消费水平不变
    B. 国民收入的增加，同时消费水平也提高了
    C. 国民收入的增加，但消费水平下降了
    D. 国民收入的增加，但消费水平的变动无法确定
11. 假定边际储蓄倾向等于20%，增加100万美元投资可以使国民收入增加（　　）。
    A. 200万美元　　　　B. 500万美元　　　　C. 800万美元　　　　D. 100万美元
12. 投资乘数在哪一种情况下较大？（　　）
    A. 边际储蓄倾向较小　　　　　　B. 边际储蓄倾向较大
    C. 边际消费倾向较小　　　　　　D. 投资数量越大
13. 某国边际消费倾向等于0.8，减税100万美元使均衡国民收入增加（　　）。
    A. 400万美元　　　　B. 500万美元　　　　C. 80万美元　　　　D. 200万美元
14. 与政府购买支出乘数大小相等的有（　　）。
    A. 自发消费的乘数　　　　　　B. 自发投资的乘数
    C. 税收乘数　　　　　　D. 政府转移支付乘数
15. 在封闭经济中，定量税和政府采购以相同的数量增加，会使IS曲线（　　）。
    A. 保持不变　　　　B. 向右平移　　　　C. 向左平移　　　　D. 改变斜率
16. 假定货币供给量和价格水平不变，货币需求为收入和利率的函数，则收入增加时

（　　）。
   A. 货币需求增加，利率上升   B. 货币需求增加，利率下降
   C. 货币需求减少，利率上升   D. 货币需求减少，利率下降

17. 在古典区域，下面哪种情况会引起收入增加？（　　）
   A. LM 曲线不变，政府购买增加   B. LM 曲线不变，政府购买减少
   C. IS 曲线不变，货币供应量增加   D. IS 曲线不变，货币供应量减少

18. 货币供给增加使 LM 曲线右移，若要均衡收入变动接近于 LM 曲线的移动量，则必须（　　）。
   A. LM 曲线陡峭，IS 曲线也陡峭   B. LM 曲线平坦，IS 曲线也平坦
   C. LM 曲线陡峭，而 IS 曲线平坦   D. LM 曲线平坦，而 IS 曲线陡峭

19. 利率和收入的组合点出现在 IS 曲线右上方，LM 曲线左上方的区域中，则表示（　　）。
   A. 投资小于储蓄且货币需求小于货币供给
   B. 投资小于储蓄且货币需求大于货币供给
   C. 投资大于储蓄且货币需求小于货币供给
   D. 投资大于储蓄且货币需求大于货币供给

20. 根据 IS-LM 模型，如果一个国家政府提供支出，那么将导致（　　）。
   A. 投资上升，产出上升   B. 投资上升，产出下降
   C. 投资下降，产出上升   D. 投资下降，产出下降

21. 如果投资对利率变动变得很敏感，则（　　）。
   A. IS 曲线变得更陡峭   B. IS 曲线变得更平坦
   C. LM 曲线会变得更陡峭   D. LM 曲线会变得更平坦

22. 根据凯恩斯的理论，货币需求受到哪些因素的影响？（　　）
   A. 国民收入   B. 利润率   C. 实际利率   D. 投资乘数

23. 总需求曲线向下倾斜的原因是什么？（　　）
   A. 随着价格水平的下降，居民的实际财富下降，他们将增加消费
   B. 随着价格水平的下降，居民的实际财富增加，他们将增加消费
   C. 随着价格水平的上升，居民的实际财富下降，他们将增加消费
   D. 随着价格水平的上升，居民的实际财富上升，他们将减少消费

24. 能够使总需求曲线向右移动的非政策因素有哪些？（　　）
   A. 政府购买增加   B. 私人投资意愿提高
   C. 货币供应量增加   D. 转移支付增加

25. 下列哪一观点是不正确的？（　　）
   A. 当价格水平上升幅度大于名义货币供给增长时，实际货币供给减少
   B. 当名义货币供给的增长大于价格水平的上升时，实际货币供给增加
   C. 在其他条件不变的情况下，价格水平上升，实际货币供给减少
   D. 在其他条件不变的情况下，价格水平下降，实际货币供给减少

26. 在任何一个既定价格水平下，货币供给增加使实际货币余额增加，LM 曲线向下移动以及收入增加，因此，总需求曲线（　　）。

A. 向左移   B. 向右移   C. 位置不变   D. 位置无法确定

二、判断题

1. 家庭通过出售产品与服务获得收入，再以购买生产要素和向政府纳税的形式支出其收入。（　）
2. 企业通过向生产要素市场提供劳动得到收入，再以收入购买消费产品和服务以及向政府缴税的形式支出其收入。（　）
3. 消费支出大于可支配收入，意味着储蓄是负数。（　）
4. 凯恩斯认为，短期中决定消费的主要因素是收入。（　）
5. 西方经济学家在消费理论中，是从不同角度研究收入和消费关系的。（　）
6. 按照凯恩斯的短期消费函数，消费增量大于收入增量。（　）
7. 在两部门经济中，当总需求等于总供给时，投资支出一定等于储蓄。（　）
8. 在两部门经济中，如果投资支出大于储蓄，总需求将大于总供给。（　）
9. 均衡的国民收入就是潜在国民收入。（　）
10. 边际储蓄倾向越小，投资乘数将越小。（　）
11. 假如边际储蓄倾向大于边际消费倾向，投资乘数将小于 1。（　）
12. 只要边际消费倾向是正数，投资乘数将小于 1。（　）
13. 税收乘数是大于 1 的正数。（　）
14. 假如政府购买支出和政府税收同时增加同样的数量，注入量和漏出量仍然相等，均衡国民收入没发生变化。（　）
15. 假如居民在不同的可支配收入水平上都增加消费支出，消费曲线将向上移动。（　）
16. 资本边际效率和投资边际效率都是一条向右下方倾斜的曲线，两者是相同的。（　）
17. 所谓"凯恩斯陷阱"一般产生于债券价格的低位区。（　）
18. 价格水平的上升会使 LM 曲线向右方移动。（　）
19. 国民收入水平越高，交易量就越大，交易余额和预防余额就越大。（　）
20. 在非均衡的第 I 区域（IS 的右边，LM 的左边），要使得经济达到均衡应该扩大生产，增加供给；同时，下调利率，增加货币需求。（　）
21. 当一般价格水平上升时，将会使各经济主体收入增加，因此，总需求增加。（　）
22. 短期中，由总需求曲线移动引起的价格水平上升首先导致均衡点在 AS 曲线上的移动。（　）
23. 短期总供给曲线和长期总供给曲线都是向右上方倾斜的曲线，区别是斜率不同。（　）
24. 扩张的财政政策会使总需求曲线向右移动，而扩张的货币政策导致总需求曲线向左移动。（　）

三、计算题

1. 假设某经济体的货币需求为 $L=0.2Y$，货币供给为 200 亿元，消费 $C=100+0.8Yd$，投资 $I=140-4r$。（单位均为亿元）

（1）求 IS 和 LM 方程。

（2）若货币供给从 200 亿元增加到 220 亿元，LM 曲线如何移动？均衡收入、利率、消费和投资各为多少？

(3) 为什么均衡收入增加量等于 LM 曲线移动量?

2. 假如一个经济可以由以下方程来描述(单位均为亿元): $C = 100 + (2/3)(Y - t)$,$t = 600$,$I = 800 - (50/3)r$,$M/P = 0.5Y - 50r$。

(1) 写出这个经济的 IS 曲线方程。

(2) 写出这个经济的 LM 曲线方程。

(3) 假设 $P = 1$,而且 $M = 1\,200$,求解均衡时的实际收入和利率。如果价格变为 $P = 2.0$,均衡时的实际利率和收入如何变化?

3. 假设一经济社会是由三部门构成的。其消费函数为 $C = 20 + 0.8(Y - T)$,投资函数为 $I = 600 - 4\,000r$,政府支出为 $G = 420$,税收函数为 $T = 100 + 0.25Y$,名义货币供给为 $M = 345$,实际货币需求函数为 $L = 25 + 0.4Y - 4\,000r$。试求:

(1) IS 曲线方程式。

(2) 当价格水平 $P = 1$ 时,LM 曲线的方程式。

(3) 价格水平 $P = 1$ 时,产品市场和货币市场同时均衡时的利率和收入。

(4) 总需求曲线方程式。

4. 三部门组成的经济的消费函数 $C = 80 + 0.8Yd$,投资函数 $I = 20 - 5r$,货币需求函数 $L = 0.4Y - 10r$,政府购买支出 $G = 20$,税收 $T = 0.25Y$,名义货币供应量 $M = 90$,充分就业的国民收入为 285,其中,r 为利率,Yd 为可支配国民收入,Y 为国民收入。

(1) 若价格水平 $P = 2$,则 IS-LM 决定的均衡国民收入与利率各为多少?

(2) 若总供给曲线为 $Y = 235 + 40P$,则总需求曲线与总供给曲线决定的均衡国民收入和价格各为多少?

(3) 若通过变动政府购买而实现充分就业,则政府购买的变动量、价格水平为多少?

(4) 若通过变动货币供应量而实现充分就业,则需要如何变动货币供应量?

模块十一

宏观经济问题分析

【学习目标】

知识目标：
- 理解国民收入、失业、通货膨胀的关系
- 了解经济周期和经济增长的含义和类型
- 了解国际收支失衡原因、平衡理论
- 掌握失业的种类
- 掌握通货膨胀的分类和成因

能力目标：
- 能够运用相关理论解释经济周期
- 能够运用相关理论分析我国的失业和通货膨胀

素质目标：
- 引导学生树立正确的就业观，理解政府的有关政策，建立良好的职业道德，激发创业热情，更好地实现自身价值

第一节 失业与通货膨胀

在市场经济中，失业是每个人都可能面临的，所以失业不仅是经济问题，更是一个政治性问题。

一、失业问题

（一）失业的含义

失业（Unemployment）是指在劳动市场上，有就业能力且有就业要求的人没有得到就业机会的现象。《2019年中国大学生就业报告》（就业蓝皮书）显示，2018届大学毕业生就业率为91.5%，其中近两届高职高专毕业生就业率高于同届本科，2014至2018届高职高专毕业生在民营企业就业的比例从65%上升到68%。失业量较小，就业率、薪资和就业满意度综合较高的是本科的信息安全、软件工程、网络工程等专业和高职高专的电气化铁道技术、社会体育、软件技术等专业，而本科的绘画、历史学、应用心理学等专业，高职高专的语文

教育、英语教育、法律事务等专业近年来的就业形势相对严峻。在市场经济条件下，每个人都可能面临着失业，因此，失业问题不仅是一个经济问题，还是一个政治问题。

我国的就业人员是指男性在16岁至60岁，女性在16岁至55岁的法定劳动年龄内，从事约定的社会经济活动并取得合法劳动报酬或经营收入的人员。其中，若劳动报酬低于当地城市居民最低生活保障标准的人员视同失业，但全日制学生、家务劳动者和退休人员不包括在失业范围内。

（二）衡量失业

衡量失业的标准是失业率（Unemployment Rate），即失业者占劳动力的百分比。公式表示为：失业率 $= \dfrac{\text{失业人数}}{\text{劳动力总数}} \times 100\%$。失业率是每个月最先发表的经济数据。

知识拓展

中国的就业数据是如何统计的？

统计部门常规就业统计包括以下两种：一是劳动力调查制度。该项调查制度于2005年正式实施，每年进行两次全国劳动力抽样调查，调查范围为中国大陆的城镇和乡村，调查对象为16岁及以上人口。2009年3月，为更及时准确反映劳动力市场变化情况，建立了31个大城市月度劳动力调查制度。2013年4月，又将月度劳动力调查范围扩大至65个城市。2016年1月，全国月度劳动力调查正式在全国范围内开展，调查范围覆盖全国所有地级市。二是劳动工资统计报表制度。该项调查制度是以企业、事业、机关、民间非营利组织等单位为调查对象的统计调查，包括城镇非私营单位就业人员统计和城镇私营单位就业人员统计两个部分，工资和城镇单位就业人员数等就来自这项调查。此外，通过人口普查、经济普查、农业普查等也可获取部分就业信息。

调查失业率与登记失业率有何区别？

调查失业率与登记失业率的区别主要体现在以下两个方面：

1. 数据来源不同。前者来自国家统计局的全国月度劳动力调查，后者来自政府就业管理部门的行政记录。

2. 失业人口的指标定义不同。前者采用国际劳工组织的失业标准，指16岁及以上人口中，在调查参考周内，没有工作，最近3个月正在找工作，并且两周内能够工作的人。后者指16岁至退休年龄内，有劳动能力，有就业要求，处于无业状态，并在政府就业服务机构进行了失业登记的人员。

中国2010—2019年城镇登记失业人数调查统计如图11-1和图11-2所示。

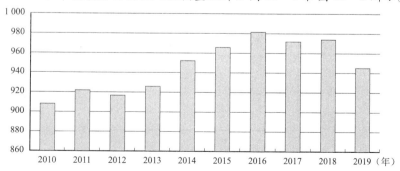

图11-1　中国2010—2019年城镇登记失业人数（万人）

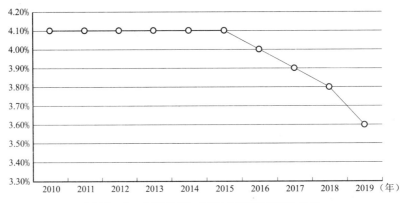

图 11-2 中国 2010—2019 年城镇登记失业率

资料来源：国家统计局 http://www.stats.gov.cn/

（三）失业的分类

根据失业产生的原因，可分为自愿失业和周期性失业、摩擦性失业、结构性失业等非自愿失业。

1. 自愿失业（Voluntary Unemployment）

所谓自愿失业是由英国资产阶级庸俗经济学家阿瑟·塞西尔·庇古提出的经济概念，是"非自愿失业"的对称。现代西方经济学家在分析失业原因时提到的自愿失业的概念与庇古的概念略有不同，它指自愿放弃工作机会而不愿意寻找工作所造成的失业。由于这种失业是由于劳动人员主观不愿意就业造成的，无法通过经济手段和国家政策消除，因此不是经济学研究的范畴。

2. 非自愿失业（Involuntary Unemployment）

非自愿失业指工人愿意接受现行工资水平与工作条件，但仍找不到工作而形成的失业，又称"需求不足的失业"，是 1936 年由英国经济学家凯恩斯在其著作《就业、利息和货币通论》中提出的概念，这里向大家介绍 3 种非自愿失业的类型。

（1）周期性失业

一般出现在经济周期的萧条阶段，指社会总需求下降，从而引起整个经济的支出和产出下降的短期失业，凯恩斯用紧缩性缺口来解释周期性失业的原因。紧缩性缺口是指实际总需求（AD_1）小于充分就业总需求（AD_0）的差额，如图 11-3 所示。

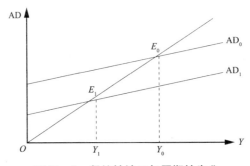

图 11-3 紧缩性缺口与周期性失业

图 11-3 中，横轴 Y 代表国民收入，纵轴 AD 代表总需求，E_0 点表示市场实现充分就

业，Y_0 表示国民收入，若在 Y_0 处实现充分就业，对应的总需求水平为 AD_0，但实际的总需求为 AD_1，AD_1 决定的国民收入为 Y_1，$Y_1 < Y_0$，因此，实际总需求 AD_1 与充分就业总需求 AD_0 之间的差额是造成周期性失业的根源。一般来说，需求收入弹性越大的行业，周期性失业的影响越严重。

(2) 摩擦性失业

摩擦性失业是指生产过程中难以避免的，由于职业转换等原因造成的短期失业。通常源于劳动的供给一方，因为劳动力市场信息不完善，企业找到雇员和失业者找到工作都需要一定的时间，因此被看作是一种求职性失业。从经济和社会发展的角度来看，摩擦性失业是正常地、不可避免地长期存在着。例如，刚毕业的大学生进入劳动力市场导致原有的部分劳动力失业，消费者对一些商品和服务的季节性需求造成的失业。

(3) 结构性失业

结构性失业是指由于经济不断变化导致市场上劳动力的供给和需求不匹配造成的失业。随着科技和经济的互融，不同国家、地区、产业甚至是工种的劳动力供求结构不断发生变动，而且在短时间内无法调节，发生滞后现象。虽然结构性失业是长期性的，但它是可以改善的经济问题。例如，随着现代信息技术的发展，企业对高素质的会计管理人员的需求不断增加，因此只掌握一些传统会计理论而无法与现代职业会计接轨的人员将面临失业。

(四) 失业的影响

1. 奥肯定律 (Okun's Law)

1968 年，美国经济学家阿瑟·奥肯 (Arther M. Okun) 在为总统经济顾问委员会分析失业与经济增长的关系时发现，失业率每降低 1 个百分点，产出能够增加 2~3 个百分点；或者说当失业率每提高 1 个百分点，产出将下降 2~3 个百分点，这一理论被称为奥肯定律。奥肯定律从理论上肯定了就业对国民经济的影响：就业率的增长可以带来更大幅度的国民收入的增长；反之，就业率下降会使得国民收入更大幅度下跌。

2. 失业对财政的影响

世界大多数国家的政府必须为失业人员提供相应的社会福利，若国家失业人口增多，政府会增加福利支出，造成财政困难。

3. 失业对社会的影响

失业意味着人们要紧缩家庭支出，放弃一些不必要的东西，整体的生活水平明显下降。失业加大了贫富差距，激化了社会矛盾。不过失业也有强化劳动纪律的积极作用，让在岗人员有危机意识，能全身心地投入到工作中，提高工作的积极性与创造性。

◆ 案例分析

就业形势随复工复产有所好转

2020 年第一季度，受新冠肺炎疫情影响，就业压力明显上升，但随着疫情防控形势持续向好，复工复产提速扩面，3 月份就业形势出现积极变化。全球疫情蔓延和经济衰退形势下，就业面临较大压力。随着各项稳就业政策措施的贯彻落实，特别是我国经济发展韧性强、潜力足、空间广，就业有保持稳定的较强基础和条件。

1. 疫情冲击加大就业压力，2 月份失业率明显上升

1 月份，全国城镇调查失业率受春节因素影响环比略升 0.1 个百分点。2 月份，受疫

情影响，部分服务业消费需求下降明显，制造业企业停工停产较多，就业压力明显加大。尤其是个体工商户和灵活就业人员抵御风险能力弱，失业风险较高。全国城镇调查失业率升至6.2%，同比环比均上升0.9个百分点。从人群看，农民工由于春节返乡辞工人员多，从事个体户和灵活就业的比重高，是受冲击最大的群体。

2. 随着复工复产加快，3月份失业率出现下降

随着疫情防控形势持续向好，复工复产提速扩面，企业生产经营逐步恢复，消费需求逐渐回升，带动就业岗位较快增加。3月份，城镇调查失业率为5.9%，环比回落0.3个百分点。经测算，城镇就业人数环比增加10%以上，其中个体工商户恢复经营和灵活就业重新活跃，就业人数环比均增长20%左右。通过"点对点、一站式"等方式引导农民工安全有序转移就业，支持农民工就地就近就业，春节返乡农民工多数顺利外出务工。3月份，城镇劳动参与率比2月份有较大幅度提升，就业人员中在职未上班的人数减少约60%，企业就业人员周平均工作时间达到44.8小时，环比增加4.6小时，已接近疫情前水平。

3. 就业在较大压力下仍有保持稳定的较强基础和条件

近几年以来，我国就业一直存在压力，突如其来的疫情暴发特别是当前国际疫情仍在持续蔓延，使国内外经济出现了明显的下降，进一步加大了就业压力。但从影响就业因素看，我国有改革开放以来积累的雄厚物质基础，有较大潜力的市场需求，就业稳定的基础没有发生改变。同时，服务业吸纳就业能力继续增强，新经济持续发展带动新就业岗位，创业创新不断深入推进，都有利于保持就业稳定。随着疫情防控形势进一步好转，前期被抑制的投资消费逐步恢复，经济的巨大潜能和强大动能逐渐释放。再加上各项经济和就业政策落地见效，减负稳岗力度加大，投资和产业带动就业能力开始提升，引导农民工有序转移就业，拓宽高校毕业生就业渠道，加强困难人员兜底保障，保持就业总体稳定有基础有条件。

（作者：国家统计局人口和就业统计司司长　张毅，原文链接：http://m.ce.cn/bwzg/202004/19/t20200419_34722118.shtml）

二、通货膨胀

（一）通货膨胀的含义与分类

通货膨胀（Inflation）是指物价水平在一定时期内持续、普遍上涨的过程。理解通货膨胀需要注意两点：一是少数几种商品的价格上涨不能称为通货膨胀，必须是大部分的价格同时上涨；二是偶尔的价格上涨也不能称为通货膨胀，必须是物价在一段时间内连续、普遍上涨。

根据通货膨胀的严重程度，可分为温和的通货膨胀（10%以下）、急剧的通货膨胀（10%~100%）、恶性的通货膨胀（100%以上）。根据通货膨胀发生的原因，可分为需求拉动型通货膨胀、成本推动型通货膨胀和结构性通货膨胀。

通货膨胀率是指从一个时期到另一个时期内价格水平变动的百分比。一国政府可以根据物价指数计算出一定时期内物价上升或下降的精确幅度。通货膨胀率可以用消费者物价指数（CPI）、生产者价格指数（PPI）、GDP平减指数（GDP Deflator）等衡量，反映着一个国家的货币量与实物量是否相适应，也反映了一个国家货物与实物的总产出量与总需求量之间的

总量平衡的关系。通货膨胀率的计算公式为：

$$\text{通货膨胀率} = \frac{P_t - P_{t-1}}{P_{t-1}} \times 100\% \quad (11.1)$$

式中，P_{t-1}和P_t分别为t时期和（$t-1$）时期的价格水平，假定某国去年的物价水平为100，今年的物价水平上升到103，那么，这一时期的通货膨胀率就为$\frac{103-100}{100}=3\%$。

（二）通货膨胀的成因

关于通货膨胀的成因，最具有代表性的解释有3种：第一种是货币数量解释，强调货币过多供给是导致通货膨胀的原因；第二种是从总需求和总供给的角度来解释，强调需求拉动和供给推动是导致通货膨胀的两个原因；第三种是从经济结构因素变动的角度来解释。

1. 货币供给过多

货币数量论者认为货币供给量的增加是通货膨胀的基本原因。在实际生活中，政府支出的增加或者推行充分就业的政策都会增加货币的发行量，以致形成了失业与通货膨胀的螺旋上升。

2. 需求拉动与供给推动

（1）需求拉动

需求拉动通货膨胀又称超额需求通货膨胀，即总需求超过总供给所引起的一般价格水平的持续显著的上涨，也就是常说的"发放过多的货币，追求过少的产品"，如图11-4所示。

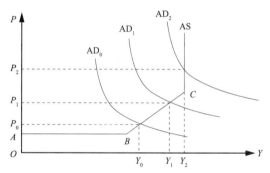

图11-4 需求拉动通货膨胀

在图11-4中，横轴Y代表产出水平，纵轴P代表价格水平，AS为供给曲线，AD为需求曲线，总供给曲线在BC段是向右上方倾斜的，这表明在从B点到C点的过程中，社会中资源能够充分利用，就业岗位能够满足需求，总供给增加能力逐渐变小。如果需求继续增加，需求曲线向右上方平移，即总供给曲线从AD_0移动到AD_1，会导致总产量增加，价格上升，我们称这种情况为半通货膨胀状态。总供给曲线从C点开始成为垂直的直线，表明社会上没有闲置的资源，就业状态充分，总供给也就不会继续增加了，若总供给曲线AD_2继续向右上方平移，物价也会随之大涨，总产量不增加，就会出现"过多的货币追求过少的产品"的通货膨胀的情况。

（2）供给推动

供给推动通货膨胀又称为成本推动通货膨胀，是指在没有超额需求的情况下由于供给方面成本的提高所引起的一般价格水平持续和显著的上涨，如图11-5所示。

图11-5中，横轴Y代表产出水平，纵轴P代表价格水平，AS为总供给曲线，AD为总需求曲线。我们可以看到总需求曲线始终为AD，表明需求水平不变，当成本增加时，企业要么在保持同等总产量的同时提高价格，要么在保持同等价格的同时降低总产量，因而总供

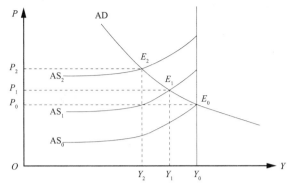

图 11-5　供给推动通货膨胀

给曲线从 AS_0 移动到 AS_1，结果导致在总需求不变的情况下，价格水平上升，总产量缩减。当成本继续增加，总供给曲线从 AS_1 移动到 AS_2，结果导致价格水平继续上升，总产量缩减。可见，生产成本的提高引起了物价水平的提高和总产量的下降，即成本推动了通货膨胀。

（3）结构性通货膨胀

结构性通货膨胀是在总需求并不过多的情况下，对某些部门的产品需求过多，造成部分产品的价格上涨的现象。

——扩展部门，资源与人力短缺，资源价格上升。

——非扩展部门，资源与人力过剩，但由于攀比行为，资源尤其是工资价格同样上升。

——两部门成本增加产生通货膨胀。

在通货膨胀期间，需求、成本以及结构这三种因素同时起作用。我国 4 次通货膨胀高峰如图 11-6 所示。

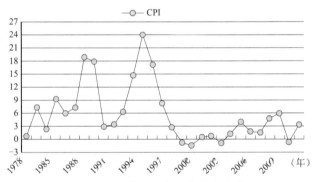

图 11-6　中国 4 次通货膨胀高峰

（三）通货膨胀的影响

通货膨胀对个人和社会的生活都会产生很多影响，这里主要介绍两种：收入再分配效应和产出效应。

1. 收入再分配效应

通货膨胀会导致人们的实际收入发生变化，但对不同主体的再分配效应是不一样的。

（1）不利于固定收入者

对于固定收入的人们来说，他们的收入是固定数额，即收入增长率为零，但是物价水平不断上涨，就会导致他们的实际购买能力将下降，实际收入因通货膨胀而减少。

（2）不利于储蓄者

随着价格上涨，存款的购买力就会下降，养老金、保险金的实际价值同样也会下降，在银行有存款的人就会受到严重打击，正如老百姓说的钱不值钱了。

（3）有利于债务人，不利于债权人

债务契约根据签约时的通胀率确定名义利率，当发生未预期的通胀后，债务契约已定，从而使实际利率下降，债务人受益，债权人受损。

2. 产出效应

通货膨胀对经济发展是有利还是不利？宏观经济学家有"有利论""有害论""中性论"三种观点。

（1）有利论

该观点认为温和的通货膨胀有利于经济发展，不可缺少。因为：有利于雇主，可刺激投资；通货膨胀税，政府增收；加剧不平等，富人的边际储蓄倾向大，可增加储蓄；产生"货币幻觉"，在通货膨胀时，仍以为币值是稳定的；信息比较灵通的企业家和银行家，按原来比较低廉的价格买进劳动力和生产资料，扩大就业和生产。

（2）有害论

该观点认为通货膨胀政策是饮鸩止渴。因为：扭曲价格机制，资源配置效率降低，预期利润率降低，不利于调动生产和投资的积极性；破坏经济秩序，效率低下；通胀引起的紧缩政策抑制经济发展，使政府增加了治理通货膨胀的压力，削弱经济活力；货币贬值不利于经济交往；加大了经济核算的困难。

（3）中性论

该观点认为通货膨胀与经济增长没有必然的联系。因为：货币在经济中是中性的，从长远来看决定经济发展的是实际因素（劳动、资本、自然资源等），而不是价格水平。在长期中，由于货币量变动引起的通货膨胀，既不会有利于也不会不利于经济的发展。

◆ **案例分析**

通货膨胀如何影响你的钱包？

近年来，我国的经济实现了快速发展，国民生活水平也迅速提升。而随着时间的推移，人们开始发现，自己的钱似乎越来越"不值钱"了：同样的 100 元，现在能买到的东西已经远不及过去，出现这种现象的主要原因就是通货膨胀。

2019 年 12 月 10 日，国家统计局公布 11 月全国居民消费价格指数（CPI）同比上涨 4.5%，其中，城市上涨 4.2%，农村上涨 5.5%。

4.5% 是一个很高的水平，上一次超过它是在 2010 年 11 月份同比增长 5.1%，然后整个 2011 年都处于较高的通胀水平。当前，CPI 上涨主要是由肉类价格所驱动，而导火索是猪肉供给的大幅减少，由于供给猪肉的生猪有较长的生长周期，这种压力短期内无法消除。

通货膨胀是指在货币流通条件下，因货币供给大于货币实际需求，也即现实购买力大于产出供给导致货币贬值，而引起的一段时间内物价持续而普遍上涨的现象。

假如 10 年前，购买某件商品需要 20 元，当时的 100 元钱能买 5 件该商品。10 年后，这件商品变成了 50 元，同样的 100 元却只能买 2 件该商品。这就是通货膨胀和它的影响，我们最直接的感受就是物价上涨。

通货膨胀始于货币损失价值，要理解通货膨胀的影响，这里提供了一些参考数据：

1971年的1.00人民币与2016年的286人民币具有相同的购买力。

1971年的1.00美元与2016年的5.95美元具有相同的购买力。

1971年的1.00英镑与2016年的14.00英镑具有相同的购买力。

正如大家所看到的，通货膨胀的主要影响是一个国家的名义货币失去价值。其中明显的后果或影响是：通货膨胀使得人们更难以负担基本生活必需品，更不用说奢侈品了。如果他们的劳动力无法跟上通货膨胀率的步伐，这会导致家庭为了应对"吃、穿、住、用、行"所有东西的价格上涨而陷入困境。

目前，国内的通货膨胀一般用CPI来衡量，即居民消费者价格指数，它反映的就是物价的变动。国家统计局的数据显示，从1990年到2017年的年均CPI为4.19%。也就是说，如果这些年里，如果你的财富平均年增长没有达到4.19%，那就是我们常说的：你的财富增长没有跑赢通货膨胀。

国家统计局公布的近几年的年通货膨胀率如图11-7所示。

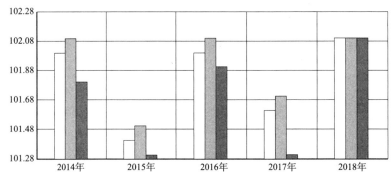

图11-7 中国2014—2018年居民消费价格指数

从历史上看，对于国内而言，通常通胀率处于3%~4%的年度范围被认为是良性的。其实，适当的通货膨胀对经济的促进和发展是有一定积极意义的，但是只要超过限度，市场上流通的货币大幅增多，导致人们手中的存款贬值，购买力在短时间内大于消费供给，那么就会出现经济问题。通胀将对所有人构成压力，尤其是广大的中低收入群体，不应该忽视通货膨胀带来的财富缩水的风险。

(资料来源：中国财经新闻网)

第二节 经济周期与经济增长理论

一、经济周期

(一) 经济周期的含义

经济周期是指经济活动水平的一种波动(通常以国民收入来代表),它形成一种规律性模式,即先是经济活动的扩展,随后是经济活动的衰退,接着是进一步扩张,这类周期随着产量的长期趋势而出现。简单地说,经济周期就是国民收入及经济活动的周期性波动。

(二) 经济周期阶段及其特征

经济周期可以分4个阶段:繁荣、衰退、萧条、复苏,如图11-8所示。

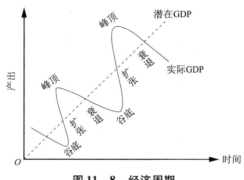

图 11-8 经济周期

1. 繁荣阶段(高涨阶段)

国民收入与经济活动高于正常水平的一个阶段。在这一阶段,生产迅速增加,投资增加,信用扩张,价格水平上升,就业增加,公众对未来乐观。当就业与产量水平达到最高,这时经济就开始进入衰退阶段。

2. 衰退阶段(危机阶段)

在这一阶段,生产急剧减少,投资减少,信用紧缩,价格水平下降,企业破产倒闭,失业急剧增加,公众对未来悲观。萧条的最低点称为谷底,这时就业与产量跌至最低。

3. 萧条阶段

在这一阶段,生产、投资、价格水平等不再继续下降,失业人数也不增加,国民收入与经济活动低于正常水平,即在低水平上徘徊向前。但这时由于存货减少,商品价格、股票价格开始回升,公众的情绪由悲观逐渐转为乐观。

4. 复苏阶段(恢复阶段)

在这一阶段,经济开始从低谷全面回升,投资不断增加,商品价格水平、股票价格、利息率等逐渐上升,信用逐渐活跃,就业人数也在逐渐增加,公众的情绪逐渐高涨。当产量或产值等相关经济指标恢复到衰退前的最高水平时,就进入了新一轮的繁荣高涨阶段。

(三) 经济周期分类

根据经济周期波动的时间,经济周期可分为短周期(短波)、中周期(中波)和长周期(长波)3种。

1. 基钦周期——短周期

美国经济学家约瑟夫·基钦提出，经济周期实际上有大周期和小周期两种。小周期平均长度为 40 个月，又称为短周期；大周期则是小周期的总和，一个大周期可包括两三个小周期。

2. 朱格拉周期——中周期

法国经济学家朱格拉认为危机或恐慌并不是一种独立的现象，而是经济中周期性波动的三个连续阶段（繁荣、危机、清算）中的一个阶段，这三个阶段反复出现形成了周期现象，平均每个周期长度为 9~10 年。

3. 康德拉季耶夫周期——长周期或长波

苏联经济学家康德拉季耶夫认为资本主义社会有一种为期 50~60 年的长周期，平均长度为 54 年左右。这种 50 年左右的长周期仅仅是一种价格现象，而不是产量现象，以各时期的主要发明、新资源的利用等作为标志，是一种长期积累的变动。

（四）经济周期的解释

1. 乘数 – 加速数模型

在经济中投资、国民收入、消费相互影响，相互调节。投资增加引起产量的更大增加，产量的更大增加又引起投资的更大增加，这样经济就会出现繁荣。然而，产量达到一定水平后由于社会需求与资源的限制无法再增加，这时就会由于加速原理的作用使投资减少，投资的减少又会由于乘数的作用使产量继续减少，这两者的共同作用又会使经济进入萧条。萧条持续一定时期后由于产量回升又使投资增加、产量再增加，从而经济进入另一次繁荣。正是由于乘数与加速原理的共同作用，经济中就形成了由繁荣到萧条，又由萧条到繁荣的周期性运动过程。

2. 纯货币周期理论

纯货币周期理论的代表人物是英国经济学家 R. 霍特里。该理论认为：经济周期是一种纯货币现象。经济中周期性的波动完全是由于银行体系交替地扩大或紧缩信用所造成的。在发达的资本主义社会，流通工具主要是银行信用，商人运用的资本主要来自银行信用。当银行体系降低利率，扩大信用时，商人就会向银行增加借款，从而增加向生产者的订货。这样就引起生产的扩张和收入的增加，而收入的增加又会引起对商品需求的增加和物价上升，经济活动继续扩大，经济进入繁荣阶段。但是，银行扩大信用的能力并不是无限的。当银行体系被迫停止信用扩张，转而紧缩信用时，商人得不到贷款，就减少订货，由此出现生产过剩的危机，经济进入萧条阶段。在萧条时期，资金逐渐回到银行，银行可以通过某些途径来扩大信用，促进经济复苏。根据这一理论，其他非货币因素也会引起局部的萧条，但只有货币的因素才会引起普遍的萧条。经济周期是由于银行货币与信用交替地扩大与紧缩所引起的，而这种货币与信用的运动又是一个经济本身所形成的自发过程。

3. 货币投资过度论

货币投资过度论的代表人物是瑞典经济学家哈耶克、密塞斯等。该理论认为，无论是什么原因引起了投资的增加，这种增加都会引起经济繁荣。这种繁荣首先表现在对投资品需求的增加以及投资品价格的上升上，这就更加刺激了对资本品的投资，资本品的生产过度发展引起了消费品生产的减少，从而形成经济结构的失衡。而资本品生产过多必将引起资本品的过剩，于是出现生产过剩危机，经济进入萧条。因而经济周期是由于过度的投资引起了繁荣与萧条的交替，而投资过度的根源又在于货币与信用的扩张。

4. 创新周期理论

创新周期理论的代表人物是美籍奥地利政治经济学家熊彼特。由于创新提高了生产效率,为创新者带来了盈利,引起其他企业仿效,形成创新浪潮。创新浪潮使银行信用扩大,对资本品的需求增加,引起经济繁荣。随着创新的普及,盈利机会的消失,银行信用紧缩,对资本品的需求减少,这就引起经济衰退,直至另一次创新出现,经济再次繁荣。

二、经济增长理论

经济增长是最古老的经济学的问题之一,也是现代宏观经济学研究的中心问题。

(一) 经济增长的含义与特征

1. 经济增长的含义

一般来说,经济增长是指一个国家或地区生产商品和劳务能力的增长。库兹涅兹给经济增长下了一个定义:一个国家的经济增长,给居民提供种类日益繁多的经济产品的能力长期上升,这种不断增长的能力是建立在先进技术以及所需要的制度和思想意识相应调整的基础上的,他认为这一定义包含了3层含义:

①经济增长首先表现在经济实力的增长,即商品和劳务总量的增加,也就是国民生产总值(GNP)的增加。这种增加不仅包含总量上的增加,也包含了人均GNP指标的增长。

②技术进步是实现经济增长的必要条件,即经济增长是建立在技术不断进步的基础上。

③经济增长的充分条件是制度与意识的相应调整,即社会制度与意识形态的某种变革是经济增长的前提。

2. 经济增长的基本特征

在此基础上,库兹涅兹给出了经济增长的6个基本特征。

①最明显的特征是发达国家的人均产值和人口增长率很高。

②生产率的快速增长。

③经济结构迅速转变。

④与经济结构密切相关的社会结构和意识形态也发生了迅速变化。

⑤由于技术进步,特别是交通运输技术的发展,发达国家在19世纪末走向世界,瓜分世界。

⑥现代经济增长的扩散,尽管有扩散到世界范围的倾向,但实际的扩散是有限的,只局限于不到世界1/3人口的范围。

(二) 经济增长的源泉

经济增长是产量的增加,因此可以根据总生产函数来研究增长的源泉。

总生产函数——总产量与生产中使用的全部生产要素投入量之间的函数关系。其公式为:$Y=Af(K,L)$。Y为产量,K为资本,L为劳动,A代表技术。经济增长的源泉是资本、劳动与技术进步。

1. 资本

从古典经济学开始,就把资本积累(增加)作为国民财富增加的源泉。

现代经济增长理论主要是从:资本-劳动比、人均资本量、资本-产出比、储蓄与资本积累等相关理论范畴来分析探讨资本在经济中的影响和贡献作用。

2. 劳动

一般来说,在经济增长的开始阶段,人口增长率也高。这时劳动的增加主要依靠劳动力数量的增加。当经济增长到了一定阶段,人口增长率下降,劳动工时缩短,这时就要通过提高劳动力的质量来弥补劳动力数量的不足。这是一个普遍规律。

3. 技术进步

技术进步包括4个方面：①生产率的提高；②资源配置的改善；③规模经济；④知识的发展。

（三）可持续增长

较高的经济增长率意味着社会财富的增加、人们的需要得到更多满足、社会福利的增进。1972年，美国经济学家麦多斯在《增长的极限》中提出"零增长"的设想，虽然"零增长"的想法不能被普遍接受，但经济增长的负面影响日益得到关注。世界环境与发展委员会在1987年提出"可持续发展"战略模式，其中环境与资源对经济增长的制约以及代际内与代际间的公平，这两点得到更大范围的设想。

（四）经济增长模型

经济增长模型是要通过对决定经济增长的因素之间量的关系的分析来寻求经济长期稳定增长的途径，即主要解决3个问题：①在长期中是否存在一种稳定状态的增长？②实现稳定均衡增长的条件是什么？③均衡增长是否有稳定性？

1. 哈罗德-多马经济增长模型

该模型是20世纪40年代分别由英国经济学家哈罗德和美国经济学家E. 多马提出来的，其基本假设是：

①社会只生产一种产品，这种产品既可作为消费品，也可以作为资本品。

②生产中只使用两种生产要素：L 和 K，这两种生产要素为固定技术系数，即它们在生产中的比率是固定的，不能互相替代。

③规模收益不变，即生产规模扩大时不存在收益递增或递减。

④不考虑技术进步，即生产技术水平是既定的。基本公式为：

$$G = S/C \tag{11.2}$$

这一模型强调的是储蓄变化、资本效率变化对经济增长的关系和影响。

综上所述，哈罗德-多马经济增长模型得出的结论是：尽管经济在长期中均衡增长的可能性是存在的，但经济的长期、均衡增长的可能性极小；一般情况下，资本主义经济很难稳定在一个不变的增长速度上，表现出的是或者连续上升或者连续下降的剧烈波动状态。

2. 新古典经济增长模型

新古典经济增长模型是在批判哈罗德-多马模型的基础上提出来的，主要代表人物有：美国经济学家索洛、托宾、萨缪尔森，英国经济学家斯旺、米德等。他们认为，在现实中，由于各种因素的影响，三种增长率很难达到一致，哈罗德-多马模型所指出的经济增长途径是很难实现的。由于技术在现代经济增长中起着十分重要的作用，通过技术进步来提高资本-产出比，对现实经济增长具有决定性的影响。所以，新古典模型就是要通过改变资本-产出比来解决增长途径的"刃锋"问题。

如果宏观生产函数表示为：$Y_t = A_t f(L_t, K_t)$，式中，Y_t、L_t、K_t 分别为 t 时期的总产出、投入的劳动量和投入的资本量，A_t 为 t 时期的技术状况。从上式中可以得到一个表达投入要素增长率、产出增长率与技术进步增长率之间关系的方程，即经济增长率的分解式为：

$$GY = GA + \alpha GL + \beta GK \tag{11.3}$$

式中，GY 为经济增长率，GA 为技术进步增长率，GL、GK 分别为劳动和资本的增长率，α、β 为参数，分别是劳动和资本的产出弹性。从经济增长率的分解式中可知，产出由劳动、资本和技术进步决定，或者说经济增长的源泉是劳动、资本和技术进步。

第三节　国际收支

一、国际收支

根据国际货币基金组织的定义，国际收支是指某一时间一国对外经济往来的统计表，关注的是一国经济长期、中期、短期的健康发展与外部经济之间稳健的联系。判断一国的国际收支平衡与否就是看自主性交易平衡与否，是否需要调节性交易来弥补。如果不需要调节性交易来弥补，则为国际收支平衡；反之，如果需要调节性交易来弥补，则为国际收支失衡。

国际储备（International Reserve），是指各国政府为了弥补国际收支赤字，保持汇率稳定，以及应付其他紧急支付的需要而持有的、国际上普遍接受的所有流动资产的总和，相当于一个"蓄水池"，当国际收支盈余时"蓄水"，在国际收支逆差时"放水"。例如，当一个国家在国际贸易中出现了出口额减少或因特大自然灾害或战争等造成的临时性国际收支逆差时，就会动用"蓄水池"中的"水"来弥补，这样既可以维护本国的国际信誉，又可避免事后被迫采取诸如限制进口等措施来平衡逆差进而影响本国经济的正常发展，但是需要谨慎进行。

国际收支失衡的原因包括以下几个方面。

①周期性失衡：一种因经济发展的变化而使一国的总需求、进出口贸易和收入受到影响而引发的国际收支失衡情况。

②收入性失衡：一国国民收入发生变化而引起的国际收支不平衡。一定时期一国国民收入多，意味着进口消费或其他方面的国际支付会增加，国际收支可能会出现逆差。

③货币性失衡：因一国币值发生变动而引发的国际收支不平衡。当一国物价普遍上升或通胀严重时，产品出口成本提高，产品的国际竞争力下降，在其他条件不变的情况下，出口减少，与此同时，进口成本降低，进口增加，国际收支发生逆差。反之，就会出现顺差。

④结构性失衡：因为一国国内生产结构及相应要素配置未能及时调整或更新换代，导致不能适应国际市场的变化，引起本国国际收支不平衡。世界经济是不断发展变化的，在一定的时期，一国在某些领域的优势会丧失，必须随之进行产业结构的调整，否则将会带来国际收支的失衡。

知识拓展

国际储备的作用

每个国家都应为国际储备创造一个有利的外部环境。1977—1979 年，世界市场上咖啡价格上涨，使哥伦比亚的外汇收入增加，同时，哥伦比亚还是毒品走私最猖獗的国家之一，毒品价格上涨，使哥伦比亚受益匪浅。而 1977—1981 年石油价格第二次大幅提价又使墨西哥由于石油出口赚取了大量的外汇。

面对当时国际收支的有利形势，哥伦比亚和墨西哥两国政府采取了截然相反的政策。哥伦比亚政府决定保持经济稳定增长，把增加的外汇收入储存起来。在 1980 年，哥伦比亚政府的外汇储备为 48.31 亿美元，进口额为 47.39 亿美元，外汇储备已经超过了 12 个月的进口额，而 1975 年，该国的外汇储备仅为 4.75 亿美元。在 5 年内，哥伦比亚的外汇储备增加了近 10 倍。而墨西哥 1980 年平均外汇储备 29.60 亿美元，进口平均为 183.39 亿美元，外汇储备仅为进口的1/6左右,1975年该国的外汇储备为13.83亿美元。墨西哥几年花光了所有增加的外汇收入,外汇储备从来没有超过2个月的进口额。墨西哥政府则借助出口增长,有恃无恐地大量举债,增加消费,速度之快甚至超过了其收入的增长。

两种相反的政策产生了两种不同的结果。哥伦比亚政府由于积累了外汇储备,在20世纪80年代初期美元升值、国际利率提高、外债负担加重的情况下,能从容地应付外债冲击,避免了重新安排债务,没有发生外债危机,维持了经济的稳定增长。而墨西哥面对大好的经济形势,不谨慎地耗费了全部外汇收入,没有保留足够的国际储备,在美元涨价、利息率提高、石油价格下跌时,无法应付外部冲击,在1982年不得不宣布无力对外按期偿还利息和本金,要求对外债重新安排,在国内实行紧缩政策,使墨西哥经济陷入了衰退。

思考:我国高额的国际储备在金融危机中有什么作用?

◆ **案例分析**

人民币加入SDR、成为国际储备货币影响深远

人民币加入SDR(Special Drawing Right,特别提款权,亦称"纸黄金")、成为储备货币,影响深远,这意味着中国获得了重要的制度性货币权利,还可以提高我国应对经济风险的能力,提高经济竞争力。"人民币加入SDR,在国际投资和国际交易上使用人民币就可以降低我们的成本,提高我们在交易当中的定价权和话语权,提高人民币竞争力和市场份额。"成为储备货币发行国,意味着可以减少积累外汇储备,因为本国货币本身就可以进行国际支付,可以弥补国际收支的缺口,还可以偿还外债。"2008年国际经济危机之后,我们和30多个经济体签署了经济多边协议。在人民币加入SDR后,双边兑换协议在国际货币基金组织成为弥补资金缺口的重要手段与解决金融安全问题最重要的组成部分,国际社会对于人民币的认可度得到了实质性的提升。"人民币成为储备货币意味着中国获得了重要制度性货币权利。成为国际储备货币后,市场能增强对人民币的信心,降低我国发生金融风险的可能。这是因为:一是储备货币本身有强大的经济金融实力做后盾,有助于市场提升对该国经济体系的信心;二是中国如果作为储备货币发行国,受到其他国家政策溢出的影响就会比非储备货币发行国小得多,可以帮助中国更好抵御冲击,面对危机发生将会有更多缓解方法。"货币更加独立,受其他国家的影响就会比较小,还可以使用创新性的政策来缓解危机。"

资料来源:中证网,http://www.cs.com.cn/

二、汇率

1. 汇率的概念

货币之间的兑换比例称为汇率,即一国货币表示另一国货币的价格,按照其标价的不同,可分为直接标价法和间接标价法。

(1)直接标价法

直接标价法又称应付标价法,是以一定单位的外国货币为标准来计算出应付多少单位的本国货币,在国际外汇市场上,包括我国在内的绝大多数国家都采用直接标价法。例如,2020年5月15日1美元=7.101人民币。直接标价法和商品买卖的常识基本相似,比如美元的标价法就是把美元外汇作为买卖的商品,以1美元为1单位,且单位是不变

的，而作为货币一方的人民币是变化的。若一定单位的外币折合的本币数额多于前期，外汇汇率上升，反之，如果用比原来较少的本币兑换到同一数额的外币，外汇汇率下降。

（2）间接标价法

间接标价法又称应收标价法，是以一定单位的本国货币为标准来计算应收若干单位的外汇货币。在国际外汇市场上，欧元、英镑等均为间接标价法。如1欧元兑1.1236美元。本国货币的数额保持不变，外国货币的数额随着本国货币币值的变化而变化，如果一定数额的本币能兑换的外币数额比前期少，即外汇汇率下跌；反之，如果一定数额的本币能兑换的外币数额比前期多，则外汇汇率上升。

直接标价法和间接标价法所表示的汇率涨跌的含义正好相反，因此，在引用某种货币的外汇汇率和说明其汇率高低涨跌时必须明确采用哪种标价法。

2. 汇率的决定

研究汇率的波动可以从外汇市场上的需求和供给入手。人们为什么需要其他国家的货币？原因主要有两点：

①持有国外货币可以从相应的国家进口商品和服务。

②持有国外的货币可以购买国外的资产，获得相应的投资收益。

外国人购买本国商品、在本国投资以及利用本国货币进行投资，会影响本国的需求。本国居民购买外国产品、向外国投资以及外汇投资，影响本国货币的供给。从短期看，一国的汇率是由对该国兑换外币的需求和供给所决定的，从长期看，汇率主要取决于商品在本国的价格与在外国的价格的对比关系。在长期中，影响汇率的主要因素有产品品位和偏好的变化、相对价格水平变化、相对利率变化和投资等。

3. 购买力平价理论

购买力平价理论是由瑞典经济学家古斯塔夫·卡塞尔（Gustav Cassel）在1916年提出的，并在1922年出版的《1914年以后的货币与外汇》一书中阐述了关于汇率如何决定的购买平价理论：在纸币流通条件下，决定两国货币汇率的基础是两国纸币所代表的购买力。汇率是两国物价对比，即两国货币所代表的购买力之比。这一理论被称为购买力平价说（Theory of Purchasing Power Parity，简称PPP理论）。

由于购买力实际上是一般物价水平的倒数，因此两国之间的货币汇率可由两国物价水平之比表示，这就是购买力平价说。其有两种说法，即绝对购买力平价（Absolute PPP）和相对购买力平价（Relative PPP）。

购买力平价理论是比较有影响力的汇率决定理论之一。该理论认为：货币代表着对商品和劳务的购买力，不同国家货币的比价取决于其各自货币所代表的购买力，资金会从利率较低的国家流向利率较高的国家，资金的流入会使利率较高的国家的货币汇率上升。例如，假如在日本花100日元可以买到的商品在美国需要花1美元，那么购买力平价便为：USD1 = JPY100，如果此时市场汇率为：USD1 = JPY105，那么就会有人在日本买入商品再到美国卖出（套购），以获取收益，直至使市场汇率恢复到购买力平价水平。套购无利可图，套购就会停止，购买力平价成立。

为了更好地验证与应用PPP理论，美国《经济学人》权威期刊专门编制了"巨无霸指数"，以麦当劳行销全球120个国家的汉堡包——"巨无霸"（双层牛肉汉堡）来考察当地购买同一产品需要多少钱，衡量这些国家的汇率是否处在"合理水平"。显然，各国的物品劳务不可能是同质的，必然会存在区别，单纯地用各自价格来确定兑换率是有局限性的，此外，并不是所有的产品和劳务都是能进行贸易流通的，例如苏杭之美，只有亲自去游览才能体会到江南的美景。

4. 汇率制度

汇率作为外汇市场上货币的价格，其高低受市场的供求关系决定，但影响供求关系的因素太多了，它们共同作用会使得汇率波动过于频繁。各个国家根据经济发展的不同情况，对本国汇率水平的决定、汇率变动方式等问题做出各自的安排和规定，这就是汇率制度。汇率制度（Exchange Rate Arrangement）又称汇率安排，是指各国或国际社会对于确定、维持、调整与管理汇率的原则、方法、方式和机构等所做出的系统规定，分为固定汇率制度和浮动汇率制度。

（1）固定汇率制度（Fixed Exchange Rate System）

固定汇率制度是以本位货币本身或法定含金量为确定汇率的基准，是一种汇率比较稳定的汇率制度。充当参考物的可以是黄金，也可以是某一种外国货币，但是固定汇率制度不是一成不变的，当经济形势发生重大变化时，政府可以根据经济形势的变动人为地进行调整。汇率变高称为"涨价"（Revaluation），汇率变低称为降价（Devaluation）。

（2）浮动汇率制度（Floating Exchange Rate System）

浮动汇率制度是指一国不规定本币与外币的黄金平价和汇率上下波动的界限，随着外汇市场供求关系变化而自由上下浮动的一种汇率制度。该制度是在1972年以美元为中心的布雷顿森林体系崩溃之后真正流行起来的。布雷顿森林体系（Bretton Woods System）是第二次世界大战后以美元为中心的国际货币体系。《关税及贸易总协定》作为1944年布雷顿森林体系会议的补充，连同布雷顿森林会议通过的各项协定，统称为"布雷顿森林体系"，即以外汇自由化、资本自由化和贸易自由化为主要内容的多变经济制度，实现美国经济霸权的体制。

5. 汇率对经济的影响

（1）汇率变动会影响一国的资本流动

当一国货币的汇率预期或者实际汇率下降时，以该国货币计值的资本为防止由于货币贬值带来的损失，常常会将以该国货币计值的资产换为以其他货币计值的资产。于是，当一国货币汇率预期或是实际汇率下降时，为了防止汇率下降带来资本损失，资本会从该国流出，转变为其他国家货币计值的资本。

（2）汇率变动影响一国的对外贸易，继而影响一国的 GDP

本币价值下降，具有扩大本国出口、抑制本国进口的作用，从而有可能扭转贸易收支逆差，并以出口带动刺激本国的生产，扩大本国的 GDP。本币价值上升，具有抑制本国出口、刺激进口的作用，从而有可能使得贸易收支顺差得以缓慢平衡。国外需求的减弱在一定程度上可以缓解国内需求过旺，减轻通货膨胀的压力。

（3）汇率变动影响一国的物价水平

货币贬值会提高一国的物价水平，原因有两个方面。从需求角度看，一国货币贬值会降低一国的出口价格水平，刺激出口，反过来由于进口价格的提高，使得国内的消费者也会尽量使用本国的替代品，而对本国产品需求的增加必然会带来产品价格水平的上升。从供给角度考虑，货币贬值使得进口投入品的价格更昂贵，使本国的供给相应减少，在需求不变的情况下,价格水平提高。

◆ 案例分析

人民币升值促进出境游

人民币升值是国际汇率的变化,对我国公民出境旅游或外国人入境游在相对较短的时间上会产生一些影响。从理论上讲,最直接的结论就是:人民币升值会促进出境旅游,削弱入境旅游的势头。

人民币升值后,出境游的团费降低,在国外购物的花费也相应降低,人们会因为费用的减少而更多地选择出境旅游。相反,人民币升值,入境游的费用会相应增加,境外游客来我国旅游的数量减少。对旅行社来说,由于我国旅行社都是用美元或者欧元对境外旅行社进行报价和结算的,如果保持原有对外报价不变,旅行社的利润就会相对减少,给一部分以经营入境游为主的旅行社造成冲击;如果对外报价相应提高,也会进一步降低入境游的人数。人民币升值后,随着出境游人数的增加、入境游人数的减少,外汇流出的数量会增加,我国旅游外汇收入将会有相当程度的减少。

人民币升值对旅游业影响巨大,除此以外,它还会对哪些行业产生重大影响呢?

本章知识结构

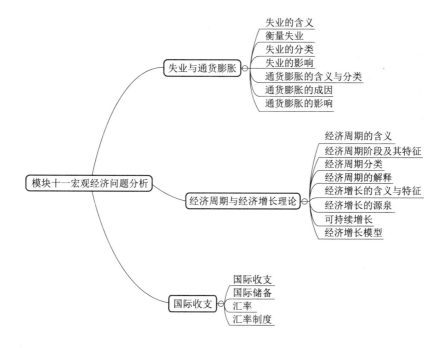

思考与练习

一、单项选择题

1. 下列不属于经济增长源泉的是( )。
   A. 劳动要素的增长　　　　　　　　　　B. 资本要素的增长

C. 生产要素生产率的提高　　　　　D. 政府投资的增加

2. 经济周期的四个阶段依次为（　　）。

　A. 扩张、峰顶、衰退、谷底　　　　B. 峰顶、衰退、谷底、扩张

　C. 谷底、扩张、峰顶、衰退　　　　D. 以上各项均对

3. 在通货膨胀不能完全预期的情况下，通货膨胀将有利于（　　）。

　A. 债务人　　　B. 债权人　　　C. 在职职工　　　D. 离退休人员

4. 由于经济萧条形成的失业属于（　　）。

　A. 摩擦性失业　　B. 周期性失业　　C. 永久性失业　　D. 结构性失业

5. 下列选项不是宏观经济政策的四项目标之一的是（　　）。

　A. 物价稳定　　　　　　　　　　　B. 充分就业

　C. 政府预算盈余　　　　　　　　　D. 经济增长和国际收支平衡

6. 下列选项中不属于自动调节的内在稳定器的是（　　）。

　A. 市场浮动利率　　　　　　　　　B. 所得税制度

　C. 政府转移支付　　　　　　　　　D. 农产品价格维持制度

7. 以下货币政策工具中，能够对货币供给量进行微调的是（　　）。

　A. 公开市场业务　　　　　　　　　B. 再贴现政策

　C. 法定准备率政策　　　　　　　　D. 消费信用控制

8. 中央银行降低法定准备率，会使银行准备金（　　）。

　A. 增加　　　　　　　　　　　　　B. 减少

　C. 不变　　　　　　　　　　　　　D. 以上几种情况都可能

二、简答题

经济增长的源泉包括什么？

三、实训题

2008年金融危机发生后，中国人民银行多次下调贷款基准利率和存款准备率。但从2010年开始中国人民银行采取了一系列新的宏观调控措施：1月12日，中国人民银行决定从2010年1月18日起上调存款类金融机构人民币存款准备率0.5个百分点，在接下来的2月12日和5月2日又连续两次上调存款准备率0.5个百分点。从10月份开始中国人民银行行动更为频繁，10月20日，上调存款类金融机构人民币贷款基准利率，其中，一年期存款基准利率上调0.25个百分点，由2.25%调高到2.5%；一年期贷款基准利率上调0.25个百分点，由5.31%调高到5.56%；其他期限、档次存贷款基准利率做相应调整；2011年以来，在两个月内连续两次提高存款准备率，3月1日在"两会"上，中国人民银行行长周小川表示："今年货币政策已经转为稳健，中央银行将继续使用管理流动性的各项工具。"

请结合我国宏观经济形势，分析说明政策转变的原因。

参考文献

[1] 卢进强. 应用经济学 [M]. 北京：北京交通大学出版社，2010.
[2] 高鸿业. 西方经济学 [M]. 北京：中国人民大学出版社，2000.
[3] 缪代文. 微观经济学与宏观经济学 [M]. 北京：高等教育出版社，2012.
[4] 高鸿业. 西方经济学（宏观部分）[M]. 北京：中国人民大学出版社，2004.
[5] 臧良运. 西方经济学 [M]. 北京：科学出版社，2008.
[6] 梁小民. 微观经济学 [M]. 北京：中国社会科学出版社，1996.
[7] 魏小文. 西方经济学 [M]. 北京：北京理工大学出版社，2009.
[8] 梁小民. 宏观经济学 [M]. 北京：中国社会科学出版社，1996.
[9] 曼昆. 经济学原理 [M]. 北京：电子工业出版社，2012.
[10] 卢进强. 应用经济学 [M]. 北京：中国人民大学出版社，2000.
[11] 杨莹. 宏观经济学 [M]. 北京：北京理工大学出版社，2014.